AF497771

Aristoteles

Nikomachische Ethik

e-artnow 2018

Marcus Tullius Cicero
Paradoxe der Stoiker: Philosophie, Ethik und Selbstdisziplin der Stoiker

Marcus Tullius Cicero
Vom Staat

Marc Aurel
Marcus Aurelius: Selbstbetrachtungen

Marcus Tullius Cicero
Vom Redner

Friedrich Schelling
Gesammelte Werke: Die Quelle der ewigen Wahrheiten, Die Natur der Philosophie als Wissenschaft & Philosophie der Offenbarung

Aristoteles

Nikomachische Ethik

Translator: Adolf Lasson

e-artnow, 2018
Kontakt info@e-artnow.org

ISBN 978-80-268-8757-7

Inhaltsverzeichnis

Vorbemerkung

1. Die Stufenleiter der Zwecke und der höchste Zweck

Alle künstlerische und alle wissenschaftliche Tätigkeit, ebenso wie alles praktische Verhalten und jeder erwählte Beruf hat nach allgemeiner Annahme zum Ziele irgendein zu erlangendes Gut. Man hat darum das Gute treffend als dasjenige bezeichnet, was das Ziel alles Strebens bildet. Indessen, es liegt die Einsicht nahe, daß zwischen Ziel und Ziel ein Unterschied besteht. Das Ziel liegt das eine Mal in der Tätigkeit selbst, das andere Mal noch neben der Tätigkeit in irgendeinem durch sie hervorzubringenden Gegenstand. Wo aber neben der Betätigung noch solch ein weiteres erstrebt wird, da ist das hervorzubringende Werk der Natur der Sache nach von höherem Werte als die Tätigkeit selbst.

Wie es nun eine Vielheit von Handlungsweisen, von künstlerischen und wissenschaftlichen Tätigkeiten gibt, so ergibt sich demgemäß auch eine Vielheit von zu erstrebenden Zielen. So ist das Ziel der ärztlichen Kunst die Gesundheit, dasjenige der Schiffsbaukunst das fertige Fahrzeug, das der Kriegskunst der Sieg und das der Haushaltungskunst der Reichtum. Wo nun mehrere Tätigkeiten in den Dienst eines einheitlichen umfassenderen Gebietes gestellt sind, wie die Anfertigung der Zügel und der sonstigen Hilfsmittel für Berittene der Reitkunst, die Reitkunst selbst aber und alle Arten militärischer Übungen dem Gebiete der Kriegskunst, und in ganz gleicher Weise wieder andere Tätigkeiten dem Gebiete anderer Künste zugehören: da ist das Ziel der herrschenden Kunst jedesmal dem der ihr untergeordneten Fächer gegenüber das höhere und bedeutsamere; denn um jenes willen werden auch die letzteren betrieben. In diesem Betracht macht es dann keinen Unterschied, ob das Ziel für die Betätigung die Tätigkeit selbst bildet, oder neben ihr noch etwas anderes, wie es in den angeführten Gebieten der Tätigkeit wirklich der Fall ist.

Gibt es nun unter den Objekten, auf die sich die Betätigung richtet, ein Ziel, das man um seiner selbst willen anstrebt, während man das übrige um jenes willen begehrt; ist es also so, daß man nicht alles um eines anderen willen erstrebt, / denn damit würde man zum Fortgang ins Unendliche kommen und es würde mithin alles Streben eitel und sinnlos werden /: so würde offenbar dieses um seiner selbst willen Begehrte das Gute, ja das höchste Gut bedeuten. Müßte darum nicht auch die Kenntnis desselben für die Lebensführung von ausschlaggebender Bedeutung sein, und wir, den Schützen gleich, die ein festes Ziel vor Augen haben, dadurch in höherem Grade befähigt werden, das zu treffen, was uns not ist? Ist dem aber so, so gilt es den Versuch, wenigstens im Umriß darzulegen, was dieses Gut selber seinem Wesen nach ist und unter welche Wissenschaft oder Fertigkeit es einzuordnen ist. Es liegt nahe anzunehmen, daß es die dem Range nach höchste und im höchsten Grade zur Herrschaft berechtigte Wissenschaft sein wird, wohin sie gehört. Als solche aber stellt sich die Wissenschaft vom Staate dar. Denn sie ist es, welche darüber zu bestimmen hat, was für Wissenschaften man in der Staatsgemeinschaft betreiben, welche von ihnen jeder einzelne und bis wie weit er sie sich aneignen soll. Ebenso sehen wir, daß gerade die Fertigkeiten, die man am höchsten schätzt, in ihr Gebiet fallen: so die Künste des Krieges, des Haushalts, der Beredsamkeit. Indem also die Wissenschaft vom Staate die andern praktischen Wissenschaften in ihren Dienst zieht und weiter gesetzlich festsetzt, was man zu tun, was man zu lassen hat, so umfaßt das Ziel, nach dem sie strebt, die Ziele der anderen Tätigkeiten mit, und mithin wird ihr Ziel dasjenige sein, was das eigentümliche Gut für den Menschen bezeichnet. Denn mag dieses auch für den einzelnen und für das Staatsganze dasselbe sein, so kommt es doch in dem Ziele, das der Staat anstrebt, umfassender und vollständiger zur Erscheinung, sowohl wo es sich um das Erlangen, wie wo es sich um das Bewahren handelt. Denn erfreulich ist es gewiß auch, wenn das Ziel bloß für den einzelnen erreicht wird; schöner aber und göttlicher ist es, das Ziel für ganze Völker und Staaten zu verfolgen. Das nun aber gerade ist es, wonach unsere Wissenschaft strebt; denn sie handelt vom staatlichen Leben der Menschen.

2. Form und Abzweckung der Behandlung des Gegenstandes

Was die Behandlung des Gegenstandes anbetrifft, so muß man sich zufrieden geben, wenn die Genauigkeit jedesmal nur so weit getrieben wird, wie der vorliegende Gegenstand es zuläßt. Man darf nicht in allen Disziplinen ein gleiches Maß von Strenge anstreben, sowenig wie man es bei allen gewerblichen Arbeiten dürfte. Das Sittliche und Gerechte, die Gegenstände also, mit denen sich die Wissenschaft vom staatlichen Leben beschäftigt, gibt zu einer großen Verschiedenheit auseinandergehender Auffassungen Anlaß, so sehr, daß man wohl der Ansicht begegnet, als beruhe das alles auf bloßer Menschensatzung und nicht auf der Natur der Dinge. Ebensolche Meinungsverschiedenheit herrscht aber auch über die Güter der Menschen, schon deshalb, weil sie doch vielen auch zum Schaden ausgeschlagen sind. Denn schon so mancher ist durch den Reichtum, andere sind durch kühnen Mut ins Verderben gestürzt worden. Man muß also schon für lieb nehmen, wenn bei der Behandlung derartiger Gegenstände und der Ableitung aus derartigem Material die Wahrheit auch nur in gröberem Umriß zum Ausdruck gelangt, und wenn bei der Erörterung dessen, was in der Regel gilt und bei dem Ausgehen von ebensolchen Gründen auch die daraus gezogenen Schlüsse den gleichen Charakter tragen. Und in demselben Sinne muß man denn auch jede einzelne Ausführung von dieser Art aufnehmen. Denn es ist ein Kennzeichen eines gebildeten Geistes, auf jedem einzelnen Gebiete nur dasjenige Maß von Strenge zu fordern, das die eigentümliche Natur des Gegenstandes zuläßt. Es ist nahezu dasselbe: einem Mathematiker Gehör schenken, der an die Gefühle appelliert, und von einem Redner verlangen, daß er seine Sätze in strenger Form beweise.

Jeder hat ein sicheres Urteil auf dem Gebiete, wo er zu Hause ist, und über das dahin Einschlagende ist er als Richter zu hören. Über jegliches im besonderen also urteilt am besten der gebildete Fachmann, allgemein aber und ohne Einschränkung derjenige, der eine universelle Bildung besitzt. Darum sind junge Leute nicht die geeigneten Zuhörer bei Vorlesungen über das staatliche Leben. Sie haben noch keine Erfahrung über die im Leben vorkommenden praktischen Fragen; auf Grund dieser aber und betreffs dieser wird die Untersuchung geführt. Indem sie ferner geneigt sind, sich von ihren Affekten bestimmen zu lassen, bleiben die Vorlesungen für sie unfruchtbar und nutzlos; denn das Ziel derselben ist doch nicht bloße Kenntnis, sondern praktische Betätigung. Dabei macht es keinen Unterschied, daß einer jung ist bloß an Jahren oder unreif seiner Innerlichkeit nach. Denn nicht an der Zeit liegt die Unzulänglichkeit, sondern daran, daß man sich von Sympathien und Antipathien leiten läßt und alles einzelne in ihrem Lichte betrachtet. Leuten von dieser Art helfen alle Kenntnisse ebensowenig wie denen, denen es an Selbstbeherrschung mangelt. Dagegen kann denen, die ihr Begehren vernünftig regeln und danach auch handeln, die Wissenschaft von diesen Dingen allerdings zu großem Nutzen gereichen.

Dies mag als Vorbemerkung dienen, um zu zeigen, wer der rechte Hörer, welches die rechte Weise der Auffassung, und was eigentlich unser Vorhaben ist.

Einleitung

1. Verschiedene Auffassungen vom Zweck des Lebens

Wir kommen nunmehr auf unseren Ausgangspunkt zurück. Wenn doch jede Wissenschaft wie jedes praktische Vorhaben irgendein Gut zum Ziele hat, so fragt es sich: was ist es für ein Ziel, das wir als das im Staatsleben angestrebte bezeichnen, und welches ist das oberste unter allen durch ein praktisches Verhalten zu erlangenden Gütern? In dem Namen, den sie ihm geben, stimmen die meisten Menschen so ziemlich überein. Sowohl die Masse wie die vornehmeren Geister bezeichnen es als die *Glückseligkeit*, die *Eudämonie*, und sie denken sich dabei, glückselig sein sei dasselbe wie ein erfreuliches Leben führen und es gut haben. Dagegen über die Frage nach dem Wesen der Glückseligkeit gehen die Meinungen weit auseinander, und die große Masse urteilt darüber ganz anders als die höher Gebildeten. Die einen denken an das Handgreifliche und vor Augen Liegende, wie Vergnügen, Reichtum oder hohe Stellung, andere an ganz anderes; zuweilen wechselt auch die Ansicht darüber bei einem und demselben. Ist einer krank, so stellt er sich die Gesundheit, leidet er Not, den Reichtum als das höchste vor. Im Gefühle der eigenen Unzulänglichkeit staunen manche Leute diejenigen an, die in hohen Worten ihnen Unverständliches reden. Von manchen wurde die Ansicht vertreten, es gebe neben der Vielheit der realen Güter noch ein anderes, ein Gutes an sich, das für jene alle den Grund abgebe, durch den sie gut wären.

Alle diese verschiedenen Ansichten zu prüfen würde selbstverständlich ein überaus unfruchtbares Geschäft sein; es reicht völlig aus, nur die gangbarsten oder diejenigen, die noch am meisten für sich haben, zu berücksichtigen. Dabei dürfen wir nicht außer acht lassen, daß ein Unterschied besteht zwischen den Verfahrungsweisen, die von den Prinzipien aus, und denen, die zu den Prinzipien hinleiten. Schon Plato erwog diesen Punkt ernstlich und untersuchte, ob der Weg, den man einschlage, von den Prinzipien ausgehe oder zu den Prinzipien hinführe, gleichsam wie die Bewegung in der Rennbahn von den Kampfrichtern zum Ziele oder in umgekehrter Richtung geht. Ausgehen nun muß man von solchem was bekannt ist; bekannt aber kann etwas sein in doppeltem Sinn: es ist etwas entweder *uns* bekannt oder es ist *schlechthin* bekannt. Wir müssen natürlich ausgehen von dem, was *uns* bekannt ist. Deshalb ist es erforderlich, daß einer, der den Vortrag über das Sittliche und das Gerechte, überhaupt über die das staatliche Leben betreffenden Themata mit Erfolg hören will, ein Maß von sittlicher Charakterbildung bereits mitbringe. Denn den Ausgangspunkt bildet die Tatsache, und wenn diese ausreichend festgestellt ist, so wird das Bedürfnis der Begründung sich gar nicht erst geltend machen. Ein so Vorgebildeter aber ist im Besitz der Prinzipien oder eignet sie sich doch mit Leichtigkeit an. Der aber, von dem keines von beiden gilt, mag sich des Hesiodos Worte gesagt sein lassen:

> Der ist der allerbeste, der selber alles durchdenket;
> Doch ist wacher auch der, der richtigem Rate sich anschließt.
> Aber wer selbst nicht bedenkt und was er von andern vernommen
> Auch nicht zu Herzen sich nimmt, ist ein ganz unnützer Geselle.

Wir kehren nunmehr zurück zu dem, wovon wir abgeschweift sind. Unter dem Guten und der Glückseligkeit versteht im Anschluß an die tägliche Erfahrung der große Haufe und die Leute von niedrigster Gesinnung die Lustempfindung, und zwar wie man annehmen möchte, nicht ohne Grund. Sie haben deshalb ihr Genüge an einem auf den Genuß gerichteten Leben. Denn es gibt drei am meisten hervorstechende Arten der Lebensführung: die eben genannte, dann das Leben in den Geschäften und drittens das der reinen Betrachtung gewidmete Leben. Der große Haufe bietet das Schauspiel, wie man mit ausgesprochenem Knechtssinn sich ein Leben nach der Art des lieben Viehs zurecht macht; und der Standpunkt erringt sich Ansehen, weil manche unter den Mächtigen der Erde Gesinnungen wie die eines Sardanapal teilen. Die vornehmeren Geister, die zugleich auf das Praktische gerichtet sind, streben nach Ehre; denn diese ist es doch eigentlich, die das Ziel des in den Geschäften aufgehenden Lebens bildet. Indessen, auch dieses ist augenscheinlich zu äußerlich, um für das Lebensziel, dem wir nachforschen, gelten zu dürfen. Dort hängt das Ziel, wie man meinen möchte, mehr von denen ab, die die Ehre erweisen, als von dem, der sie empfängt; unter dem höchsten Gute aber stellen wir uns ein solches vor, das dem Subjekte innerlich und unentreißbar zugehört. Außerdem macht es ganz den Eindruck, als jage man der Ehre deshalb nach, um den Glauben an seine eigene Tüchtigkeit besser nähren zu können; wenigstens ist die Ehre, die man begehrt, die von seiten der Einsichtigen und derer, denen man näher bekannt ist, und das auf Grund bewiesener Tüchtigkeit. Offenbar also, daß nach Ansicht dieser Leute die Tüchtigkeit doch den höheren Wert hat selbst der Ehre gegenüber. Da könnte nun einer wohl zu der Ansicht kommen, das wirkliche Ziel des Lebens in den Geschäften sei vielmehr diese Tüchtigkeit. Indessen auch diese erweist sich als hinter dem Ideal zurückbleibend. Denn man könnte es sich immerhin als möglich vorstellen, daß jemand, der im Besitze der Tüchtigkeit ist, sein Leben verschlafe oder doch nie im Leben von ihr Gebrauch mache, und daß es ihm außerdem recht schlecht ergehe und er das schwerste Leid zu erdulden habe. Wer aber ein Leben von dieser Art führt, den wird niemand glücklich preisen, es sei denn aus bloßer Rechthaberei, die hartnäckig auf ihrem Satz besteht. Doch genug davon, über den Gegenstand ist in der populären Literatur ausreichend verhandelt worden.

Die dritte Lebensrichtung ist die der reinen Betrachtung gewidmete; über sie werden wir weiterhin handeln. Das Leben dagegen zum Erwerb von Geld und Gut ist ein Leben unter dem Zwange, und Reichtum ist sicherlich nicht das Gut, das uns bei unserer Untersuchung vorschwebt. Denn er ist bloßes Mittel, und wertvoll nur für anderes. Deshalb möchte man statt seiner eher die oben genannten Zwecke dafür nehmen; denn sie werden um ihrer selbst willen hochgehalten. Doch offenbar sind es auch diese nicht; gleichwohl ist man mit Ausführungen gegen sie verschwenderisch genug umgegangen. Wir wollen uns dabei nicht länger aufhalten.

Förderlicher wird es doch wohl sein, jetzt das Gute in jener Bedeutung der Allgemeinheit ins Auge zu fassen und sorgsam zu erwägen, was man darunter zu verstehen hat, mag auch einer solchen Untersuchung manches in uns widerstreben, weil es teure und verehrte Männer sind, die die Ideenlehre aufgestellt haben. Indessen, man wird uns darin zustimmen, daß es doch wohl das Richtigere und Pflichtmäßige ist, wo es gilt für die Wahrheit einzutreten, auch die eigenen Sätze aufzugeben, und das erst recht, wenn man ein Philosoph ist. Denn wenn uns gleich beides lieb und wert ist, so ist es doch heilige Pflicht, der Wahrheit vor allem die Ehre zu geben.

Die Denker, welche jene Lehre aufgestellt haben, haben Ideen nicht angenommen für diejenigen Dinge, bei denen sie eine bestimmte Reihenfolge des Vorangehenden und des Nachfolgenden aufstellten; das ist der Grund, weshalb sie auch für die Zahlen keine Idee gesetzt haben. Der Begriff des Guten nun kommt vor unter den Kategorien der Substanz, der Qualität und der Relation; das was an sich, was Substanz ist, ist aber seiner Natur nach ein Vorangehendes gegenüber dem Relativen; denn dieses hat die Bedeutung eines Nebenschößlings und einer Bestimmung an dem selbständig Seienden. Schon aus diesem Grunde könnte es keine gemeinsame Idee des Guten über allem einzelnen Guten geben.

Nun spricht man aber weiter vom Guten in ebenso vielen Bedeutungen wie man vom Seienden spricht. Es wird etwas als gut bezeichnet im Sinne des substantiell Seienden wie Gott und die Vernunft, im Sinne der Qualität wie wertvolle Eigenschaften, im Sinne der Quantität wie das Maßvolle, im Sinne der Relation wie das Nützliche, im Sinne der Zeit wie der rechte Augenblick, im Sinne des Ortes wie ein gesunder Aufenthalt, und so weiter. Auch daraus geht hervor, daß das Gute nicht als ein Gemeinsames, Allgemeines und Eines gefaßt werden kann. Denn dann würde es nicht unter sämtlichen Kategorien, sondern nur unter einer einzigen aufgeführt werden.

Da es nun ferner für das Gebiet einer einzelnen Idee auch jedesmal eine einzelne Wissenschaft gibt, so müßte es auch für alles was gut heißt eine einheitliche Wissenschaft geben. Es gibt aber viele Wissenschaften, die vom Guten handeln. Von dem, was einer einzigen Kategorie angehört, wie vom rechten Augenblick, handelt mit Bezug auf den Krieg die Strategik, auf die Krankheit die Medizin; das rechte Maß aber bestimmt, wo es sich um die Ernährung handelt, die Medizin, und wo um anstrengende Übungen, die Gymnastik.

Andererseits könnte man fragen, was die Platoniker denn eigentlich mit dem Worte »an sich« bezeichnen wollen, das sie jedesmal zu dem Ausdruck hinzufügen. Ist doch in dem »Menschenan-sich« und dem Menschen ohne Zusatz der Begriff des Menschen einer und derselbe. Denn sofern es beidemale »Mensch« heißt, unterscheiden sich beide durch gar nichts, und wenn das hier gilt, so gilt es auch für die Bezeichnung als Gutes. Wenn aber damit gemeint ist, daß etwas ein Ewiges sei, so wird es auch dadurch nicht in höherem Maße zu einem Guten; gerade wie etwas was lange dauert deshalb noch nicht in höherem Grade ein Weißes ist, als das was nur einen Tag dauert. Größere Berechtigung möchte man deshalb der Art zuschreiben, wie die Pythagoreer die Sache aufgefaßt haben, indem sie das Eins in die eine der beiden Reihen von Gegensätzen einordneten und zwar in dieselbe, wo auch das Gute steht, und ihnen scheint sich in der Tat auch Speusippos angeschlossen zu haben.

Indessen, dafür wird sich ein andermal der Platz finden. Dagegen stellt sich dem eben von uns Ausgeführten ein Einwurf insofern entgegen, als man erwidert: die Aussagen der Platoniker seien ja gar nicht von allem gemeint was gut ist, sondern es werde nur alles das als zu *einer* Art gehörig zusammengefaßt, was man um seiner selbst willen anstrebt und werthält; das aber was diese Dinge hervorbringt oder ihrer Erhaltung dient oder was das Gegenteil von ihnen verhütet, werde eben nur aus diesem Grunde und also in anderem Sinne gut genannt. Daraus würde denn hervorgehen, daß man vom Guten in doppelter Bedeutung spricht, einerseits als von dem Guten an sich, andererseits als von dem was zu diesem dient. Wir wollen also das an sich Gute und das bloß zum an sich Guten Behilfliche auseinanderhalten und untersuchen, ob denn auch nur jenes unter eine einzige Idee fällt. Wie beschaffen also müßte wohl dasjenige sein, was man als Gutes-an-sich anerkennen soll? Sind es etwa die Gegenstände, die man auch als für sich allein bestehende anstrebt, wie das Verständigsein, das Sehen, oder wie manche Arten der Lust und wie Ehrenstellen? Denn wenn man diese auch als Mittel für ein anderes anstrebt, so wird man sie doch zu dem rechnen dürfen, was an sich gut ist. Oder gehört dahin wirklich nichts anderes als die Idee des Guten? Dann würde sich ein Artbegriff ohne jeden Inhalt ergeben. Zählen dagegen auch die vorher genannten Dinge zu dem Guten-an-sich, so wird man verpflichtet sein, den Begriff des Guten in Ihnen allen als denselbigen so aufzuzeigen, wie die weiße Farbe im Schnee und im Bleiweiß dieselbe ist. Bei der Ehre, der Einsicht und der Lust aber ist der Begriff gerade insofern jedesmal ein ganz anderer und verschiedener, als sie Gutes vorstellen sollen. Mithin ist das Gute nicht ein alledem Gemeinsames und unter einer einheitlichen Idee Befaßtes.

Aber in welchem Sinne wird denn nun das Wort »gut« gebraucht? Es sieht doch nicht so aus, als stände durch bloßen Zufall das gleiche Wort für ganz verschiedene Dinge. Wird es deshalb gebraucht, weil das Verschiedene, das darunter befaßt wird, aus einer gemeinsamen Quelle abstammt? oder weil alles dahin Gehörige auf ein gemeinsames Ziel abzweckt? oder sollte das Wort vielmehr auf Grund einer bloßen Analogie gebraucht werden? etwa wie das was im Leibe das Sehvermögen ist, im Geiste die Vernunft und in einem anderen Substrat wieder etwas anderes bedeutet? Indessen, das werden wir an dieser Stelle wohl auf sich beruhen lassen müssen; denn in aller Strenge darauf einzugehen würde in einem anderen Zweige der Philosophie mehr an seinem Platze sein. Und ebenso steht es auch mit der Idee des Guten. Denn gesetzt auch, es gäbe ein einheitliches Gutes, was gemeinsam von allem einzelnen Guten ausgesagt würde oder als ein abgesondertes an und für sich existierte, so würde es offenbar kein Gegenstand sein, auf den ein menschliches Handeln gerichtet wäre und den ein Mensch sich aneignen könnte. Was wir aber hier zu ermitteln suchen, ist ja gerade ein solches, was diese Bedingungen erfüllen soll.

Nun könnte einer auf den Gedanken kommen, es sei doch eigentlich herrlicher, jene Idee des Guten zu kennen gerade im Dienste desjenigen Guten, was ein möglicher Gegenstand des Aneignens und des Handelns für den Menschen ist. Denn indem wir jene Idee wie eine Art von Vorbild vor Augen haben, würden wir eher auch das zu erkennen imstande sein, was das Gute für uns ist, und wenn wir es nur erst erkannt haben, würden wir uns seiner auch bemächtigen. Eine gewisse einleuchtende Kraft ist diesem Gedankengange nicht abzusprechen; dagegen scheint er zu der Realität der verschiedenen Wissenschaften nicht recht zu stimmen. Denn sie alle trachten nach einem Gute und streben die Befriedigung eines Bedürfnisses an; aber von der Erkenntnis jenes Guten-an-sich sehen sie dabei völlig ab. Und doch ist schwerlich anzunehmen, daß sämtliche Bearbeiter der verschiedenen Fächer übereingekommen sein sollten, ein Hilfsmittel von dieser Bedeutung zu ignorieren und sich auch nicht einmal danach umzutun. Andererseits würde man in Verlegenheit geraten, wenn man angeben sollte, was für eine Förderung für sein Gewerbe einem Weber oder Zimmermann dadurch zufließen sollte, daß er eben dieses Gute-an-sich kennt, oder wie ein Arzt noch mehr Arzt oder ein Stratege noch mehr Stratege dadurch soll werden können, daß er die Idee selber geschaut hat. Es ist doch klar, daß der Arzt nicht einmal die Gesundheit an sich in diesem Sinne ins Auge faßt, sondern die Gesundheit eines Menschen, und eigentlich noch mehr die Gesundheit dieses bestimmten Patienten; denn der, den er kuriert, ist ein Individuum. / Damit können wir nun wohl den Gegenstand fallen lassen.

2. Kennzeichen und Erreichbarkeit der Eudämonie

Wir kommen wieder auf die Frage nach dem Gute, das den Gegenstand unserer Untersuchung bildet, und nach seinem Wesen zurück. In jedem einzelnen Gebiete der Tätigkeit, in jedem einzelnen Fach stellt sich das Gute mit anderen Zügen dar, als ein anderes in der Medizin, ein anderes in der Kriegskunst und wieder ein anderes in den sonstigen Fächern. Was ist es nun, was für jedes einzelne Fach etwas als das durch dasselbe zu erreichende Gut charakterisiert? Ist nicht das Gut jedesmal das, um dessen willen man das übrige betreibt? Dies wäre also in der Medizin die Gesundheit, in der Kriegskunst der Sieg, in der Baukunst das Gebäude, in anderen Fächern etwas anderes, insgesamt aber für jedes Gebiet der Tätigkeit und des praktischen Berufs wäre es das Endziel. Denn dieses ist es, um dessen willen man jedesmal das übrige betreibt. Gäbe es also ein einheitliches Endziel für sämtliche Arten der Tätigkeit, so würde dies das aller Tätigkeit vorschwebende Gut sein, und gäbe es eine Vielheit solcher Endziele, so würden es diese vielen sein. So wären wir denn mit unserer Ausführung in stetigem Fortgang wieder bei demselben Punkte angelangt wie vorher.

Indessen, wir müssen versuchen dieses Resultat genauer durchzubilden. Wenn doch die Ziele der Tätigkeiten sich als eine Vielheit darstellen, wir aber das eine, z.B. Reichtum, ein Musikinstrument, ein Werkzeug überhaupt, um eines anderen willen erstreben, so ergibt sich augenscheinlich, daß nicht alle diese Ziele abschließende Ziele bedeuten. Das Höchste und Beste aber trägt offenbar den Charakter des Abschließenden. Gesetzt also, nur eines davon wäre ein abschließendes Ziel, so würde dieses eben das sein, das uns bei unserer Untersuchung vorschwebt, und bildete es eine Vielheit, dann würde dasjenige unter ihnen, das diesen abschließenden Charakter im höchsten Grade an sich trägt, das gesuchte sein. In höherem Grade abschließend aber nennen wir dasjenige, das um seiner selbst willen anzustreben ist, im Gegensätze zu dem, das um eines anderen willen angestrebt wird, und ebenso das was niemals um eines anderen willen begehrt wird, im Gegensatze zu dem, was sowohl um seiner selbst willen, als um eines anderen willen zu begehren ist. Und so wäre denn schlechthin abschließend das, was immer an und für sich und niemals um eines anderen willen zu begehren ist.

Diesen Anforderungen nun entspricht nach allgemeiner Ansicht am meisten die *Glückseligkeit*, die »*Eudämonie*«. Denn sie begehrt man immer um ihrer selbst und niemals um eines anderen willen. Dagegen Ehre, Lust, Einsicht, wie jede wertvolle Eigenschaft begehren wir zwar auch um ihrer selbst willen; denn auch wenn wir sonst nichts davon hätten, würden wir uns doch jedes einzelne davon zu besitzen wünschen; wir wünschen sie aber zugleich um der Glückseligkeit willen, in dem Gedanken, daß wir vermittelst ihrer zur Glückseligkeit gelangen werden. Die Glückseligkeit dagegen begehrt niemand um jener Dinge willen oder überhaupt um anderer Dinge willen.

Das gleiche Resultat ergibt sich augenscheinlich, wenn wir uns nach dem umtun, was für sich allein ein volles Genüge zu verschaffen vermag. Denn das abschließend höchste Gut muß wie jeder einsieht die Eigenschaft haben, für sich allein zu genügen; damit meinen wir nicht, daß etwas nur dem einen volles Genüge verschafft, der etwa ein Einsiedlerleben führt, sondern wir denken dabei auch an Eltern und Kinder, an die Frau und überhaupt an die Freunde und Mitbürger; denn der Mensch ist durch seine Natur auf die Gemeinschaft mit anderen angelegt. Allerdings, eine Grenze muß man wohl dabei ziehen. Denn wenn man das Verhältnis immer weiter ausdehnt auf die Vorfahren der Vorfahren, auf die Nachkommen der Nachkommen und die Freunde der Freunde, so gerät man damit ins Unendliche. Doch davon soll an späterer Stelle wieder gehandelt werden.

Die Eigenschaft volles Genüge zu gewähren schreiben wir demjenigen Gute zu das für sich allein das Leben zu einem begehrenswerten macht, zu einem Leben, dem nichts mangelt. Für ein solches Gut sieht man die Glückseligkeit an; man hält sie zugleich für das Begehrenswerteste von allem, und das nicht so, daß sie nur einen Posten in der Summe neben anderen ausmachte. Bildete sie so nur einen Posten, so würde sie offenbar, wenn auch nur das geringste der Güter noch zu ihr hinzukäme, noch mehr zu begehren sein. Denn kommt noch etwas hinzu, so ergibt sich ein Zuwachs an Größe; von zwei Gütern ist aber jedesmal das größere mehr zu begehren. *So erweist sich denn offenbar die Glückseligkeit als abschließend und selbstgenügend, und darum als das Endziel für alle Gebiete menschlicher Tätigkeit.*

Darüber nun, daß die Glückseligkeit als das höchste Gut zu bezeichnen ist, herrscht wohl anerkanntermaßen volle Übereinstimmung; was gefordert wird, ist dies, daß mit noch größerer Deutlichkeit aufgezeigt werde, worin sie besteht. Dies wird am ehesten so geschehen können, daß man in Betracht zieht, *was des Menschen eigentliche Bestimmung bildet.* Wie man nämlich bei einem Musiker, einem Bildhauer und bei jedem, der irgendeine Kunst treibt, und weiter überhaupt bei allen, die eine Aufgabe und einen praktischen Beruf haben, das Gute und Billigenswerte in der vollbrachten Leistung findet, so wird wohl auch beim Menschen als solchem derselbe Maßstab anzulegen sein, vorausgesetzt, daß auch bei ihm von einer Aufgabe und einer Leistung die Rede sein kann. Ist es nun wohl eine vernünftige Annahme, daß zwar der Zimmermann und der Schuster ihre bestimmten Aufgaben und Funktionen haben, der Mensch als solcher aber nicht, und daß er zum Müßiggang geschaffen sei? Oder wenn doch offenbar das Auge, die Hand, der Fuß, überhaupt jedes einzelne Glied seine besondere Funktion hat, sollte man nicht ebenso auch für den Menschen eine bestimmte Aufgabe annehmen neben allen diesen Funktionen seiner Glieder? Und welche könnte es nun wohl sein? Das Leben hat der Mensch augenscheinlich mit den Pflanzen gemein; was wir suchen, ist aber gerade das dem Menschen unterscheidend Eigentümliche. Von dem vegetativen Leben der Ernährung und des Wachstums muß man mithin dabei absehen. Daran würde sich dann zunächst etwa das Sinnesleben anschließen; doch auch dieses teilt der Mensch offenbar mit dem Roß, dem Rind und den Tieren überhaupt. So bleibt denn als für den Menschen allein kennzeichnend nur das tätige Leben des vernünftigen Seelenteils übrig, und dies teils als zum Gehorsam gegen Vernunftgründe befähigt, teils mit Vernunft ausgestattet und Gedanken bildend. Wenn man nun auch von diesem letzteren in zwiefacher Bedeutung spricht als von dem bloßen Vermögen und von der Wirksamkeit des Vermögens, so handelt es sich an dieser Stelle offenbar um das Aktuelle, die tätige Übung der Vernunftanlage. Denn die Wirksamkeit gilt allgemein der bloßen Anlage gegenüber als das höhere.

Bedenken wir nun folgendes. Die Aufgabe des Menschen ist die Vernunftgründen gemäße oder doch wenigstens solchen Gründen nicht verschlossene geistige Betätigung; die Aufgabe eines beliebigen Menschen aber verstehen wir als der Art nach identisch mit der eines durch Tüchtigkeit hervorragenden Menschen. So ist z.B. die Aufgabe des Zitherspielers dieselbe wie die eines Zithervirtuosen. Das gleiche gilt ohne Ausnahme für jedes Gebiet menschlicher Tätigkeit; es kommt immer nur zur Leistung überhaupt die Qualifikation im Sinne hervorragender Tüchtigkeit hinzu. Die Aufgabe des Zitherspielers ist das Zitherspiel, und die des hervorragenden Zitherspielers ist auch das Zitherspiel, aber dies als besonders gelungenes. Ist dem nun so, so ergibt sich folgendes. Wir verstehen als Aufgabe des Menschen eine gewisse Art der Lebensführung, und zwar die von Vernunftgründen geleitete geistige Betätigung und Handlungsweise, und als die Aufgabe des hervorragend Tüchtigen wieder eben dies, aber im Sinne einer trefflichen und hervorragenden Leistung. Besteht nun die treffliche Leistung darin, daß sie im Sinne jedesmal der eigentümlichen Gaben und Vorzüge vollbracht wird, *so wird das höchste Gut für den Menschen die im Sinne wertvoller Beschaffenheit geübte geistige Betätigung sein*, und gibt es eine Mehrheit von solchen wertvollen Beschaffenheiten, so wird es *die geistige Betätigung im Sinne der höchsten und vollkommensten unter allen diesen wertvollen Eigenschaften* sein, dies aber *ein ganzes Leben von normaler Dauer hindurch.* Denn *eine* Schwalbe macht keinen Frühling, und auch nicht ein Tag. So macht denn auch ein Tag und eine kurze Zeit nicht den seligen noch den glücklichen Menschen.

Dies nun mag als ungefährer Umriß des Begriffes des höchsten Gutes gelten. Es ist zweckmäßig, den Begriff zunächst in grober Untermalung zu entwerfen und sich die genauere Durchführung für später vorzubehalten. Man darf sich dann der Meinung hingeben, daß jedermann die Sache weiterzuführen und die richtig gezeichneten Umrisse im Detail auszuführen vermag, und daß auch die Zeit bei einer solchen Aufgabe als Erfinderin oder Mitarbeiterin an die Hand

geht. In der Tat hat sich der Aufschwung der Künste und Wissenschaften in dieser Weise vollzogen; denn was noch mangelt zu ergänzen ist jeder aufgefordert.

Zugleich aber müssen wir im Gedächtnis behalten, was wir vorher ausgeführt haben: wir
dürfen nicht die gleiche Genauigkeit auf allen Gebieten anstreben, sondern in jedem einzelnen
Fall der Natur des vorliegenden Materials gemäß die Strenge nur so weit treiben, wie es der besonderen Disziplin angemessen ist. So bemüht sich um den rechten Winkel der Zimmermann
wieder Mathematiker, und doch beide in sehr verschiedener Weise. Der eine begnügt sich bei
dem, was für seine Arbeit dienlich ist, der andere sucht das Wesen und die genaue Beschaffenheit zu erfassen. Denn das eben ist sein Fach, sich nach der reinen Wahrheit umzusehen.
In derselben Weise muß man auch bei anderen Objekten verfahren, damit nicht die Hauptsache von dem Beiwerk überwuchert werde. Nicht einmal die Frage nach der Begründung darf
man auf allen Gebieten gleichmäßig aufwerfen. Bei manchen Gegenständen ist schon genug
damit geleistet, wenn nur der tatsächliche Bestand richtig aufgezeigt worden ist, so auch was
die Prinzipien als Ausgangspunkt und Anfang anbetrifft. Die Tatsache ist das Erste und der
Ausgangspunkt. Die Prinzipien werden teils auf dem Wege der Induktion, teils auf dem der
Anschauung, teils vermittels einer Art von eingewöhntem Takt ergriffen, die einen auf diese,
die anderen auf andere Weise. Da muß man nun versuchen, zu ihnen jedesmal auf dem Wege
zu gelangen, der ihrer Natur entspricht, und dann alle Mühe darauf verwenden, sie richtig zu
bestimmen; denn sie sind für das Abgeleitete von ausschlaggebender Bedeutung. Der Anfang ist
nach dem Sprichwort mehr als die Hälfte des ganzen Werkes, und schon vermittels des Prinzips,
von dem man ausgeht, tritt manches von dem in den Gesichtskreis, was man zu erkunden sucht.

Wenn wir das Prinzip bestimmen wollen, so dürfen wir uns nicht auf unser Ergebnis und auf
seine Begründung beschränken; wir werden gut tun, auch das zu berücksichtigen, was darüber
im Munde der Leute ist. Denn mit der Wahrheit stehen alle Tatsachen im Einklang, mit dem
Irrtum aber gerät die Wirklichkeit alsobald in Widerstreit.

Man teilt die Güter in drei Klassen ein: in die äußeren Güter, die Güter der Seele und die
des Leibes, und nennt die, welche der Seele zugehören, Güter im eigentlichsten und höchsten
Sinne; die Betätigungsweisen und Wirksamkeiten der seelischen Vermögen aber rechnet man
zu dem, was der Seele zugehört. Insofern darf man, was dieser altüberlieferten und von den
Denkern einmütig geteilten Auffassung entspricht, zutreffend bemerkt finden, und zutreffend
ist es auch, wenn als der Endzweck gewisse Betätigungsweisen und Wirksamkeiten bezeichnet
werden; denn so kommt der Endzweck in die Klasse der geistigen, nicht der äußeren Güter
zu stehen. Auch das stimmt zu unserer Auffassung, daß der, dem die Eudämonie eignet, ein
erfreuliches Leben führt und es gut hat; denn als ein Leben im rechten Sinne und als subjektives
Wohlbefinden ist die Eudämonie wohl von je aufgefaßt worden. Aber auch alles das, was man als
Bestandteil der Eudämonie verlangt, ist augenscheinlich in unserer Bestimmung des Begriffes
mit enthalten. Die einen fassen sie als Trefflichkeit überhaupt auf, die anderen heben Einsicht,
wieder andere hohe geistige Bildung als herrschenden Zug hervor; diese Eigenschaften oder
eine von ihnen denkt man sich in Verbindung mit der Lustempfindung oder doch nicht ohne
sie, und manche wieder ziehen auch die äußeren Glücksumstände mit hinein. Einige dieser
Bestimmungen stammen aus alten und weit verbreiteten Ansichten, andere wieder werden von
wenigen, aber hervorragenden Autoritäten vertreten. Da ist es doch wohl anzunehmen, daß
niemand von ihnen in allen Punkten irrt, sondern daß sie wenigstens in einem Punkte oder
auch in den meisten recht behalten werden.

Wenn man die Eudämonie als Trefflichkeit eines Menschen überhaupt oder doch als eine
Seite derselben bezeichnet, so ist unsere Begriffsbestimmung ganz damit einverstanden; denn
es gehört ja dazu auch die solcher Trefflichkeit entsprechende Betätigung. Allerdings macht es
einen nicht unbedeutenden Unterschied, ob man das Höchste und Beste in den bloßen Besitz
oder in die tätige Bewährung setzt, also in eine innere Fertigkeit oder in die äußere Ausübung.
Denn wo bloß die Fertigkeit vorhanden ist, da ist es doch immer möglich, daß sie nichts Gutes
wirklich zustande bringt; so, wenn einer im Schlafe liegt oder sonst auf andere Weise untätig
bleibt. Das nun ist völlig ausgeschlossen, sobald man in den Begriff die wirkliche Betätigung

gleich mit hineinzieht. Denn da ergibt sich die Ausübung als notwendiges Zubehör, und zwar eine Ausübung im rechten Sinn. Wie man in Olympia nicht die schönsten und stärksten bekränzt, sondern diejenigen, die wirklich in den Wettkampf eintreten, / denn unter diesen befinden sich die, die den Sieg erringen, / so werden auch in dem praktischen Leben diejenigen des Guten und Schönen teilhaftig, die im rechten Sinne tätig sind. Ihr Leben ist denn auch schon an sich ein Leben voll innerer Befriedigung. Denn Freude ist ein seelischer Affekt, und jeder hat seine Freude an dem, wofür er Zuneigung hegt. Wer Pferde liebt, freut sich an Pferden, und wer Schauspiele liebt, an Schauspielen. Auf dieselbe Weise hat der Freund der Gerechtigkeit seine Freude am Gerechten, und überhaupt der Freund des Guten und Rechten an dem, was guter und rechter Gesinnung entspricht. Allerdings, was dem großen Haufen als vergnüglich gilt, das liegt miteinander im Streite, weil das nicht seiner Natur nach geeignet ist, Freude zu gewähren; denen dagegen, die das Edle lieben, macht dasjenige Freude, was seiner Natur nach erfreulich ist. Dahin nun gehört die Tätigkeit im Sinne des Guten und Rechten, und diese ist deshalb zugleich an sich erfreulich und den so Gesinnten erfreulich. Darum bedarf auch ihre Lebensführung keiner weiteren Quelle des Lustgefühls wie eines äußerlichen Anhängsels; vielmehr trägt es seine Freude in sich. Von unserem Satze gilt dann auch die Umkehrung. Wer nicht an edler Betätigung seine Freude hat der ist auch kein edelgesinnter Mensch. Niemand wird denjenigen gerecht nennen, der sich nicht am gerechten Handeln, noch hochgesinnt den, der sich nicht an hochsinnigen Handlungen freut. Und das gleiche gilt auch von allem sonstigen. Ist dem aber so, dann gewähren auch die von edler Gesinnung zeugenden Betätigungen an und für sich Befriedigung. Ebenso sind aber auch die Handlungen, und zwar jede im höchsten Sinne, gut und edel dann, falls ein edelgesinnter Mensch über sie das richtige Urteil hat; das hat er aber, wie wir oben bemerkt haben. *Es ist also die Eudämonie, wie das Beste und Herrlichste, so auch zugleich das Lustvollste;* das läßt sich nicht so voneinander trennen, wie es in der bekannten Delischen Inschrift geschieht:

> Wie das Gerechteste auch das Schönste, das Beste Gesundheit,
> So ist das Süßeste dies, wird einem das, was er liebt.

Denn in den edelsten Arten der Betätigung findet sich das alles beisammen, und diese, oder falls eine von ihnen die alleredelste ist, diese eine verstehen wir unter der Eudämonie.

Gleichwohl sieht man ein, daß sie, wie wir schon bemerkt haben, auch der äußeren Güter nicht wohl entbehren kann. Denn wo man nicht mit den nötigen Mitteln ausgestattet ist, ist es unmöglich oder doch nicht leicht, edle Handlungen zu vollbringen. Es gibt so vielerlei, zu dessen Bewerkstelligung man der Freunde, des Reichtums und des politischen Einflusses gleichsam als Werkzeuges bedarf. Manche Güter sind überdies derart, daß beim Mangel derselben das Glück doch nur ein getrübtes bleibt, wie edle Abkunft, wohlgeratene Kinder, stattliches Aussehen. Denn ein Mensch, der überaus häßlich von Gestalt, von niederer Herkunft oder im Leben vereinsamt und kinderlos wäre, besäße nicht das volle Glück; noch weniger allerdings würde es einer besitzen, wenn seine Kinder mißraten, seine Freunde wertlos, oder wenn sie zwar brav, aber ihm durch den Tod entrissen wären. Also wie wir vorher gesagt haben, es scheint doch, daß auch solche äußeren Glücksumstände mit dazu gehören. Darum stellen denn auch manche das äußere Wohlergehen, wie andere die Trefflichkeit des Wesens mit der Eudämonie auf gleiche Linie.

Daraus entspringt dann weiter die schwierige Frage, ob sie etwas ist, was durch Lernen, durch Gewöhnung oder sonst irgendwie durch Übung erworben werden kann, oder ob sie einem nach göttlichem Ratschluß oder auch durch bloßen Zufall zuteil wird. Wenn es nun auch sonst irgend etwas gibt, was den Menschen als Gabe der Götter zufällt, so wird die Annahme nahe liegen, daß auch die Eudämonie eine göttliche Gabe sei, und zwar eine solche im höchsten Sinne, je mehr sie unter allem was ein Mensch haben kann das Wertvollste ist. Indessen, diese Frage möchte doch wohl ihren eigentlicheren Platz in einer anderen Untersuchung haben; soviel ist jedenfalls klar, daß die Eudämonie, auch wenn sie nicht von den Göttern gesandt sein sollte, sondern durch Tüchtigkeit und auf dem Wege des Lernens und Übens errungen wird, zu dem gehört, was am meisten göttlichen Wesens ist. Denn der Kampfpreis und der Endzweck sittlicher Vollkommenheit erweist sich augenscheinlich als das Höchste, als etwas Göttliches und Seliges. Doch wird es zugleich einem jeden erreichbar sein müssen, als etwas, was die Möglichkeit bietet, allen denen, die nicht zu rechter Seelenverfassung von vornherein verdorben sind, auf dem Wege des Lernens und der Übung zuzufallen. Wenn es aber etwas Schöneres ist, zur Eudämonie auf diesem Wege statt durch bloßen Zufall zu gelangen, so ist auch anzunehmen, daß es wohl auf jenem Wege geschehen wird. Ist doch das was aus den Händen der Natur hervorgeht darauf angelegt, soweit als irgend möglich die höchste Vollkommenheit zu erreichen; und das gleiche ist auch bei dem der Fall, was des Menschen Kunst, wie bei dem was jede andere Ursache und am meisten was die erhabenste der Ursachen hervorbringt. Gerade das Größte und Herrlichste aber dem Zufall zuzuschreiben würde über alles Maß gedankenlos sein.

Aber schon aus dem Begriff der Sache läßt sich die Antwort auf unsere Frage entnehmen. Wir haben die Eudämonie als eine bestimmte Form geistiger Wirksamkeit, der inneren Trefflichkeit entsprechend, bezeichnet. Von den übrigen Gütern nun sind die einen notwendig damit verbunden, die anderen von Natur bestimmt, ihr nach Art von Werkzeugen förderlich und hilfreich zu sein. Dies stimmt nun auch vortrefflich zu dem, was wir gleich im Eingang bemerkt haben. Wir haben dort das Ziel der Staatsgemeinschaft als das höchste hingestellt; diese aber betreibt dies als ihre bedeutsamste Aufgabe, die Staatsangehörigen mit gewissen Beschaffenheiten auszurüsten, also sie tüchtig und zu löblicher Lebensführung geeignet zu machen. Daß bei einem Rinde, einem Pferde oder sonst einem Tier von Eudämonie nicht die Rede sein kann, ist selbstverständlich; denn keines von ihnen bietet die Möglichkeit, zu solcher geistigen Wirksamkeit angeleitet zu werden. Aus dem gleichen Grunde kommt Eudämonie auch einem Kinde nicht zu. Kinder sind ihrer Altersstufe wegen noch nicht zu solcher Betätigung befähigt, und wenn man sie glücklich preist, so geschieht es in Hinsicht auf die Hoffnung, die sie für die Zukunft gewähren. Denn wie gesagt, es gehört dazu vollendete Innerlichkeit und ein vollendetes Leben. Im Leben aber begegnen uns zahlreiche Veränderungen und Wechsel jeder Art, und wer jetzt im schönsten Glückszustande blüht, kann möglicherweise im Alter von den furchtbarsten Schicksalsschlägen betroffen werden, wie sie in den Sagen vom trojanischen Kriege vom König Priamus berichtet werden. Wer aber solchen Glückswechsel erfahren und ein jammervolles Ende gefunden hat, dem schreibt niemand Eudämonie zu.

Soll man nun auch sonst keinen Menschen glücklich preisen, solange er noch lebt? Muß man wirklich wie Solon meint erst das Ende abwarten? Gesetzt also auch, man müsse diesen Satz gelten lassen: wäre jemand dann wirklich glücklich, wenn er gestorben ist? Oder ist dies nicht vielmehr eine völlig widersinnige Ansicht, abgesehen von allem anderen schon aus dem Grunde, weil wir die Eudämonie in einer Art von Wirksamkeit finden? Schreiben wir aber dem Gestorbenen keine Eudämonie zu, und ist es auch gar nicht das, was Solon hat sagen wollen, sondern vielmehr nur dies, daß man einen Menschen erst dann als einen, der nunmehr aus dem Bereiche des Übels und des Mißgeschickes entronnen ist, mit Sicherheit glücklich preisen kann, so gibt doch auch das wieder Anlaß zu einem Streit der Ansichten. Man möchte doch eher meinen, daß es für den Verstorbenen Schlimmes und Gutes gibt, wenn es doch dergleichen auch für den Lebenden gibt, ohne daß dieser es gewahr wird, wie Ehre und Schande, wie der Kinder und überhaupt der Nachkommen Wohlergehen und Mißgeschicke.

Indessen ein Bedenken findet sich auch dabei. Wer bis zum hohen Alter ein glückliches Leben geführt und einen dem entsprechenden Tod gefunden hat, den können doch immer noch in seinen Nachkommen viele wechselnde Geschicke betreffen; es können die einen brav sein und ein ihrem Verdienst entsprechendes Lebenslos ziehen, während die anderen dazu das Gegenteil bilden. Offenbar ist auch die Möglichkeit gegeben, daß sie sich nach der Größe des Abstandes von den Vorfahren mannigfach verschieden verhalten. Nun wäre es doch eine seltsame Vorstellung, daß auch der Verstorbene ihre wechselnden Geschicke mit ihnen erlebte und danach bald glücklich, bald elend würde, und ebenso seltsam die Vorstellung, daß das Geschick der Nachkommen die Vorfahren gar nicht, auch nicht zeitweise, berühren sollte.

Aber wir müssen zu unserer ursprünglichen Fragestellung zurückkehren; denn auf das, was wir jetzt zu ermitteln suchen, kann sich die Antwort vielleicht mit jener zusammen ergeben. Muß man das Ende abwarten und darf man jeden erst dann glücklich preisen, nicht wie einen der jetzt glücklich ist, sondern der es dereinst war: wie will man dabei den Widersinn vermeiden, wenn zu der Zeit wo einer wirklich glücklich ist, die Aussage, daß er es sei, nicht wahr sein soll, weil man den Lebenden wegen der möglichen Glückswechsel nicht glücklich preisen darf, oder auch deshalb, weil man sich die Eudämonie als etwas vorstellt, was dauert und in keiner Weise den Wechsel zuläßt, die Schicksale aber bei einer und derselben Person immer wieder einen Kreislauf durchmachen? Denn das ist ausgemacht: wenn wir uns nach dem Wandel der Geschicke richten, so werden wir einen und denselben Menschen wiederholt glücklich und nachher wieder elend nennen, und damit aus dem Glücklichen eine Art von Chamäleon oder ein Bild auf tönernen Füßen machen. Oder ist es nicht vielmehr völlig unstatthaft, sein Urteil nach dem Wandel der Geschicke einzurichten? Liegt doch das Wohl oder Wehe eines Menschen gar nicht in diesen: sondern wenn auch das menschliche Leben ihrer zwar bedarf, wie wir ausgeführt haben, so bleibt doch das Entscheidende die Handlungsweise, für die Eudämonie die der edlen Gesinnung, und für das Gegenteil die der entgegengesetzten Gesinnung entsprechende.

Für unsere Auffassung nun zeugt auch das eben erörterte Bedenken. Denn nichts in den menschlichen Dingen besitzt eine solche Zuverlässigkeit wie die Äußerungen des sittlichen Charakters; man darf sie für noch dauerhafter halten als selbst die Erkenntnisse. Unter jenen selbst aber sind die am höchsten stehenden auch die dauerhafteren, weil das ganze Leben des Glücklichen in ihnen am tiefsten und am anhaltendsten aufgeht. Das darf man denn auch als den Grund ansehen, daß für sie niemals ein Vergessen eintreten kann. Ein glücklicher Mensch wird deshalb eben das besitzen, was wir für die Eudämonie in Anspruch nehmen; er wird, was er ist, sein ganzes Leben hindurch bleiben. Denn er wird immer oder doch vor allem anderen im Handeln wie im Denken die sittliche Anforderung vor Augen haben; die Geschicke aber, die ihn treffen, wird er auf das edelste tragen, in jedem Sinne, an jedem Orte wohlbedacht, in rechter Wahrheit ein wackerer Mann, fest gegründet und ohne Makel.

Wenn nun das Geschick vielerlei nach Größe oder Geringfügigkeit seiner Bedeutung sehr Verschiedenes mit sich bringt, so übt offenbar das Geringfügige, sei es ein Glücksfall, sei es das Gegenteil, keine besondere Einwirkung auf sein Leben; dagegen wird das nach Inhalt und Anzahl Beträchtliche, was ihm begegnet, sofern es erfreulich ist, sein Lebensglück noch vermehren. Denn es selbst hat von Natur die Bestimmung, zum Schmucke des Lebens zu dienen, und es gestattet eine Verwertung zu edlen und wackeren Handlungen. Sofern aber etwas von umgekehrter Bedeutung begegnet, schwächt und trübt es wohl den Glückszustand, indem es Kummer bereitet und für mancherlei Wirksamkeiten ein Hemmnis bildet; gleichwohl strahlt auch durch solche Bedrängnis noch der Adel der Seele hindurch, wo einer zahlreiche schwere Schicksalsschläge mit Gelassenheit trägt, nicht aus Unempfindlichkeit, sondern vermöge eines edlen und hochgestimmten Gemütes.

Ist aber, wie wir nachgewiesen haben, das für das Leben Entscheidende die Äußerung in Handlungen, so kann kein Beglückter jemals elend werden; denn es kann ihm nie geschehen, daß er etwas täte, was häßlich und seiner unwürdig wäre. Denn dem in Wahrheit tüchtigen und besonnenen Manne trauen wir es zu, daß er jedes Geschick mit edler Haltung trägt und in jeder gegebenen Lage jedesmal das tut, was das Verdienstlichste ist, geradeso wie ein tüchtiger General das ihm anvertraute Heer zum Kriegszweck aufs angemessenste verwendet, oder wie ein Schuhmacher aus dem Leder das ihm zu Gebote steht, Schuhzeug von möglichster Vollendung bereitet, oder wie die anderen Gewerbtätigen, die es jeder in seinem Fache ebenso machen. Ist dem aber so, so kann der Glückliche zwar niemals elend werden; aber allerdings kann er auch kein Beglückter bleiben, wenn ihn ein Geschick wie das des Priamus träfe. Ist er doch nicht unstät noch von wandelbarem Sinne. Er wird nicht leicht aus dem Besitze der Eudämonie vertrieben werden können, auch nicht durch Unglücksfälle von beliebiger Art, die ihn treffen, sondern höchstens nur durch eine lange Reihe von sehr schweren Unglücksfällen. Und andererseits wird er nicht in kurzer Zeit aus solchem Unglück wieder zur Eudämonie gelangen, sondern wenn überhaupt, dann erst nach langem und beträchtlichem Zeitverlauf, wenn er während desselben bedeutsamer und herrlicher Gaben teilhaftig geworden ist.

Was hindert also, denjenigen glücklich zu nennen, der in vollkommen edler Gesinnung tätig und mit äußeren Gütern hinlänglich ausgestattet ist, und das nicht während einer beliebigen Dauer, sondern in einem ganzen vollen Leben? Oder muß man noch hinzufügen, daß er in diesem Zustande auch künftig weiterleben und ein dem entsprechendes Lebensende finden muß, weil uns doch das Zukünftige nicht durchschaubar ist, und wir unter der Eudämonie den letzten Gipfel und das in jeder Beziehung durchaus Vollkommene verstehen? Ist dem nun so, so werden wir diejenigen unter den Lebenden als Beglückte bezeichnen, die das oben Bezeichnete jetzt besitzen und künftig besitzen werden, als Beglückte aber allerdings so weit, wie Menschen beglückt sein können. / Damit mag die Erörterung dieses Gegenstandes abgeschlossen sein.

Daß aber das Geschick der Nachkommenschaft und befreundeter Menschen im allgemeinen zur Eudämonie nicht das geringste beitragen sollte, das ist offenbar eine überaus herzlose und der unter Menschen herrschenden Empfindungsweise zuwiderlaufende Ansicht. Die Geschicke, die die Menschen betreffen können, sind so zahlreich und zeigen so sehr alle möglichen Unterschiede; sie berühren zudem die Menschen so mannigfach, teils näher, teils weniger nahe, daß es umständlich und undurchführbar erscheint, jeden einzelnen Fall für sich besonders ins Auge zu fassen, und man es als ausreichend ansehen darf, einige allgemeine Betrachtungen darüber nur im Umriß mitzuteilen. Wenn, wie es für die eigenen unglücklichen Erlebnisse gilt, die einen für den Lebensgang von Gewicht und Bedeutung sind, die anderen leichter genommen werden können, und das gleiche auch für die Erlebnisse aller uns nahestehenden Menschen gilt; wenn ferner der Unterschied, den es macht, ob ein Leid, es sei welches es wolle, jemanden während seiner Lebzeiten oder nach seinem Tode trifft, viel größer ist als der Unterschied, den es in einer Tragödie ausmacht, ob Freveltaten und furchtbare Geschicke der Handlung vorausliegen oder während derselben sich vollziehen: so muß man auch diesen Unterschied mit in Betracht ziehen, und vielleicht ist es in noch höherem Grade erforderlich, die Frage in betreff der Abgeschiedenen zu untersuchen, ob sie denn überhaupt noch von irgend etwas Erfreulichem oder dem Gegenteil wirklich berührt werden. Wenigstens möchte man nach dem, was wir eben bemerkt haben, annehmen, daß, gesetzt selbst es gelangte irgend etwas derartiges, es sei nun etwas Gutes oder das Gegenteil, bis an sie heran, es doch entweder an sich oder mit Bezug auf sie immer nur von schwacher und geringfügiger Wirkung bleiben wird, und wenn das nicht, daß es doch keinenfalls eine solche Größe und Beschaffenheit besitzen wird, um entweder diejenigen, die es nicht sind, glücklich machen, oder denjenigen, die es sind, ihren Glückszustand entreißen zu können. Es ist also wohl anzunehmen, daß das günstige Schicksal der ihnen nahestehenden Menschen ebensowohl wie das Mißgeschick derselben die Abgeschiedenen zwar irgendwie berühren, aber sie doch nur in der Weise und mit der Bedeutung berühren wird, daß sie weder aus glücklichen nicht-glückliche zu machen, noch sonst eine ähnliche Wirkung zu üben imstande sind.

Nachdem wir diesen Gegenstand erledigt haben, wollen wir die Frage ins Auge fassen, ob die Eudämonie in die Reihe der bloß schätzbaren Dinge oder vielmehr in die der Dinge von unbedingtem Werte zu stellen ist. Zunächst, das eine ist klar, daß sie kein Zustand bloßen Vermögens ist; zugleich aber leuchtet ein, daß alles bloß Schätzbare deshalb geschätzt wird, weil es gewisse Eigenschaften hat und zu anderem in gewissen Beziehungen steht. So schätzt man den Gerechten, den Mutigen, überhaupt den Tüchtigen und die entsprechende Beschaffenheit wegen der von ihnen ausgehenden Wirkungsweisen und Leistungen; wir schätzen den Starken, den Behenden und so auch jeden sonst deshalb, weil er eine gewisse Eigenschaft von Natur besitzt und dadurch zu guten und wertvollen Leistungen irgendwie geeignet ist. Man ersieht das schon aus den Lobpreisungen, die den Göttern dargebracht werden. Hier erscheint es lächerlich, wenn man sie auf unser Niveau herunterziehen wollte; und das kommt daher, weil Lobpreisungen, wie wir gezeigt haben, ihre Begründung in der Wirksamkeit für etwas anderes finden. Begründet sich aber die Lobpreisung auf solche Leistung, so ist offenbar, daß das was dem Herrlichsten gebührt, nicht eine Lobeserhebung von dieser Art, sondern etwas Größeres und Erhabeneres ist, und das wird ihm denn auch wirklich erwiesen. Denn die Götter preisen wir selig und glücklich, und unter den Menschen ebenso diejenigen, die am meisten gottähnlich sind. Das gleiche gilt in Bezug auf die Güter. Die Seligkeit schätzt man nicht wie etwa das Gerechte, sondern man preist sie als etwas Gottähnlicheres und Erhabeneres.

In diesem Sinne ist auch Eudoxos, wie man wohl sagen darf, als geschickter Anwalt für die Lustempfindung als des höchsten Preises wert eingetreten. Denn daß sie so wenig mit Lobeserhebungen bedacht wird, während sie doch zu den Gütern gehört, das, meinte er, zeige gerade an, daß sie etwas besseres sei als das, was sich Lob gewinnt. Von solcher Art nun sei Gott und das Gute, und nach diesem werde auch alles andere beurteilt. Denn Lobpreisung kommt hohen Vorzügen zu; durch diese wird man in den Stand gesetzt, edle Handlungen zu vollbringen; die Lobeserhebungen aber gelten den Leistungen, ebensowohl denen des Leibes wie denen der Seele.

Indessen, darüber in genauere Einzelheiten einzugehen, ist wohl mehr die Sache derjenigen, die sich fachmäßig mit der Ausarbeitung von Lobreden abgeben. Uns wird aus dem Ausgeführten klar geworden sein, daß die Eudämonie zu den Dingen gehört, die unbedingten und uneingeschränkten Wert haben. Daß sie dazu gehört, wird schon dadurch wahrscheinlich, daß sie Prinzip des Handelns ist; denn sie ist es, die jedermann in allem seinem Handeln als Ziel im Auge hat. Was aber Prinzip und Grund der Güter ist, das gilt uns als etwas unbedingt Wertvolles und Göttliches.

I. Teil. Die sittliche Anforderung

I. Kennzeichen der sittlichen Beschaffenheit und ihrer Betätigung

1. Die Trefflichkeit eines Menschen

Die Eudämonie ist die innerer Trefflichkeit entsprechende geistige Wirksamkeit. Wir haben also zunächst diese innere Trefflichkeit zu betrachten; dadurch werden wir dann auch wohl das Wesen der Eudämonie besser verstehen lernen. Auch der Staatsmann, der es im wahren Sinne ist, hat sich von je um sie vielleicht mehr als um alles andere bekümmert; denn seine Absicht ist gerade die, in den Staatsangehörigen Tüchtigkeit und Gehorsam gegen die Gesetze groß zu ziehen. Ein Muster dafür haben wir an den Gesetzgebern der Kreter und Lakedämonier und an denen, die etwa sonst das gleiche Ziel verfolgt haben. Wenn aber dieser Gesichtspunkt dem Gebiete der Wissenschaft vom Staate angehört, so entspricht offenbar die Erörterung, zu der wir nun übergehen, dem, was wir von Anfang an als unser Vorhaben bezeichnet haben.

Es ist klar, daß was wir zu betrachten haben, die innere Trefflichkeit als die eines Menschen ist; haben wir doch auch das Gute als das für den Menschen Gute und die Eudämonie als die dem Menschen zukommende zu ermitteln gesucht. Unter der Trefflichkeit eines Menschen aber verstehen wir nicht eine Beschaffenheit des Leibes, sondern des Geistes, und so fassen wir auch die Eudämonie als eine geistige Betätigung. Ist dem aber so, so muß der Staatsmann offenbar bis zu einem gewissen Grade eine Kenntnis von der Natur des Geistes besitzen, gerade wie der Arzt, der die Augen kurieren will, auch den ganzen Leib kennen muß; ja, das Bedürfnis solchen Wissens ist bei jenem in demselben Verhältnis noch dringlicher, als die Staatskunst an innerem Wert und Bedeutung die Heilkunst überragt. Wissenschaftlich gebildete Ärzte geben sich in der Tat um die Kenntnis des Leibes die erdenklichste Mühe. So muß denn auch der Staatsmann das Wesen des Geistes erwägen, und zwar muß er solche Erwägung anstellen um der ihm gestellten Aufgabe willen und soweit als es für das was er anstrebt, hinreichend ist. Denn in die Einzelheiten noch genauer einzugehen, würde doch wohl größere Mühe in Anspruch nehmen als die Aufgabe erfordert. Darüber findet man auch in der geläufigen Literatur mancherlei ausreichend behandelt, und man wird gut tun, davon Gebrauch zu machen. Da heißt es unter anderm, daß in der Seele der eine Teil ohne Denkvermögen, der andere mit Denkvermögen ausgestattet ist. Die Frage aber, ob diese beiden von einander getrennt sind wie die leiblichen Organe und alles sonstige was nach Teilen gesondert ist, oder ob es nur der Auffassung nach zweierlei, seiner Natur nach aber ebenso untrennbar beisammen ist wie am Kreisbogen das Konvexe und das Konkave, das braucht uns bei unserem jetzigen Vorhaben nicht weiter zu beschäftigen.

Der nicht mit Denkvermögen ausgestattete Seelenteil gleicht teils dem, was uns mit den Pflanzen gemein ist / dahin gehört das, was der Ernährung und dem Wachstum zugrunde liegt; denn ein solches seelisches Vermögen muß man doch wohl allen Wesen zuschreiben, die Nahrung aufnehmen, auch dem Embryo, und ganz ebenso den ausgewachsenen Geschöpfen; jedenfalls hat solche Annahme mehr für sich, als daß es ein anderes sein sollte. Die angemessene Beschaffenheit dieses Seelenteils ist, wie sich daraus ergibt, dem Menschen mit anderen Wesen gemeinsam und nicht spezifisch menschlich. Dieser Seelenteil und dieses Vermögen übt augenscheinlich seine Wirksamkeit am meisten im Zustande des Schlafes; wer aber gut oder schlecht ist, das zeigt sich im Schlaf am wenigsten. Daher der Ausspruch, daß der Beglückte vom Elenden sich während der einen Hälfte des Lebens gar nicht unterscheidet; ein ganz natürliches Ergebnis. Denn der Schlaf ist ein Zustand der Untätigkeit der Seele gerade in der Beziehung, wonach sie tüchtig oder untüchtig genannt wird, allerdings mit der Einschränkung, daß in geringen Spuren immerhin manche Regungen bis an die Seele gelangen, so daß infolgedessen auch die Traumvorstellungen edelgesinnter Menschen lauterer sind als die beliebiger Persönlichkeiten. Doch genug davon. Von der vegetativen Seite dürfen wir absehen, da sie ihrer Natur nach an dem, was an der wertvollen Beschaffenheit das spezifisch Menschliche ausmacht, nicht beteiligt ist.

Nun gibt es aber noch eine andere Seite der Seele, die den Eindruck macht ohne Denkvermögen zu sein, während sie zu demselben doch irgendwie in Beziehung steht. An einem enthaltsamen und einem unenthaltsamen Menschen ist es das Denkvermögen und der damit begabte Seelenteil, was wir schätzen: denn dieser liefert den Antrieb im rechten Sinne und in der Richtung auf das Edelste. Dann aber ist offenbar bei jenen beiden in ihrer Natur außerdem Denkvermögen noch etwas anderes wirksam, was diesem Vermögen widerstreitet und sich ihm entgegenstellt. Denn wie gelähmte leibliche Glieder, wenn die Absicht ist, sie nach rechts zu bewegen, sich ungeschickterweise gerade entgegengesetzt nach links wenden, so geht es auch in der Seele zu: die Antriebe gehen bei den Unenthaltsamen in die dem Gedanken entgegengesetzte Richtung. Nur nehmen wir beim Leibe die Ablenkung äußerlich wahr, bei der Seele nicht. So wird denn auch wohl in der Seele nicht minder als dort außer dem Denkvermögen noch etwas anderes anzunehmen sein, was sich ihm entgegenstellt und ihm widerstrebt. In welchem Sinne dies Element ein anderes ist, das geht uns hier nichts an. Doch steht offenbar auch dieses, wie oben bemerkt, zum Denkvermögen irgendwie in Beziehung. Beim Enthaltsamen wenigstens gehorcht es der Herrschaft der Vernunft, und vielleicht ist es bei einem besonnenen und einem willensstarken Menschen derselben noch willfähriger. Denn hier steht es mit dem Denkvermögen in vollem Einklang.

Offenbar ist nun auch dieses Nicht-denkende in der Seele ein gedoppeltes. Denn das vegetative Element hat mit dem Denkvermögen keinerlei Gemeinschaft; dagegen steht das Begehrungs- und überhaupt das Willensvermögen zu demselben insofern in Beziehung, als es ihm unterwürfig und gehorsam zu sein vermag. So sagen wir ja auch, daß man zu seinem Vater und zu befreundeten Personen ein gedankenmäßiges »rationelles« Verhältnis innehält, das Wort natürlich nicht in dem Sinne genommen, wie es in der Mathematik gebraucht wird. Daß der nicht-denkende Seelenteil irgendwie von dem Denkvermögen sich überreden läßt, das zeigt schon der Gebrauch, den man von der Ermahnung wie von allen Arten des Tadels und der Anfeuerung macht. Gilt aber die Aussage, daß auch dieser Seelenteil ein Denkvermögen hat, dann ergibt sich, daß auch der denkende Seelenteil ein gedoppelter ist, denkend teils eigentlich und an und für sich, teils in dem Sinne wie ein Vermögen seinem Vater zu gehorchen ein denkendes Vermögen ist.

Darin liegt nun auch der Einteilungsgrund für die Beschaffenheiten eines Menschen, die seine Trefflichkeit ausmachen. Wir weisen sie teils dem Intellekt, teils dem Willen zu, jene als dianoëtische, diese als ethische: Wissenschaft, Verstand und Einsicht als dianoëtische, Edelmut und Besonnenheit als ethische Beschaffenheiten. Sprechen wir vom ethischen Charakter, so sagen wir nicht, daß jemand wissenschaftlich gebildet oder verständig, sondern etwa, daß er sanftmütig oder besonnen ist. Aber unsere Hochachtung gewähren wir auch dem wissenschaftlich Gebildeten auf Grund dieser seiner geistigen Verfassung; diejenigen Arten geistiger Verfassung aber, die der Hochachtung würdig sind, bezeichnen wir als Trefflichkeiten und Vorzüge.

2. Gewöhnung und Erziehung

Von den beiden Arten der inneren Trefflichkeit des Menschen, der intellektuellen und der ethischen, verdankt jene, die intellektuelle, Ursprung und Wachstum am meisten der Belehrung; sie bedarf deshalb der Erfahrung und der Zeit. Die rechte ethische Beschaffenheit dagegen wird durch *Gewöhnung* erlangt und hat davon auch ihren Namen (Ethos mit langem *e*) erhalten, der sich von dem Ausdruck für Gewöhnung (Ethos mit kurzem *e*) nur ganz leise unterscheidet.

Es ergibt sich daraus auch dies, daß keine der ethischen Eigenschaften uns durch die Naturanlage zuteil wird. Denn kein Naturwesen wird durch Gewöhnung umgebildet. Ein Stein hat von Natur die Richtung nach unten; keine Gewöhnung könnte je bewirken, daß er ein Streben nach oben annähme, und wenn ihn auch einer mit der Absicht ihn umzugewöhnen unzähligemal in die Höhe würfe. Ebensowenig läßt sich das Feuer zur Richtung nach unten umgewöhnen, und das gleiche gilt von allem übrigen; von den Erzeugnissen der Natur läßt sich kein einziges umgewöhnen. Also werden uns die sittlichen Beschaffenheiten ebensowenig durch die Natur wie wider die Natur zuteil; wir haben von Natur nur die Fähigkeit sie zu gewinnen, und durch Gewöhnung kommen sie in uns zur Entwicklung.

Alles was in uns als natürliche Mitgabe ist, besitzen wir zuerst als bloße Anlage und bringen es erst nachher zur Verwirklichung. Man sieht das schon an der sinnlichen Wahrnehmung. Das Vermögen der Wahrnehmung haben wir nicht etwa durch häufiges Sehen oder Hören erworben, sondern umgekehrt: weil wir das Wahrnehmungsvermögen schon hatten, haben wir von ihm Gebrauch gemacht; wir haben es nicht erst durch den Gebrauch erlangt. Unsere inneren Eigenschaften dagegen gewinnen wir auf Grund vorhergehender Tätigkeiten. Es ist damit, wie mit den übrigen technischen Fertigkeiten auch. Was wir erst lernen müssen, um es auszuüben, das erlernen wir, indem wir es ausüben. So wird man ein Baumeister dadurch daß man baut und ein Zitherspieler dadurch daß man die Zither spielt. So nun wird man auch gerecht dadurch daß man gerecht handelt, besonnen dadurch daß man besonnen handelt, und tapfer dadurch daß man sich tapfer benimmt.

Dafür zeugt denn auch die Erscheinung, wie sie uns im Staatsleben begegnet. Der Gesetzgeber macht die Staatsangehörigen tüchtig durch Gewöhnung; das ist die eigentliche Absicht jedes Gesetzgebers, und wer das nicht in rechtem Sinne vollbringt, der handelt fehlerhaft. Und so liegt denn gerade hier der Punkt, wo sich eine wohleingerichtete Staatsverfassung von einer schlecht eingerichteten unterscheidet.

Zweitens, jede Art von preisenswerter Beschaffenheit, geradeso wie jede technische Fertigkeit, geht aus denselben Gründen und vermittels derselben Gründe, durch die sie erworben wird, auch wieder verloren. Durch die Tätigkeit des Zitherspielens wird man ebenso zum guten wie zum schlechten Zitherspieler; und dieselbe Erscheinung kehrt ebenso beim Baumeister und bei allen übrigen wieder. Man wird ein geschickter Baumeister durch kunstgerechtes und ein schlechter durch kunstwidriges Bauen. Wäre dem nicht so, so bedürfte es nicht des Lehrers, sondern es würden alle gleich von vornherein als tüchtig oder untüchtig geboren. Gerade so nun verhält es sich auch mit den sittlichen Vortrefflichkeiten. Je nachdem sie in dem geschäftlichen Verkehr mit den Menschen sich bewegen, werden die einen gerecht, die anderen ungerecht, und je nachdem sie sich in gefährlichen Lagen benehmen und an furchtsames oder kühnes Vorgehen sich gewöhnen, werden die einen entschlossen, die anderen zaghaft. Ganz so verhält es sich nun auch in Bezug auf Begierden und Affekte. Die einen werden besonnen und sanftmütig, die anderen zügellos und jähzornig, jene dadurch daß sie in dieser, diese dadurch daß sie in jener Weise ihren Wandel einrichten. Mit *einem* Worte also: *die befestigten Beschaffenheiten kommen zustande durch die entsprechenden Handlungsweisen.* Darum gilt es unseren Handlungsweisen eine bestimmte Richtung zu erteilen; denn ihren unterschiedenen Formen entsprechend bilden sich die befestigten Beschaffenheiten. Es macht also keineswegs einen geringen Unterschied, ob wir von Jugend auf in der einen oder in der anderen Richtung gewöhnt werden; vielmehr darauf kommt sehr viel, ja alles an.

Da nun die Untersuchung, die uns hier beschäftigt, nicht wie die anderen sonst zu rein theoretischem Zweck angestellt wird / denn nicht um bloß zu wissen, was sittliche Trefflichkeit ist, behandeln wir den Gegenstand, sondern in der Absicht dadurch zur Tüchtigkeit zu gelangen, da wir uns sonst durch sie nicht gefördert fühlen würden /, so ist es geboten die Frage nach der Art und Weise des Handelns ins Auge zu fassen und zu sehen wie man diese einzurichten hat. Denn wie wir dargelegt haben, übt sie eine entscheidende Wirkung auch darauf, welcher Art die befestigten Beschaffenheiten werden, die wir uns aneignen.

Daß die Handlungsweise im Sinne des richtigen Denkens einzurichten ist, das ist die allgemeine Ansicht, und das sei auch hier vorläufig zugrunde gelegt. Später soll dann die Rede davon sein, was unter richtigem Denken zu verstehen ist und wie es sich zu den übrigen Seiten der sittlichen Charakterbildung verhält. Hier sei nur soviel zum voraus bemerkt, daß überhaupt für jede Darlegung, die die Frage des handelnden Lebens betrifft, nur eine Behandlung im Umriß und nicht in begrifflicher Strenge gefordert werden darf. Wir haben sogleich im Eingang bemerkt, daß man die Anforderung an die Behandlung jedesmal nach der Eigentümlichkeit des Gegenstandes bemessen muß. Die Erscheinungen des praktischen Lebens und die Frage nach dem Nützlichen lassen ebensowenig eine ein für allemal gültige Bestimmung zu, wie die Frage nach dem was gesund ist. Gilt dies von der Behandlung der allgemeinen Fragen, so schließt die Behandlung der Einzelfälle in noch entschiedenerer Weise begriffliche Genauigkeit aus. Sie fällt weder unter den Begriff der Kunstlehre noch unter den einer herkömmlichen Überlieferung; der Handelnde selber vielmehr muß jedesmal das der augenblicklichen Lage Entsprechende herausfinden, geradeso wie es auch bei der Tätigkeit des Arztes und des Steuermanns der Fall ist. Aber gleichwohl, wenn dies auch den Charakter der Untersuchung, die uns hier beschäftigt, bezeichnet, so müssen wir doch zusehen, wie wir uns dabei zu behelfen haben.

Das erste nun, was es gilt sich klar zu machen, ist dies, daß es die Natur der diesem Gebiete angehörigen Erscheinungen bezeichnet, an dem Zuwenig und an dem Zuviel die Art und Weise ihrer Verletzung zu haben. Wie es immer zweckdienlich ist, zur Erklärung der nicht sinnlichen Erscheinungen sinnliche Gleichnisse heranzuziehen, so dürfen wir uns hier auf dasjenige berufen, was man in Bezug auf Körperkraft und Gesundheit beobachtet. Übungen, die übermäßig anstrengend, ebenso wie die, die es zu wenig sind, schädigen die Stärke, und ebenso zerstören Speise und Trank, wenn man sie im Übermaß oder in zu geringem Maße zu sich nimmt, die Gesundheit, während das richtig Bemessene dagegen sie erzeugt, sie fördert und bewahrt. Gerade so nun verhält es sich auch bei der Besonnenheit, der Tapferkeit und den übrigen Vorzügen. Wer alles meldet und scheut und nirgends standhält, wird feige: wer sich schlechterdings vor nichts fürchtet, sondern auf alles geradeaus losgeht, der wird tollkühn. Ebenso wird, wer sich jeden Genuß gestattet und sich keinen versagt, ausgelassen, und wer jeden meidet wie die, die an nicht sein Interesse haben, wird für jeden Eindruck abgestumpft. Also wird Besonnenheit und Tapferkeit durch das Zuviel und das Zuwenig geschädigt, dagegen durch das rechte Mittelmaß gefördert. Doch nicht bloß Entstehung, Wachstum und Untergang ergeben sich aus denselben Quellen und denselben Ursachen, sondern auch für die Betätigungen gelten dieselben Bedingungen. Auch bei den anderen mehr vor Augen liegenden Erscheinungen läßt sich das gleiche Verhältnis beobachten, so bei der Körperstärke. Diese wird dadurch erworben, daß man reichlich Nahrung zu sich nimmt und sich große Anstrengungen auferlegt; andererseits ist der Starke wiederum am ehesten imstande dergleichen zu leisten. Geradeso nun verhält es sich auch bei den sittlichen Vorzügen. Man gewinnt Macht über sich, indem man sich sinnliche Genüsse versagt, und wenn man Macht über sich gewonnen hat, so ist man am ehesten befähigt, solche Enthaltsamkeit zu üben. Das gleiche zeigt sich bei der Mannhaftigkeit. Indem man sich daran gewöhnt, die Gefahr zu verachten und sie zu bestehen, erlangt man Mannhaftigkeit, und hat man sie erlangt, so wird man Gefahren zu bestehen am ehesten imstande sein.

Als Kennzeichen der befestigten Gemütsbeschaffenheit muß man *die Gefühle der Lust und Unlust* betrachten, die sich an die Handlungen knüpfen. Wer sich sinnliche Genüsse versagt und eben an diesem Versagen seine Freude hat, der ist Herr über seine Begierden; wem es dagegen sauer wird, der ist noch ein Knecht derselben. Wer sich in schlimmen Lagen bewährt und sie mit Freudigkeit oder doch ohne Unwillen auf sich nimmt, der ist mutig; wer es dagegen mit Widerstreben tut, der ist mutlos. *Denn um die Gefühle von Lust und Unlust dreht sich die sittliche Beschaffenheit.* Um sinnlicher Befriedigung willen tut man was niedrig ist, und um der Unannehmlichkeit willen unterläßt man, was edel ist. Deshalb muß man, wie Plato sagt, eigentlich von Kindesbeinen an dazu angeleitet werden, Freude und Leid über das zu empfinden, worüber man beides vernünftigerweise empfinden soll, und eben darin besteht die richtige Erziehung. Ferner, wenn die sittliche Beschaffenheit sich um Handlungs- und um Empfindungsweisen dreht, an jede Empfindungs- und Handlungsweise aber sich Lust und Unlust anschließt, so würde schon aus diesem Grunde die sittliche Beschaffenheit sich mit den Gefühlen von Lust und Unlust nahe berühren. Das zeigen auch die Zuchtmittel an, die mit Rücksicht auf sie zur Anwendung kommen. Sie sind eine Art von Heilverfahren; ein Heilverfahren aber hat von Natur die Art, auf das Übel vermittels dessen zu wirken, was zu ihm im Gegensätze steht. Und sodann, wie wir schon oben bemerkt haben, jede dauernde geistige Beschaffenheit empfängt ihre Bestimmtheit von eben dem und bezieht sich auf eben das, wodurch sich zum Besseren oder zum Schlimmeren zu entwickeln in ihrer Natur liegt. Motive der Lust und Unlust sind es, welche die Menschen herunterbringen, dadurch daß die Menschen solchen nachjagen und solche meiden, denen sie vernünftigerweise nicht nachjagen oder die sie nicht meiden sollten, oder daß sie es tun zu der Zeit wo, und in der Weise wie es nicht geschehen sollte, oder wider das was sonst die gesunde Vernunft an Vorschriften in dieser Beziehung erteilt. Aus diesem Grunde bestimmt man dann auch wohl die sittlichen Beschaffenheiten als Freiheit von gewissen Erregungen und als Seelenruhe, freilich insofern nicht mit Recht, als man das unbedingt hinstellt und nicht auch hinzufügt, wie und wann es geboten oder nicht geboten ist und was sonst an näheren Bestimmungen dahin gehört.

Die Grundlage also bildet für uns der Satz, daß die wertvolle Beschaffenheit im ethischen Sinne diejenige ist, die gegenüber der Lust und Unlust das richtigste Verhalten tätig innezuhalten vermag, während die verwerfliche Beschaffenheit sich entgegengesetzt verhält. Zu demselben Ergebnis vermag uns auch die folgende Betrachtung zu führen. Wie es drei Gründe gibt für das Streben nach den Dingen, und drei für das Meiden derselben: das Wertvolle, das Nützliche und das Angenehme, und deren Gegensätze: das Niedrige, das Schädliche und das Unangenehme, so ist der wohlgesinnte Mann derjenige, der sich in Beziehung auf alles dies richtig benimmt, und der schlechtgesinnte derjenige, der sich dazu unrichtig verhält. Am meisten gilt das vom Verhalten der sinnlichen Lust gegenüber. Denn diese ist allen lebenden Wesen gemeinsam und knüpft sich an alles, was Gegenstand einer Wahl ist. Denn Lust bereitet augenscheinlich auch das sittlich Wertvolle und das Nützliche. Außer dem ist sie mit uns allen von Kindesbeinen an aufs innigste verwachsen. Darum ist es auch so schwer, diese im Verlauf des Lebens so tief eingedrungene Färbung wieder wegzuwischen. Und in der Tat, wir regeln unsere Handlungsweise, die einen mehr, die anderen weniger, nach dem Motiv von Lust und Unlust. Daraus erhellt die Notwendigkeit, unsere ganze Untersuchung sich um diesen Punkt drehen zu lassen. Denn für das tätige Leben ist es keineswegs von geringer Bedeutung, ob man Lust oder Unlust im rechten oder im falschen Sinne empfindet. Zudem, es ist, wie schon *Heraklit* sagt, eine schwierigere Aufgabe, gegen das Streben nach Lust, als gegen den Zorn anzukämpfen: alle Kunstfertigkeit aber und alle Tüchtigkeit zeigt sich jedesmal der größeren Schwierigkeit gegenüber, und hier ist das richtige Benehmen auch verdienstlicher. Daher beschäftigt sich schon aus diesem Grunde die ganze Untersuchung sowohl was den Wert des einzelnen wie was das staatliche Leben betrifft mit der Frage von Lust und Unlust. Denn, wer sich diesen gegenüber in rechter Weise verhält, der ist ein tüchtiger, und wer sich verkehrt dazu stellt, der ist ein verkehrter Mensch.

Damit mag soviel ausgemacht sein, erstens, daß sittliche Tüchtigkeit es mit Lust und Unlust zu tun hat, zweitens, daß sie durch eben die Übung, durch die man sie erlangt, auch zunimmt und wieder verloren geht, wenn man nicht stetig in gleicher Weise dabei bleibt, und drittens, daß sie sich auf eben dem Gebiete wirksam bewährt, auf dem sie ihren Ursprung genommen hat.

Nun kann es wohl Bedenken erregen, in welchem Sinne wir behaupten, man müsse gerecht werden dadurch, daß man gerecht, und besonnen dadurch, daß man besonnen handelt. Gehört doch dazu, daß einer gerechte und besonnene Handlungen vollzieht, daß er schon gerecht und besonnen sei, gerade wie derjenige, der in korrekter Weise spricht oder musiziert, schon im Besitze der Sprachrichtigkeit und der Tonkunst sich befindet. Indessen, ist das vielleicht auch in den technischen Fertigkeiten nicht der Fall? Ist es doch ganz wohl möglich, daß einer sich im Reden und Schreiben korrekt benimmt, durch bloßen Zufall oder unter fremder Anleitung; er wird also ein sprachkundiger Mann erst dann sein, wenn er zugleich sprachlich korrekt und wie ein sprachkundiger Mann verfährt, und dies letztere bedeutet, daß es vermöge der in ihm lebenden Sprachkunde geschieht.

Aber die Analogie zwischen den technischen Vermögen und den sittlichen Beschaffenheiten läßt sich auch sonst nicht durchführen. Denn wo es sich um technische Fertigkeiten handelt, da hat das zustande gekommene Werk seine Angemessenheit in sich, und es genügt also, daß es so zustande kommt, daß es diese Eigenschaft irgendwie an sich trägt. Dagegen wo es sich um sittliche Betätigung handelt, da wird das Vollbrachte nicht schon dann etwa im Sinne der Gerechtigkeit oder der Besonnenheit vollbracht, wenn es diese Eigenschaften irgendwie an sich trägt, sondern es gehört dazu auch dies, daß der Handelnde *auf Grund einer gewissen Form seiner Innerlichkeit* tätig werde, und zwar zunächst, daß er *mit Wissen*, sodann daß er *mit Vorsatz* und zwar aus sachlichem Grunde, endlich drittens, daß er auch *auf Grund einer zuverlässigen und unerschütterlichen Gesinnung* seine Handlung vollziehe. Von alledem wird bei den anderen, den technischen Fertigkeiten nichts mit in Rechnung gestellt, ausgenommen das Wissen selber. Für die sittlichen Betätigungsweisen dagegen bedeutet das bloße Wissen wenig oder nichts, während die beiden übrigen Bedingungen hier nicht ein geringes, sondern geradezu alles bedeuten, und diese gelangen in unsere Gewalt eben durch das häufige Vollbringen gerechter und besonnener Handlungen. *Handlungen werden also als gerecht und besonnen bezeichnet, wenn sie so vollbracht werden, wie ein gerechter oder besonnener Mann sie vollbringen würde. Und gerecht und besonnen ist nicht schon, wer solche Handlungen vollbringt, sondern erst, wer sie so vollbringt, wie Männer von gerechtem und besonnenem Charakter sie vollbringen.* Und so sagt man denn mit Recht, daß man gerecht wird durch Vollbringen gerechter und besonnen durch Vollbringen besonnener Handlungen. Dagegen auf Grund dessen, daß man solche Handlungen nicht vollbringt, würde kein Mensch auch nur eine Aussicht haben, ein guter Mensch zu werden. Allein die Menschen im allgemeinen ziehen es vor, sich lieber nicht in solchen Handlungen zu üben; indem sie zu moralisierender Erörterung flüchten, meinen sie zu philosophieren und auf diesem Wege zur Charaktertüchtigkeit zu gelangen. Sie machen es wie die Patienten, die zwar genau aufpassen, was der Arzt sagt, aber nichts von dem befolgen, was er verordnet. Geradeso wenig nun wie solche Patienten durch diese Art sich kurieren zu lassen zu leiblichem Wohlbefinden gelangen, erreichen jene durch diese Weise zu philosophieren eine angemessene geistige Verfassung.

3. Verstandesbildung und Fertigkeit

Die Frage ist nunmehr: was ist denn sittliche Willensbeschaffenheit? Da, was uns an Begehrungsvorgängen in der Seele begegnet, von dreierlei Art ist: vorübergehende Affekte, Neigungen und befestigte Eigenschaften, so wird die sittliche Beschaffenheit wohl zu einer dieser Klassen gehören müssen. Unter Affekten verstehe ich Begehren, Zorn, Furcht, Mut, Neid, Freude, Liebe, Haß, Sehnsucht, Eifersucht, Mitleid, überhaupt solches, was von Gefühlen der Lust oder Unlust begleitet ist; unter Neigungen das wodurch wir für solche Affekte empfänglich, also z.B. geneigt heißen, in Zorn, Unlust, Mitleid zu geraten; unter befestigten Willensrichtungen endlich die Eigenschaft, vermöge deren wir uns den Affekten gegenüber richtig oder falsch verhalten; z.B. der Erregung zum Zorn gegenüber ist das Verhalten falsch, wenn es übergroße Heftigkeit oder Schlaffheit zeigt, und recht, wenn es die Mitte innehält, und ebenso den anderen Affekten gegenüber. Nun darf man weder die löblichen noch die verwerflichen Beschaffenheiten zu den Affekten zählen; denn nicht auf Grund seiner Affekte nennt man einen tüchtig oder untüchtig, wohl aber auf Grund seiner sittlichen und seiner unsittlichen Haltung, und Lob oder Tadel wird uns nicht auf Grund unserer Affekte zuteil. Man lobt nicht einen der sich fürchtet, und nicht einen der zornig ist, und man tadelt auch nicht ohne weiteres einen der zornig ist, sondern nur den, der es in gewisser Weise ist. Dagegen lobt oder tadelt man uns auf Grund unserer sittlichen und unsittlichen Haltung. Ferner, in Zorn und Furcht geraten wir unvorsätzlich; sittliche Beschaffenheiten aber tragen den Charakter der Vorsätzlichkeit oder sind doch nicht ohne dieselbe. Außerdem, in bezug auf die Affekte spricht man von Erregung; dagegen wo es sich um sittliche oder unsittliche Beschaffenheiten handelt, da spricht man nicht von Erregung, sondern von dauernder Gesinnung. Eben deswegen sind sie aber auch keine bloßen Neigungen. Denn man nennt uns brav oder schlecht, man lobt oder tadelt uns nicht ohne weiteres, weil wir für gewisse Affekte empfänglich sind. Und endlich, die Neigung haben wir durch Naturanlage, aber gut oder schlecht sind wir nicht von Natur. Darüber haben wir schon oben gehandelt. Sind nun die sittlichen Beschaffenheiten weder Affekte noch Neigungen, so bleibt nur übrig, daß sie befestigte Willensrichtungen sind.

Damit wäre denn bezeichnet, was die sittliche Willensbeschaffenheit ihrer Gattung nach ist. Es gilt aber nicht bloß zu sagen, *daß* sie eine befestigte Willensrichtung ist, sondern auch *was für eine* sie ist. Da ist nun zu sagen, daß jegliche wertvolle Beschaffenheit das Wesen selbst dessen Beschaffenheit sie ist als in rechter Verfassung befindlich darstellt und auch seine Betätigung als die rechte bezeichnet. So besteht die Tüchtigkeit des Auges darin, das Auge selbst wertvoll zu machen und ebenso seine Leistung; denn wenn wir gut sehen, so geschieht es durch die Tüchtigkeit des Auges. Ebenso macht die Tüchtigkeit des Pferdes das Pferd zu einem brauchbaren, so daß es wacker läuft, den Reiter trägt und den Feinden standhält. Verhält sich das nun so bei allen Dingen, so wird insbesondere die Tüchtigkeit eines Menschen diejenige befestigte Willensrichtung sein, vermittels deren er ein guter Mensch wird und seine Betätigung in rechter Weise vollzieht. Worin nun dies besteht, haben wir bereits dargelegt; es läßt sich aber auch so zeigen, daß wir näher ins Auge fassen, was die eigentliche Natur dieser Willensrichtung ausmacht.

Bei jedem ausgedehnten und teilbaren Dinge kann man ein Zuviel oder Zuwenig und ein rechtes Maß unterscheiden, und dies entweder in Hinsicht der Sache selbst oder in der Beziehung auf uns. Das rechte Maß liegt in der Mitte zwischen dem Zuviel und Zuwenig. Unter der Mitte eines Gegenstandes verstehe ich das, was von jedem der beiden Enden gleichen Abstand hat, verstand das gilt für alle Gegenstände als eines und dasselbe. In bezug auf uns aber bedeutet die rechte Mitte das, was weder zuviel noch zuwenig ist: das aber ist keineswegs bei allen eines und auch nicht dasselbe. So, wenn zehn viel, zwei aber wenig ist, so nimmt man in Hinsicht auf die Sache als die Mitte sechs an, weil es um ebensoviel das eine übertrifft, wie es vom anderen übertroffen wird; das aber bedeutet die Mitte im Sinne der arithmetischen Proportion. Dagegen darf man es nicht so fassen, wo es sich um die Beziehung auf uns handelt. Wenn für jemand zehn Pfund zu essen zuviel, zwei aber zuwenig sind, so wird ihm der Leiter in der Ringschule nicht gerade sechs Pfund vorschreiben; denn möglicherweise ist auch dies noch für denjenigen, der es bekommen soll, zuviel oder zuwenig. Für einen Milo wäre es zuwenig, für einen, der mit den Übungen erst beginnt, aber zuviel. Ebenso ist es mit Lauf und Ringkampf. Und so meidet denn jeder vernünftige Mensch das Zuviel und das Zuwenig und sucht dagegen die Mitte herauszufinden, und für diese entscheidet er sich; die Mitte aber, das heißt hier nicht die der Sache, sondern das Mittlere in bezug auf uns.

Bedenkt man also, daß alle vernünftige Einsicht in dieser Weise ihre Aufgabe zur Befriedigung vollzieht, indem sie sich nach der Mitte umtut und ihre Tätigkeiten auf sie einrichtet, / weshalb man auch wohlvollzogenen Leistungen das Prädikat erteilt, man dürfe weder etwas davon wegnehmen, noch etwas hinzufügen, weil sowohl das Zuviel als das Zuwenig das rechte Maß verletzt, die glückliche Mitte aber es innehält; / bedenkt man ferner, daß tüchtige Werkleute, wie wir behaupten, ihre Arbeit so verrichten, daß sie eben darauf ihr Augenmerk haben; bedenkt man endlich, daß sittliche Tüchtigkeit, ebenso wie auch die Natur, noch peinlicher und sorgfältiger zuwege geht als jede Art von technischer Leistung: so wird es die rechte Mitte sein, worauf die sittliche Tüchtigkeit als auf ihr Ziel gerichtet ist.

Was ich dabei im Auge habe, ist die Tüchtigkeit in sittlicher Beziehung: denn bei dieser handelt es sich um Affekte und um Handlungsweisen, und da gibt es ein Zuviel, ein Zuwenig und eine rechte Mitte. So gibt es bei der Furcht und bei der Kühnheit, beim Begehren und Fliehen, beim Zürnen und Sicherbarmen, und ganz allgemein bei allen Gefühlen der Lust und Unlust ein Zuviel und ein Zuwenig, und das beides nicht als das Rechte. Dagegen solche Gefühle zu hegen zu der Zeit, aus dem Grunde, der Person gegenüber, zu dem Zwecke und in der Weise, wie es geboten ist, das ist die rechte Mitte, das ist das Beste, und es ist eben dies als charakteristisch für die sittliche Beschaffenheit. Und ebenso gibt es ein Zuviel und Zuwenig und eine rechte Mitte auch für die Handlungen, Um Affekte und Handlungen aber dreht sich das sittliche Leben, wo das Zuviel ein Fehler, das Zuwenig ein Vorwurf ist, die rechte Mitte dagegen sich Lob erringt und das Angemessene bedeutet. Dies beides aber ist bezeichnend für sittliche Tüchtigkeit. Mithin ist sittliche Tüchtigkeit ein Innehalten der rechten Mitte, und die rechte Mitte hat sie zum Ziele. Das Verfehlen ferner ist vielgestaltig; denn das Böse hat die Natur des Grenzenlosen, wie schon die Pythagoreer meinten, das Gute dagegen die Natur des Begrenzten. Das Rechthandeln dagegen ist eingestaltig. Darum ist jenes leicht, dieses aber schwer. Leicht ist es, das Ziel zu verfehlen, schwer, es zu treffen. Darum ist das Zuviel und das Zuwenig für die unsittliche, die rechte Mitte dagegen für die sittliche Haltung bezeichnend.

»Redliche sind einfach, Schlechte von mancherlei Art«.

4. Fertigkeit und rechtes Maß

Somit ist denn sittliche Willensbeschaffenheit die zur Fertigkeit der Selbstentscheidung gewordene Gesinnung, die jedesmal für das Subjekt angemessene Mitte innezuhalten, wie sie gedankenmäßig bestimmt ist und wie der Mann von vollkommener Einsicht sie bestimmen würde.

Mitte ist sie als zwischen zwei Irrwegen liegend, von denen der eine ein Überschreiten, der andere ein Zurückbleiben hinter dem Maß bedeutet; sie ist es auch dadurch, daß das Verfehlen das eine Mal ein Nichterreichen, das andere Mal ein Hinausgehen über das Pflichtgemäße in Affekten wie in Handlungen bedeutet, die Sittlichkeit aber die rechte Mitte findet und innehält. Ihrem Wesen und Begriffe nach, der das bleibende gestaltende Prinzip bezeichnet, ist also Sittlichkeit das Innehalten der Mitte. Fragt man dagegen nach dem Werte und dem Guten überhaupt, so bezeichnet sie darin ein Äußerstes.

Nicht jede Handlung freilich und nicht jeder Affekt läßt ein Mittleres zu. Bei manchen deutet schon gleich der Name auf Verwerflichkeit hin; so bei Schadenfreude, Schamlosigkeit, Neid, und von den Handlungen bei Ehebruch, Diebstahl, Mord. Alles dieses und dem Ähnliches tadelt man, weil es an sich verwerflich ist, und nicht erst das Übermaß darin oder das Mindermaß, und hier gibt es denn auch niemals ein richtiges Handeln, sondern immer nurein Verfehlen. Bei dergleichen handelt es sich auch nicht um die Frage des richtigen oder falschen Verhaltens, etwa mit wem, zu welcher Zeit und in welcher Weise man Ehebruch treiben soll, sondern irgend etwas dahin Gehöriges tun bedeutet schon ohne weiteres eine Verfehlung. Es ist ganz ebenso, wenn man nach einer rechten Mitte, nach einer Überschreitung des Maßes und einem Zurückbleiben hinter demselben sich umsehen wollte in der Gewalttat, in der Feigheit, in der Zuchtlosigkeit. Denn damit würde es eine rechte Mitte beim Übermaß und beim Zurückbleiben, ein Übermaß beim Übermaß, und ein Zurückbleiben beim Zurückbleiben geben. Aber wie die Besonnenheit und Mannhaftigkeit nicht ein Übermaß noch eine Mangelhaftigkeit zuläßt, weil die Mitte hier im Grunde ein Äußerstes ist, so gibt es auch für jene Verhaltungsweisen weder eine rechte Mitte noch ein Überschreiten oder ein Zurückbleiben hinter dem Maße; sondern wie auch gehandelt wird, es ist immer ein Verfehlen. Denn in Übermaß und Mangelhaftigkeit gibt es überhaupt keine rechte Mitte und ebensowenig in der rechten Mitte ein Übermaß und eine Mangelhaftigkeit.

Indessen, es gilt nicht bloß diese allgemeinen Bestimmungen anzugeben, es gilt auch sie an den einzelnen Erscheinungen durchzuführen. Denn wo es sich um die Fragen des tätigen Lebens handelt, da erweisen sich die allgemeinen Grundsätze als verhältnismäßig leer und die besonderen Anwendungen als das Inhaltsvollere. Denn alle Tätigkeit bewegt sich in den Einzelheiten der Erscheinung, und die Aufgabe ist, sich mit diesen in Einklang zu halten. Dazu nun soll die hier vorgenommene Aufstellung die Anleitung geben.

Für *Furchtsamkeit* und *Kühnheit* bildet die *Mannhaftigkeit* die rechte Mitte. Was hier die Überschreitung des Maßes anbetrifft, so gibt es für den, der an Furcht zuwenig hegt, wie in vielen anderen Fällen sonst, keinen besonderen Ausdruck; dagegen wer kühn ist im Übermaß heißt *verwegen*, und wer an Furcht zuviel, an Kühnheit zuwenig hat, der heißt *feige*.

Wo es sich um Genuß und Schmerz handelt, freilich nicht um jede Art davon, und insbesondere nicht um jede Art von Schmerz, da bildet die rechte Mitte die *Besonnenheit*, und das Überschreiten des Maßes heißt *Ausgelassenheit*. Solche, die in der Genußsucht hinter dem Maß zurückbleiben, werden nicht eben häufig gefunden. Man hat deshalb auch für sie keinen Ausdruck geprägt; vielleicht darf man sie unempfänglich, stumpf nennen.

In Geldangelegenheiten beim Geben und Nehmen bildet die rechte Mitte die *Vornehmheit*, das Überschreiten des Maßes und das Zuwenigtun *Verschwendungssucht* und *Knickerei*. Beide zeigen ein Übermaß und einen Mangel, nur beides in entgegengesetzter Richtung. Der Verschwender geht zu weit beim Ausgeben und nicht weit genug beim Erwerb; der Knickrige geht zu weit beim Erwerb und nicht weit genug beim Ausgeben. Für jetzt bezeichnen wir das alles nur im Umriß und ganz im allgemeinen und lassen es daran genug sein; an späterer Stelle werden wir darüber genauere Bestimmungen geben. Es kommen aber dem Gelde gegenüber noch andere Verhaltungsformen in Betracht, als rechte Mitte die *Hochherzigkeit*; zwischen dem Hochherzigen und dem Vornehmen besteht der Unterschied, daß es sich bei jenem um große, bei diesem um kleinere Summen handelt; das Überschreiten des Maßes aber heißt *Protzentum* und *Plebejertum*, das Zurückbleiben hinter dem Maße *Unanständigkeit*. Ein Unterschied besteht auch zwischen diesen Eigenschaften und denen, die die vornehme Gesinnung bezeichnen; welches dieser Unterschied ist, soll später dargelegt werden.

Für das Verhalten zu Ansehen und Geringschätzung bildet die rechte Mitte *die Hochgesinntheit*, das Überschreiten des Maßes etwa das, was man *Großtuerei* nennt, und das Zurückbleiben hinter dem Maß *Niedrigkeit*. Wir haben vorher das Verhältnis der Vornehmheit zur Hochherzigkeit dadurch bezeichnet, daß es sich bei jener um kleine Summen handelt; so steht auch der Hochgesinntheit, die auf hohe Ehren gerichtet ist, eine Gesinnung gegenüber, die sich auf geringere Ehren richtet. Denn es kann ebensowohl vorkommen, daß man nach Ansehen strebt so wie es recht ist, wie daß man mehr oder weniger als recht ist danach strebt. Wer in seinem Streben danach das Maß überschreitet, heißt *ehrsüchtig*; wer dahinter zurückbleibt, heißt *gleichgültig*; für den, der die rechte Mitte innehält, fehlt es an einem Ausdruck. Und ebenso auch für die betreffenden Verhaltungsarten, abgesehen von dem was den Ehrsüchtigen bezeichnet, also von der *Ehrsucht*. Daher nehmen beide Extreme den Platz in der Mitte für sich in Anspruch, und auch wir nennen wohl das eine Mal den der die rechte Mitte innehält einen Ehrgeizigen und das andere Mal einen Gleichgültigen, und das eine Mal loben wir den Ehrgeizigen und das andere Mal den Gleichgültigen. Woher das kommt, soll später dargelegt werden. Jetzt wollen wir von dem, was noch übrig bleibt, in demselben Sinne wie bisher zu handeln fortfahren.

Auch im Zornigsein gibt es ein Überschreiten des Maßes, ein Zurückbleiben hinter demselben und eine rechte Mitte. Da aber dafür eigentlich keine besonderen Ausdrücke existieren, so wollen wir die rechte Mitte *Gelassenheit* und den, der sie innehält, *gelassen* nennen, und von den Extremen soll, wer zu weit geht, *jähzornig*, und sein Fehler *Jähzorn*, wer nicht weit genug geht, etwa *unempfindlich* und seine Eigenschaft *Unempfindlichkeit* heißen.

Es gibt noch weitere drei Fälle der rechten Mitte, die miteinander eine Art von Verwandtschaft haben, aber doch auch wieder voneinander verschieden sind. Gemeinsam ist ihnen, daß sie sich sämtlich auf den Umgang mit Menschen in Wort und Tat beziehen; verschieden sind sie dadurch, daß der eine sich auf die Wahrhaftigkeit im Umgang, die beiden anderen auf die Gefälligkeit, und zwar der eine im Scherz, der andere in jederlei ernsten Angelegenheiten des Lebens bezieht. Auch von diesen muß die Rede sein, damit man um so besser sehen kann, daß die rechte Mitte bei ihnen allen das ist, was Lob verdient, während die Extreme weder das Rechte, noch das Löbliche, sondern das Tadelnswerte sind. Allerdings gibt es auch für die Mehrzahl von diesen keine besonderen Ausdrücke; wir müssen also wie bei den anderen versuchen, Namen für sie selbst zu prägen zum Zwecke der Deutlichkeit und Verständlichkeit.

Wer in bezug auf die Wahrhaftigkeit die rechte Mitte innehält, soll etwa *wahrheitsliebend* und die rechte Mitte selber *Wahrheitsliebe* heißen, dagegen die Neigung zum Erdichten, wenn sie auf Übertreibung ausgeht, *Prahlerei*, und wer sie betreibt *prahlsüchtig*, wenn sie auf Abschwächung geht, *Ironie*, und der Mensch *ironisch* heißen.

Handelt es sich um das Gefällige und zwar im heiteren geselligen Verkehr, so soll der, der die rechte Mitte hält, ein guter Gesellschafter, und seine Eigenschaft *Unterhaltsamkeit*, die Übertreibung *Albernheit* und der sie betreibt ein *Possenreißer*, wer zu wenig davon hat ein *Unbeholfener* und seine Eigenschaft *Grobheit* heißen. Das Gefällige betreffend, was nun noch übrig ist, in bezug auf den täglichen Umgang, so heißt der, der im rechten Maß gefällig ist, *freundlich*, und die rechte Mitte *Freundlichkeit*; wer es in zu hohem Grade ist, wenn ohne Nebenabsicht, *liebedienerisch*, wenn aber um seines eigenen Vorteils willen, *kriechend*. Wer es an dem rechten Maße fehlen läßt und in allen Dingen sich ungeberdig zeigt, mag *etwa ungeschliffen* und *widerborstig* heißen.

Nun gibt es aber auch eine rechte Mitte in den Empfindungen und in dem was mit ihnen zusammenhängt. *Schamhaftigkeit* ist keine Willensbeschaffenheit, aber sie erwirbt sich Lob, und ebenso der Schamhafte; denn auch dabei redet man von einer rechten Mitte, vom Zuviel und

Zuwenig. Wer darin zu weit geht, der *Blöde*, ist der, der sich vor allem geniert; wer nicht weit genug geht und sich überhaupt vor nichts geniert, heißt *unverschämt*, dagegen wer die rechte Mitte hält, *schamhaft. Gerechtigkeitsgefühl* bildet die Mitte zwischen *Neid* und *Schadenfreude*; diese sind die Empfindungen von Schmerz und Freude über das, was dem Nächsten begegnet. Den Mann von Gerechtigkeitsgefühl verdrießt das Glück des Unwürdigen; den *Neidischen*, der weiter geht als dieser, verdrießt fremdes Glück überhaupt. Den Mann von Gerechtigkeitsgefühl betrübt unverdientes Leid anderer; der *Schadenfrohe* aber bleibt so weit hinter solcher Betrübnis zurück, daß er geradezu Freude darüber empfindet.

Indessen davon zu handeln, wird sich die Gelegenheit noch anderswo bieten. Dagegen von der Gerechtigkeit werden wir, da das Wort nicht bloß in *einer* Bedeutung gebraucht wird, später so handeln, daß wir die beiden Arten unterscheiden und dann von beiden aufzeigen, inwiefern dabei der Begriff der rechten Mitte Platz hat; und ebenso werden wir dann auch den Intellekt auf seine Bedeutung für die Sittlichkeit untersuchen.

Es gibt also drei Arten des Verhaltens; zwei davon, die eine, die ein Zuviel, und die andere, die ein Zuwenig bedeutet, sind fehlerhaft; die dritte, das Innehalten der rechten Mitte, ist das Richtige. Alle drei stehen zueinander eigentlich im Verhältnis des Gegensatzes. Die beiden ersteren sind der rechten Mitte und sind einander entgegengesetzt, und ebenso die Mitte den Extremen. Wie das was einem dritten gleich ist, im Verhältnis zum Kleineren das Größere, im Verhältnis zum Größeren das Kleinere ist, so bedeuten die Verhaltungsweisen, die die rechte Mitte innehalten, im Verhältnis zum Zuwenig ein Mehr und im Verhältnis zum Zuviel ein Weniger, und das ebensowohl beim Affiziertwerden wie beim Sichbetätigen. Der Mannhafte erscheint dem Feigen gegenüber verwegen, dem Verwegenen gegenüber feige; ebenso erscheint wer sich in der Gewalt hat dem gegenüber den nichts aufregt ausgelassen und dem Ausgelassenen gegenüber gefühllos, der Freigebige dem Knickrigen gegenüber verschwenderisch, dem Verschwender gegenüber knickrig. So lehnen denn die auf der extremen Seite Stehenden den der sich in der Mitte hält jeder von sich ab und weisen ihn dem anderen Extrem zu; den Mannhaften nennt der Feige verwegen, der Verwegene feige, und das gleiche Verhältnis zeigt sich auch in den übrigen Fällen.

Während nun so diese zu einander im Gegensatz stehen, so ist doch der Gegensatz der Extreme untereinander der stärkste und stärker als der zur rechten Mitte. Denn die Entfernung zwischen jenen ist größer als die zwischen ihnen und der Mitte, geradeso wie das Große vom Kleinen und das Kleine vom Großen weiter absteht als beide vom Gleichen. Indessen gibt es gleichwohl Fälle, wo sich zwischen den Extremen und der rechten Mitte eine gewisse Verwandtschaft zeigt, so zwischen der Verwegenheit und der Mannhaftigkeit, zwischen der Verschwendung und der Freigebigkeit, während die Extreme untereinander am wenigsten verwandt sind. Was von einander am weitesten absteht, das bestimmt man begrifflich als das konträr Entgegengesetzte, und darum bedeutet auch weiterer Abstand schrofferen Gegensatz. Der Gegensatz zur rechten Mitte aber ist größer bald bei dem was ein Zuwenig, bald bei dem was ein Zuviel bedeutet. So bildet zur Mannhaftigkeit den schärferen Gegensatz nicht die Verwegenheit, die ein Zuviel, sondern die Feigheit, die ein Zuwenig bedeutet; dagegen zur Selbstbeherrschung wieder nicht die Unempfänglichkeit, die ein Zuwenig, sondern die Ausgelassenheit, die ein Zuviel bedeutet. Das stammt aus einem doppelten Grunde. Der Grund liegt einmal in der Sache selbst. Weil das eine der beiden Extreme der rechten Mitte näher liegt und verwandter ist, darum stellen wir jenem nicht diese, sondern das andere Extrem gegenüber. So z.B. bei der Mannhaftigkeit. Weil die Verwegenheit ihr näher und verwandter, die Feigheit minder verwandt erscheint, stellt man diese letztere in den Gegensatz zu ihr. Denn was von der Mitte weiter absteht, das, nimmt man an, bildet auch den schärferen Gegensatz zu ihr. Ist dies nun der eine Grund, der der Sache selbst entnommene, so liegt der andere in uns selbst. Wozu wir selber von Natur irgendwie die stärkere Hinneigung verspüren, das stellt sich uns in schärferem Gegensatz zur Mitte dar. So fühlen wir uns von Natur mehr zu dem hingezogen was uns Vergnügen macht, und es liegt uns die Ausgelassenheit näher als die Wohlanständigkeit. Wir bezeichnen also das als den schärferen

Gegensatz, wozu wir uns mit stärkerer Kraft hingezogen fühlen, und deshalb ist der Gegensatz, in dem die Ausgelassenheit, die ein Zuviel besagt, zur Selbstbeherrschung steht, der schärfere.

Darüber also, daß sittliche Tüchtigkeit das Innehalten der rechten Mitte und in welchem Sinne sie dies bedeutet, ferner daß das wo zwischen sie die rechte Mitte innehält die beiden fehlerhaften Abweichungen, das Zuviel und Zuwenig sind, und daß sie diese Beschaffenheit hat, weil sie im Affiziertwerden wie im Sichbetätigen die rechte Mitte sich zum Ziele zu setzen bestimmt ist, haben wir damit ausreichend gehandelt. Da liegt nun auch der Grund, weshalb es eine so schwierige Aufgabe ist, sittlich tüchtig zu sein. Denn in jedem einzelnen Falle die rechte Mitte zu treffen ist sehr schwer. So ist das Zentrum eines Kreises zu finden eine Aufgabe nicht für jedermann, sondern nur für den Kundigen. So ist es wohl jedermanns Sache und leicht, sich zu erzürnen oder sein Geld auszugeben und zu vertun; dagegen ist es nicht jedermanns Sache und nicht leicht, zu entscheiden, wem, wieviel, wann, zu welchem Zweck und in welcher Weise man geben soll. Das Richtige ist deshalb etwas Seltenes, etwas Preiswürdiges und Edles.

Wer nach der rechten Mitte zielt, muß darum zunächst das lassen, was dazu im schärferen Gegensätze steht; so mahnt auch Kallypso:

Abseits hier von dem Gischt und der Brandung lenke das Fahrzeug!

Denn das eine der Extreme ist das mehr, das andere das weniger Fehlerhafte. Da nun die rechte Mitte zu treffen äußerst schwierig ist, so heißt es im Sprichwort, man müsse, wenn man die Fahrt zum zweiten Male macht, das kleinere Übel wählen, und das wird am ehesten in der bezeichneten Weise geschehen. Man muß sehen, in welche Richtung uns die eigene Neigung lenkt; denn den einen treibt seine Natur nach der, den anderen nach jener Richtung. Das aber läßt sich aus den Gefühlen der Lust und Unlust entnehmen, die in uns rege werden; und dann müssen wir uns in die entgegengesetzte Richtung wenden. Wenn wir uns von dem was fehlerhaft ist recht weit entfernen, dann werden wir zur rechten Mitte gelangen, gerade wie man es macht, wenn man krummes Holz gerade biegen will. Überall aber muß man am meisten vor dem auf der Hut sein was uns zusagt und vor der Lust daran; denn dabei ist unser Urteil nicht unbestochen. Wie die Volksältesten der Helena gegenüber empfanden, so müssen auch wir uns unserer Neigung gegenüber verhalten und uns durchweg ihren Ausspruch zum Wahlspruch machen. Denn wenn wir die Neigung in gleicher Weise heimschicken, werden wir minder irre gehen.

Indem wir so verfahren, werden wir im ganzen und großen am ehesten imstande sein, die rechte Mitte zu treffen. Gewiß ist das schwierig, und am schwierigsten den Einzelfällen des Lebens gegenüber. Es ist nicht leicht genau anzugeben, in welcher Weise, wem gegenüber, bei welchem Anlaß und wie lange Zeit man sich dem Zorne überlassen soll. So rühmen auch wir zuweilen diejenigen die darin zu wenig tun und nennen sie sanftmütig, während wir ein anderesmal den schwer Zürnenden charaktervoll nennen. Wer vom Richtigen nur wenig abweicht, sei es nach der Seite des Zuviel oder des Zuwenig, der erfährt keinen Tadel, dagegen wohl der, der stärker abweicht; denn dieser entgeht nicht der Beobachtung. Aber bei welcher Grenze, bei welchem Quantum das Tadelnswerte anfängt, das läßt sich nicht so leicht begrifflich genau feststellen, wie es ja auch sonst bei Gegenständen der Erfahrung der Fall ist. Dergleichen gehört zu den Einzelfällen des Lebens, und das Urteil darüber ist Sache des unmittelbaren Gefühles. So viel also ist klar, daß überall das Innehalten der rechten Mitte Beifall verdient, daß aber wo eine Abweichung nötig wird, sie bald nach der Seite des Zuviel, bald nach der des Zuwenig stattzufinden hat. Denn auf diese Weise wird man am ehesten dazu gelangen, die Mitte und das Richtige zu treffen.

II. Das freie und das unfreie Handeln

1. Zwang und Irrtum

Da der sittliche Charakter sich in dem Verhalten gegenüber den Eindrücken der Gegenstände und in der tätigen Einwirkung auf die Gegenstände zeigt; da ferner frei gewollte Handlungen zu Lob oder Tadel, nicht frei gewollte Handlungen zur Nachsicht, bisweilen sogar zum Mitleid Anlaß geben: so ist es für den Forscher über die Fragen des sittlichen Lebens eine unumgängliche Aufgabe, die frei gewollten und die nicht frei gewollten Handlungen gegeneinander abzugrenzen; zugleich aber ist es eine Hilfeleistung für den Gesetzgeber, schon in Hinsicht auf die Zuerkennung von Ehrenerweisungen und Strafen.

Als nicht frei gewollt gilt das, wozu jemand durch *Zwang* oder durch *Irrtum* veranlaßt wird. Durch *Zwang* bewirkt ist eine Handlung, deren bewegende Ursache außerhalb des Handelnden liegt. Dahin gehören zunächst solche Handlungen, bei denen derjenige, der etwas bewirkt oder erleidet. Überhaupt nicht mittätig ist; z.B. wenn jemanden ein Luftstoß fortträgt, oder auch wenn Menschen, die ihm zu befehlen haben, ihn zu etwas drängen. Wenn dagegen etwas getan wird aus Furcht vor einem größeren Übel oder aus Liebe zu einem wertvollen Gute / z.B. ein Machthaber, der über jemandes Eltern und Kinder Gewalt hat, befiehlt ihm etwas Schändliches zu tun, mit der Bestimmung, daß sie am Leben bleiben, falls er gehorcht, und den Tod erleiden müssen, falls er nicht gehorcht, / da kann man im Zweifel sein, ob die Handlung frei gewollt ist oder nicht. Ähnlich liegt der Fall, wo im Sturm Güter über Bord geworfen werden. Denn ohne weiteres wirft niemand sein Hab und Gut ins Meer; zur eigenen Rettung dagegen wie zu der der anderen tut es jeder Verständige. Solche Handlungen tragen somit gemischten Charakter, sie stehen aber den frei gewollten näher. Denn, wo man dergleichen tut, da geschieht es mit Vorsatz; die Absicht dabei aber ist allerdings durch den äußeren Anlaß auferlegt.

Die Bezeichnung als frei gewollt oder nicht frei gewollt kommt der Handlung also zu je nach der Situation, in der sie geschieht. Man handelt dabei frei; denn der Antrieb für die Bewegung der Glieder die als Werkzeuge dienen liegt bei derartigen Handlungen im handelnden Subjekt. Wo aber der Antrieb im Handelnden liegt, da steht es auch bei ihm, die Tat zu vollziehen oder nicht zu vollziehen, und so ist denn dergleichen gewollt, allerdings schlechthin und eigentlich nicht gewollt. Denn an und für sich würde niemand dergleichen zu tun sich vorsetzen. Für Handlungen von dieser Art erlangt man bisweilen sogar Beifall, wenn man etwas Widerwärtiges und Schmerzliches um eines bedeutsamen und hohen Zieles wegen auf sich nimmt, und man erfährt Tadel im umgekehrten Falle. Denn der müßte schon ein erbärmlicher Mensch sein, der das Schimpflichste auf sich nähme, ohne daß es durch ein hohes oder auch nur angemessenes Ziel gerechtfertigt würde.

Dann gibt es weiter Fälle, wo man, wenn auch kein beifälliges, so doch ein nachsichtiges Urteil erlangt, wenn nämlich bei einer sonst pflichtwidrigen Handlung das Motiv das ist, solchem zu entgehen, was über menschliche Kraft hinausgeht und was nicht leicht jemand auf sich nimmt. Es gibt allerdings auch solches, wozu sich zwingen zu lassen verwerflich ist, und wo es geboten ist eher zu sterben und das Furchtbarste zu erdulden. Denn solche Gründe, wie sie für Alkmäon beim Euripides den Zwang enthalten sollen zum Muttermörder zu werden, erscheinen geradezu lächerlich.

Zuweilen ist es schwer zu entscheiden, welche Handlungsweise einer einzuschlagen hat, und ob das Ziel sie rechtfertigt, oder was einer über sich ergehen lassen soll, und ob der Preis es wert ist; noch schwieriger aber ist es, nachdem man darüber ins klare gekommen ist, es nun auch durchzuführen. Denn in der Regel ist, was man zu erwarten hat, schmerzlich, und was zu tun die Not gebietet, abstoßend, und so wird einem denn Beifall oder Vorwurf zuteil, das eine Mal, wenn man dem Zwange nachgibt, und das andere Mal, wenn man ihm widersteht.

Was sind es also für Handlungen, die man auf einen Zwang zurückführen darf? Doch wohl ohne weiteres jede, bei der die Ursache draußen liegt und der Handelnde gar nicht mit tätig ist. Solche Handlungen dagegen, die an und für sich nicht frei gewollt sind, zu denen man sich aber in einer gegebenen Situation und um eines bestimmten Zieles willen entschließt, so daß der bewegende Antrieb für sie doch im Handelnden liegt, / diese sind an und für sich nicht frei gewollt, aber doch im gegebenen Augenblick und um jenes Zieles willen frei gewollt: sie zeigen daher eine größere Verwandtschaft mit den frei gewollten Handlungen. Denn alles Handeln geschieht unter ganz singulären Umständen, und mit Rücksicht auf diese sind jene Handlungen gewollt. Dagegen eine Regel darüber, wie beschaffen das Ziel sein muß, um diese bestimmte Handlungsweise rechtfertigen zu können, läßt sich nicht leicht geben; denn jede einzelne Situation ist von jeder anderen gründlich verschieden. Wollte dagegen jemand dem, was Lust bereitet oder dem sittlich Angemessenen zwingende Macht zuschreiben, / denn sie übten als Äußeres eine Nötigung, / dann allerdings wären *alle* Handlungen erzwungen. Denn die genannten sind die allgemeinen Motive des Handelns für alle. Eine Handlung, die einer gezwungen und wider Willen tut, die ist ihm auch schmerzlich; dagegen was man um der Annehmlichkeit und um der sittlichen Angemessenheit willen tut, das ist dem Handelnden erfreulich. Es ist also töricht, die äußeren Umstände, und nicht vielmehr sich selber deshalb anzuklagen, weil man schwach genug ist, sich durch dergleichen verlocken zu lassen. Ebenso töricht aber ist es auch, das sittlich Löbliche sich selber zuzuschreiben, das Verwerfliche dagegen auf die verführerischen Umstände zu schieben. Und so ergibt sich denn, daß aus Zwang das geschieht, was seinen Grund und Anstoß in einem Äußeren hat, ohne daß der dem Zwange Unterliegende dabei mit tätig wird.

Wir kommen zu den Handlungen, die aus *Irrtum* geschehen. Sie sind sämtlich nicht frei gewollt; aber wirklich unfreiwillig ist nur die Handlung, die Bedauern und Selbstanklage zur Folge hat. Wer irgend etwas auf Grund eines Irrtums getan hat, aber über seine Handlung kein Bedauern empfindet, der hat allerdings, was er im Irrtum getan hat, ohne freien Willen, aber doch auch wieder nicht ohne seinen Willen getan; sonst würde es ihm leid tun. Also als unfreiwilliger Täter gilt, wer über das im Irrtum Getane Betrübnis empfindet; wer es nicht bedauert, der mag, da sein Verhalten doch ein anderes ist, statt unfreiwillig nicht-frei-wollend heißen. Denn da in der Sache ein Unterschied vorliegt, so ist es besser, dafür auch einen eigenen Ausdruck zu gebrauchen.

Es ist ferner etwas anderes, *auf Grund* eines Irrtums und *im* Irrtum handeln. Wer in der Trunkenheit oder im Zorne handelt, von dem nimmt man nicht an, daß er auf Grund eines Irrtums, sondern daß er auf Grund eines der bezeichneten Zustände, aber doch nicht mit Bewußtsein, sondern ohne Wissen handle. Daß er kein Wissen hat von dem was man zu tun und zu unterlassen verpflichtet ist, das gilt von jedem schlechten Menschen; eben infolge einer derartigen Mangelhaftigkeit wird einer zum ungerechten und überhaupt zum schlechten Menschen. Unfreiwillig handeln aber, der Ausdruck soll nicht den Fall bezeichnen, wo einer nicht weiß was Pflicht ist. Ein Irrtum in dem was man sich zu tun ausdrücklich vorsetzt, hat zur Wirkung nicht daß man unfreiwillig, sondern daß man schlecht handelt. Was vielmehr den Irrtum ausmacht, das ist nicht die Unkenntnis der allgemeinen Regeln des Verhaltens, / denn solche Unkenntnis begründet einen Vorwurf, / sondern die Unkenntnis der Umstände des einzelnen Falles, unter denen und um derentwillen die Handlung vorgenommen wird, und dafür wird einem denn auch Mitleid und Nachsicht gewährt. Denn wer über solche besonderen Umstände sich in Unkenntnis befindet, der handelt ohne frei zu wollen.

Es wird an diesem Punkte nicht übel angebracht sein, die Umstände die dabei in Frage kommen noch genauer zu bestimmen. Ein Irrtum also kann stattfinden betreffs der Sache, ihrer Art und Bedeutung, betreffs der Person und ihrer Handlung nach Gegenstand und Material, bisweilen auch betreffs des Mittels, z.B. eines Werkzeugs, oder betreffs des Zweckes, z.B. ob etwas der Selbsterhaltung wegen geschah, und betreffs der Art und Weise, also ob sanft oder heftig. Daß einer über alle diese Umstände zugleich sich im Irrtum befindet, das könnte doch nur im Zustande der Geisteskrankheit vorkommen; so nicht über das handelnde Subjekt; denn wie könnte jemand über seine eigene Person sich täuschen? Dagegen kann man sich wohl täuschen über das, *was* man tut; so wenn einer sagt, er sei im Reden entgleist, weil er nicht ganz bei sich gewesen, oder er habe nicht gewußt, daß etwas auszuplaudern verboten sei, wie es Äschylus mit den Mysterien erging; oder das Geschütz sei losgegangen, während man es bloß vorführen wollte, wie der Mann mit der Katapulte. Es kann jemand auch in den Irrtum geraten, daß sein Sohn ihm feindlich gesinnt sei, wie es bei Merope der Fall war, oder daß ein Wurfspieß, der in Wirklichkeit eine Spitze hat, vorn mit einem Knopfe versehen, oder daß der Stein Bimstein sei; man kann einen töten, dem man in guter Absicht einen Liebestrank reicht, und jemanden verletzen, den man nur, wie es Ringer im Spiel tun, leise berühren will. Ein Irrtum kann betreffs aller dieser Umstände stattfinden, unter denen das Handeln sich vollzieht; und von demjenigen, der über eines davon im Irrtum gewesen ist, nimmt man an, daß er unfreiwillig gehandelt habe. Besonders aber ist dies der Fall, wenn der Irrtum die wesentlichsten Umstände betraf, und für das Wesentlichste gilt das, was den eigentlichen Gegenstand und den Zweck der Handlung ausmacht. Es gehört dann aber auch dazu, daß demjenigen, dessen Handlung wegen eines derartigen Irrtums als unfreiwillig bezeichnet wird, seine Handlung leid tut und daß sie ihm Bedauern verursacht.

Wenn nun was durch Zwang oder aus Irrtum geschieht unfreiwillig ist, so darf dem gegenüber für frei gewollt dasjenige gelten, was seinen Ursprung in einem Täter hat, der mit der eigentümlichen Beschaffenheit der Lage bekannt ist, in der die Handlung vor sich geht. Es würde also nicht zutreffend sein, wenn man als unfreiwillig das bezeichnen wollte, was im Affekt und infolge einer Begierde geschieht. Denn zunächst: bei irgendeinem der anderen lebenden Wesen könnte dann von frei gewolltem Handeln gar nicht die Rede sein, auch nicht bei den Kindern. Sodann ist die Frage: tun wir überhaupt nichts mit freiem Willen, was wir auf Antrieb einer Begierde oder im Affekt tun? oder sind nur die guten Taten frei gewollt, die schlechten Taten nicht? Wäre es nicht töricht, so zu fragen, da doch die Versuchung beide Male die gleiche ist? Und urteilslos wäre es doch auch, als nicht frei gewollt Handlungen zu bezeichnen, die aus einem pflichtmäßigen Streben entspringen; es ist aber Pflicht, über gewisse Dinge sich zu erregen, und Pflicht, gewisse Dinge zu begehren, wie Gesundheit und Geistesbildung. Und ferner: es ist Tatsache, daß was nicht frei gewollt ist Verdruß macht; was die Begierde befriedigt aber gewährt Genuß. Sodann, wo liegt der Unterschied zwischen dem Fehltritt der mit Überlegung, und dem der im Affekt begangen ist, was die Unfreiwilligkeit anbetrifft? Denn zu meiden ist doch alles beides, und als menschlich gelten ebensosehr die nicht vom Gedanken geleiteten Affekte und somit auch die aus Affekt und aus Begierde entspringenden Handlungen. Mithin hat es auch keinen Sinn, diese als nicht frei gewollt zu bezeichnen.

2. Vorsatz und Überlegung

Als nächste Aufgabe, nachdem wir frei gewollte und nicht frei gewollte Handlungen gegeneinander abgegrenzt haben, stellt sich die dar, den Begriff des *Vorsätzlichen* zu erörtern. Denn dieses gilt für das eigentümlichste Merkmal des sittlichen Willens und für ein noch bedeutsameres Kennzeichen des Charakters als es die Handlungen selber sind. Was vorsätzlich ist, das ist nun offenbar auch frei gewollt; aber die beiden Begriffe fallen doch nicht zusammen, sondern das frei Gewollte ist der umfassendere Begriff. Das frei Gewollte kommt auch bei den Kindern und den Tieren vor, die Vorsätzlichkeit nicht, und die raschen Handlungen des Augenblicks nennen wir zwar frei gewollt, aber den Charakter der Vorsätzlichkeit schreiben wir ihnen nicht zu.

Man ist schwerlich auf dem rechten Wege, wenn man die Vorsätzlichkeit als ein *Begehren*, einen *Gemütszustand*, einen *Wunsch* oder eine *Ansicht* bezeichnet. Denn bei Wesen, die nicht mit Vernunft begabt sind, kommt vorsätzliches Handeln nicht vor, wohl aber kommen *Begierden* und *Gemütsstimmungen* vor. Wer sich nicht zu beherrschen vermag, handelt aus einem Begehren heraus, aber nicht auf Grund eines Vorsatzes, und umgekehrt, wer seiner Herr ist, handelt vorsätzlich, aber nicht aus einem Begehren heraus. Vorsatz und Begierde stehen zueinander im Gegensatz, aber nicht Begierde und Begierde. Die Begierde ist auf das Angenehme und das Schmerzliche, der Vorsatz weder auf das Schmerzliche noch auf das Angenehme gerichtet.

Noch weniger hat der Vorsatz mit der *Gemütsstimmung* zu tun: was aus einer Stimmung entspringt, erscheint am wenigsten einem Vorsatz gemäß. Aber das gilt auch vom *Wunsch*, so nahe er sich auch mit dem Vorsatz verbunden zeigt. Ein Vorsatz richtet sich nicht auf das was unmöglich ist, und wenn einer sagen sollte, er habe sich dergleichen vorgesetzt, so würde man ihn einfach für geistesschwach halten. Ein Wunsch dagegen kann sich ganz wohl auch auf Unmögliches richten, z.B. darauf, vom Sterben befreit zu bleiben. Der Wunsch ferner hat zum Inhalt auch solches, was man selber niemals herbeizuführen vermag, wie etwa, daß ein Schauspieler oder ein Athlet den Preis gewinne. Zum Vorsatz dagegen macht sich dergleichen kein Mensch, sondern immer nur solches, wovon er glaubt, daß es durch ihn verwirklicht werden kann. Endlich geht der Wunsch mehr auf das Endziel, der Vorsatz mehr auf die Mittel zum Ziel. Man wünscht z.B. gesund zu werden; aber man nimmt sich vor, das zu tun, wodurch man gesund werden kann. Wir wünschen uns glücklich zu sein und sprechen den Wunsch auch aus; aber wollten wir sagen, wir setzen es uns vor, so würde das nicht stimmen. Überhaupt, Inhalt eines Vorsatzes darf man sagen ist das, was in unserer Macht steht.

Also kann ein Vorsatz auch keine bloße *Ansicht* sein. Denn eine Ansicht kann man sich augenscheinlich über alles bilden, ebensowohl über die ewigen und über die unmöglichen Dinge wie über das was in unserer Macht steht. Eine Ansicht wird danach beurteilt ob sie wahr oder falsch und nicht danach, ob sie gut oder böse ist; ein Vorsatz aber wird gerade an dem letzteren Unterschied gemessen. Überhaupt also wird niemand beides für dasselbe halten noch es als dasselbe bezeichnen, auch einen Vorsatz nicht als identisch mit irgendeiner Ansicht nehmen. *Unsere sittliche Beschaffenheit bestimmt sich danach, ob wir uns das Gute oder das Böse zum Vorsatz machen, nicht danach was für Ansichten wir hegen.* Wir bilden den Vorsatz uns einen Gegenstand von dieser oder jener Art anzueignen, ihn zu meiden oder sonst dergleichen; eine Ansicht dagegen bilden wir uns über das Wesen des Gegenstandes, über seinen Wert, und wem oder wie er sich nützlich erweist: dagegen ihn zu erwerben oder zu meiden, das ist ganz und gar nicht der Inhalt einer Ansicht. Ein Vorsatz findet Billigung eher deshalb weil er sich auf das richtet was pflichtmäßig, als deshalb weil er richtig gebildet ist, eine Ansicht dagegen gerade deshalb, weil sie der Wahrheit entspricht. Einen Vorsatz bilden wir betreffs dessen, wovon wir ganz sicher wissen, daß es etwas Gutes ist: eine Ansicht haben wir über das, was wir nicht genau wissen. Es sind auch nicht dieselben Menschen, die die besten Vorsätze und die die besten Ansichten haben; manche haben wohl die bessere Ansicht, bilden aber infolge ihres schlechten Charakters Vorsätze, wie man sie nicht bilden soll. Ob aber eine Ansicht dem Vorsätze vorangeht oder nachfolgt, kommt hier nicht in Betracht. Denn das ist nicht die Frage, die wir behandeln, sondern, ob ein Vorsatz dasselbe ist wie eine Ansicht die jemand hegt.

Was ist nun der Vorsatz, oder was ist sein unterscheidendes Merkmal, wenn er doch keines von dem Bezeichneten ist? Offenbar ist er ein frei Gewolltes, aber nicht alles frei Gewollte ist auch ein Vorsätzliches. Ist er also das Prämeditierte, das Ergebnis vorhergehender Überlegung? Wirklich ist ein Vorsatz gedankenmäßig und überlegt. Schon das Wort deutet augenscheinlich darauf hin, daß er auf einer Auswahl des einen vor anderem beruht.

Hat nun solches Überlegen jedes Beliebige zum Inhalt und kann alles Beliebige den Gegenstand einer Überlegung bilden? oder gibt es auch solches worüber eine Überlegung nicht stattfindet? Als einen Gegenstand der Überlegung darf man schwerlich das gelten lassen, worauf ein geistesschwacher oder ein von Sinnen gekommener, sondern nur das, worauf ein vernünftiger Mensch seine Überlegung richtet. Kein Mensch ferner überlegt sich das was ewig ist, z.B. den Weltenbau oder die Inkommensurabilität zwischen der Seite des Quadrats und der Diagonale, und ebensowenig das was zwar in Bewegung ist, dessen Bewegung aber sich in immer gleicherweise vollzieht, sei es, daß solche Wirkung durch äußere kausale Notwendigkeit, sei es, daß sie durch innere Anlage oder durch irgendeinen anderen Grund hervorgebracht werde, z.B. die Sonnenwenden und Sonnenaufgänge. Andererseits überlegt man sich auch nicht, was sich jetzt so, jetzt anders zuträgt, wie Dürre und Regengüsse, oder was Sache bloßen Zufalls ist, wie das Finden eines Schatzes, aber auch nicht einmal alle menschlichen Verhältnisse.

Welche Staatsverfassung für die Skythen die geeignetste ist, das überlegt sich kein Mensch, der in Lakedämon zu Hause ist; denn unsere Macht reicht nicht bis dahin. Wir überlegen uns vielmehr das was in unserer Macht steht und sich von uns herstellen läßt; das allein bleibt noch übrig.

Als Ursachen der Ereignisse gelten innere Anlage, äußere Notwendigkeit und Zufall; dazu tritt dann die Vernunft und alle menschliche Einwirkung. Für jede Klasse von Menschen nun ist Gegenstand der Überlegung das, was man selbst zu bewerkstelligen vermag. Kenntnisse, die völlig klar und gesichert sind, überlegt man sich nicht erst, z.B. nicht die Schriftzeichen; denn darüber, wie man zu schreiben hat, gibt es keine zwei verschiedenen Meinungen. Nur was sich durch uns vollziehen läßt, aber nicht immer in derselben Weise, das überlegen wir uns, z.B. Fragen der Heilkunde und des Gelderwerbes oder Fragen der Steuermannskunst, und zwar diese letzteren noch eher als die der leiblichen Übungen, sofern auf jenem Gebiete das Verfahren in geringerem Grade festgelegt ist. Ähnlich verhält es sich durchgängig. Technische Verfahrungsweisen sind Gegenstand der Überlegung in höherem Grade als wissenschaftliche; denn über jene gehen die Meinungen weiter auseinander. Man überlegt sich Dinge, die nur in der Regel vorkommen und deren Verlauf unsicher ist, Dinge, bei denen es unbestimmt ist, wie man sich zu benehmen hat. Wo es sich um wichtige Dinge handelt, da nimmt man überdies noch fremden Rat in Anspruch, weil man sich selber nicht recht zutraut, daß man zu einem richtigen Urteil genügend befähigt sei.

Gegenstand der Überlegung sind aber nicht die Ziele, sondern die Wege zum Ziel. Ein Arzt überlegt sich nicht, ob er heilen, und ein Redner nicht, ob er überreden soll, ein Staatsmann nicht, ob er vernünftige Einrichtungen im Staate treffen soll; und so gilt es allgemein: niemand überlegt sich den Zweck, den er anstrebt, sondern während der Zweck festgestellt ist, ist die Frage die nach der Art und Weise und nach den Mitteln ihn zu erreichen. Wenn es dabei offenbar verschiedene Wege gibt, so fragt man: welcher Weg ist der gangbarste und fährt am sichersten zum Ziele. Läßt sich das Ziel aber nur auf einem Wege erreichen, so fragt man, wie es auf diesem zu bewerkstelligen ist und durch welche Mittel man zu ihm gelangt. So geht es weiter, bis man bei der obersten Ursache haltmacht. Diese ist dann bei der Mühe des Suchens das letzte was man erreicht. Denn wer sich etwas überlegt, der gleicht einem der etwas sucht; es ist ganz ähnlich der Weise, wie man bei der Lösung einer geometrischen Aufgabe verfährt. Und zwar ist augenscheinlich nicht jedes Suchen ein Überlegen, wie es in der Mathematik der Fall ist, aber wohl ist jedes Überlegen ein Suchen. Das was dann in der Lösung des Problems das letzte ist, ist in der Tätigkeit der Verwirklichung das erste. Stößt man dabei auf etwas Unausführbares, so steht man von dem Plane ab, z.B. wenn man zur Ausführung Geld bedarf und nicht imstande ist es sich zu verschaffen. Scheint es dagegen möglich, so geht man an die Ausführung. Möglich aber ist, was sich durch uns zustande bringen läßt, und dabei gilt das was wir durch unsere Freunde leisten, gerade so als ob wir's selber leisteten, sofern wir den Anstoß dazu gegeben haben. Zuweilen sucht man nach den Werkzeugen, zuweilen nach ihrer Anwendung. Ebenso fragt man sich auch sonst, das eine Mal, durch wen, das andere Mal, in welcher Weise oder womit die Sache sich machen läßt.

Nun ist es wie gesagt augenscheinlich ein Mensch, der die Handlung ins Werk setzt. Seine Überlegung betrifft also das, was durch ihn ausführbar ist; das Ziel für sein tätiges Vorgehen aber ist etwas anderes. Denn Gegenstand der Überlegung ist nicht der Zweck, sondern die Mittel zum Zweck, und auch wieder nicht das ganz Singuläre, z.B. ob dieser Gegenstand ein Brot oder ob es gehörig gebacken ist; das ist vielmehr Sache der Erfahrung.

Wenn man aber immer und immer weiter überlegen will, so gerät man damit in den unendlichen Progreß. Dasselbe was man sich zu überlegen hat, ist auch das, worüber man eine Entschließung zu fassen hat; nur daß der Beschluß schon eine Entscheidung bedeutet. Ein *Beschluß* nämlich ist das, wofür man sich auf Grund der Überlegung entschieden hat. Jedermann hört mit dem Suchen, wie er zu Werke gehen soll, auf, wenn er den Ausgangspunkt der Ausführung bis auf sich selbst und in sich auf das oberste leitende Vermögen zurückgeführt hat; denn dieses ist es, das die Entscheidung fällt. Ein Gleichnis dafür erblickt man auch an den ursprünglichen Formen des Staatslebens, wie sie Homer darstellt. Hier zeigen die Könige dem Volke einfach das an, wozu sie sich entschlossen haben. Da aber das was man beschließt, überlegt, erstrebt, etwas ist, was in unserer Macht steht, so ist auch vorsätzliches Handeln ein mit Überlegung verbundenes Streben nach solchem was in unserer Macht steht. Das Ergebnis der Überlegung gibt uns die Entscheidung an die Hand, und so richten wir denn unser Streben gemäß unserer Überlegung ein.

Damit mag der Begriff der Vorsätzlichkeit in den Grundzügen bezeichnet sein, ebenso wie das worauf sie gerichtet ist, nämlich die Mittel und Wege, die zu den Zwecken führen.

3. Der Willensinhalt

Wir haben dargelegt, daß ein Wollen auf einen Zweck geht. Dieser ist nach den einen ein Gutes, nach den anderen ein solches, was als gut erscheint. Bezeichnet man das Gewollte als das Gute, so kommt man zu dem Ergebnis, daß dasjenige, was einer auf Grund einer unrichtigen Wahl will gar kein wirklich Gewolltes ist; denn wäre es gewollt, so würde es ja auch etwas Gutes sein; es kann aber vorkommen, daß es geradezu etwas Schlechtes ist. Denen dagegen, die das Gewollte als ein anscheinend Gutes bezeichnen, stellt sich die Sache so dar, daß etwas nicht durch seine eigene Natur zum Willensinhalt wird, sondern daß es für jeden jedesmal das ist, was ihm gefällt. Nun gefällt aber dem einen dies, dem andern jenes, und es kann vorkommen, daß dies gerade Entgegengesetztes ist. Wenn nun eine solche Ansicht keineswegs befriedigt, so wird man sich dabei beruhigen dürfen, daß zwar schlechthin und in Wahrheit das Gewollte das Gute, daß es aber für das einzelne Subjekt das ihm als gut Erscheinende ist. Für den sittlich gebildeten Menschen wäre es dann das wahrhaft Gute, für den unedel Gesinnten aber jedes Beliebige, und es wäre damit gerade so wie da, wo es sich um leibliche Dinge handelt. Denn dem der sich in der rechten Verfassung befindet, bekömmt dasjenige, was in Wahrheit gesund ist, dem Kranken dagegen anderes, und mit dem Bitteren, dem Süßen, dem Warmen, dem Schweren wie mit allem anderen steht es ebenso. Der sittlich Gebildete hat über alles ein richtiges Urteil, und im einzelnen Falle ist das, was ihm gut erscheint, das wahrhaft Gute. Denn von der eigentümlichen Beschaffenheit eines jeden hängt es ab, ob gerade ihm dieses Bestimmte wertvoll und erfreulich ist, und vielleicht ist es des sittlich Gebildeten größte Auszeichnung, daß er in allem Einzelnen das herauserkennt, was wahrhaft gut ist, so daß er dafür gleichsam als Richtschnur und Maßstab dienen kann. Als die Quelle der Täuschung aber für die Masse der Menschen darf man das Motiv der Lust ansehen; denn diese erscheint ihnen als das Gute, während sie doch nicht wirklich das Gute ist. Wenigstens entscheiden sich die Menschen für das, was Lust bereitet, als wäre es das Gute, und meiden das, was Unlust bereitet, als wäre es das Schlechte.

4. Das freie Wollen

Da den eigentlichen Inhalt des Wollens der Zweck bildet, das was man beschließt und im Vorsatz erfaßt aber die Mittel zum Zweck betrifft, so ergibt sich, daß die daraus entspringenden Handlungen einem Vorsatz entsprechen und mithin frei gewollt sind. Gerade solche Handlungen nun bilden das Gebiet der Sittlichkeit. Das Sittliche liegt demnach ebenso wie das Unsittliche in unserer Macht. Denn da wo das Handeln bei uns steht, steht bei uns auch das Unterlassen, und umgekehrt, wo das Unterlassen, da steht auch das Handeln bei uns. Liegt es also in unserer Gewalt zu tun was edel ist, so liegt es auch in unserer Gewalt zu unterlassen was verwerflich ist, und steht es bei uns zu unterlassen was edel ist, so steht es auch bei uns zu tun was niedrig ist Haben wir aber die Gewalt, das Edle und das Verwerfliche zu tun und ebenso es zu unterlassen, / und das hieß doch so viel wie gut oder schlecht zu *sein*, / so steht es also auch in unserer Gewalt, edel und niedrig gesinnt zu sein. Wenn es also heißt:

»Mit Willen schlecht ist keiner, noch ungern beglückt,«

so darf man das erste als falsch, und nur das zweite als wahr bezeichnen. Denn glücklich ist in der Tat niemand wider seinen Willen; aber Schlechtigkeit stammt aus dem freien Wollen. Sonst müßte man das eben Erörterte in Zweifel ziehen und dürfte nicht sagen, daß der Mensch der Ursprung und Urheber seiner Handlungen ist, wie er der Erzeuger seiner Kinder ist. Ist das nun ausgemacht, und geht es nicht an, unsere Handlungen auf andere Ursachen zurückzuführen als die in uns liegenden, so wird das, dessen Ursachen in uns liegen, auch selbst in unserer Macht stehen und Sache des freien Wollens sein.

Dafür, scheint es, zeugt denn auch die eigene Erfahrung eines jeden einzelnen wie das Verfahren der Gesetzgeber. Diejenigen die Böses tun straft und züchtigt man, sofern sie nicht durch Zwang oder Irrtum unverschuldet auf Abwege geraten; dagegen ehrt und belohnt man diejenigen, die recht handeln, beides doch in der Absicht, die einen anzufeuern, die anderen abzuschrecken. Und doch feuert man niemand an, das zu tun, was nicht in unserer Macht noch in unserem freien Willen steht, offenbar weil es zu nichts dienen würde jemanden zu überreden, er möchte doch Wärme, Frost, Hunger oder sonst etwas dergleichen nicht empfinden: denn solche Empfindungen würde er darum doch nicht weniger haben. Selbst für einen Irrtum erleidet einer Strafe, wenn sein Irrtum verschuldet erscheint; so setzt man auch wohl für Handlungen, die in der Trunkenheit begangen worden sind, die Strafe doppelt so hoch an, weil der Täter die Schuld an der Trunkenheit selbst trägt. Denn er wäre Herr genug gewesen, die Trunkenheit zu vermeiden; diese aber ist dann zur Ursache seines Irrtums geworden. So bestraft man auch die Unkenntnis gesetzlicher Bestimmungen, die einer kennen muß und deren Kenntnis ohne Schwierigkeit zu erlangen war. Das gleiche geschieht auch sonst da, wo die Unkenntnis durch Fahrlässigkeit verschuldet ist, sofern es in der Macht der Menschen stand die Unkenntnis zu meiden; denn sie waren Herren darüber sich sorgfältig danach umzutun.

Nun sagt man ja vielleicht: es hat aber einer nun einmal die Natur, daß er keine Sorgfalt darauf verwendet. Dann aber ist er eben schuld daran, daß er durch sorgloses In-den-Tag-hinein-leben diese Natur angenommen hat. Wenn die Menschen ungerecht oder ausschweifend geworden sind, so haben sie es selbst verschuldet, die einen dadurch, daß sie fremdes Recht verletzten, die anderen dadurch, daß sie ihre Tage mit Trinkgelagen und ähnlichen Vergnügungen verbrachten. Denn wie der Mensch sich im einzelnen Fall benimmt, danach gestaltet sich sein Charakter. Dafür dienen als Zeugnis diejenigen, die sich für einen Wettkampf oder sonst ein Geschäft einüben; solche Leute bleiben unausgesetzt bei derselben Tätigkeit. Nur ein völlig einsichtsloser Mensch kann die Tatsache verkennen, daß Fertigkeit sich in jedem Fache nur als Frucht der Übung ergibt.

Ebenso hat es keinen Sinn, daß wer ungerecht handelt nicht den Willen ungerecht zu sein, und wer Ausschweifungen begeht, nicht den Willen ausschweifend zu sein haben soll. Ist es aber so, daß einer die Handlungen, durch die er ein ungerechter Mensch wird, nicht ohne sein Bewußtsein vollbringt, so ist es doch wohl auch Sache seines freien Willens, daß er ein ungerechter Mensch ist; andererseits wird er nicht gleich sobald er es nur will imstande sein seine Ungerechtigkeit abzulegen und dafür die Eigenschaft der Gerechtigkeit anzunehmen. Es ist damit wie bei einem Kranken. Der Kranke wird auch nicht flugs gesund, wenn er es will, auch wenn er, was ganz wohl der Fall sein kann, durch seinen freien Willen, durch ein unenthaltsames Leben und durch Ungehorsam gegen den Arzt sich die Krankheit zugezogen hat. Damals also hätte es noch bei ihm gestanden, nicht krank zu werden; später, als er seine Gesundheit schon vergeudet hatte, nicht mehr; geradeso wenig wie es demjenigen, der einen Stein geschleudert hat, möglich ist ihn wieder zurückzuholen. Und doch stand es bei ihm, den Stein zu schleudern oder ihn ruhen zu lassen; denn der Ursprung der Bewegung lag in ihm. Geradeso stand es auch dem Ungerechten und dem Ausschweifenden ursprünglich frei diese Eigenschaften nicht anzunehmen, und darum sind sie was sie sind durch ihren freien Willen; nachdem sie aber einmal so geworden sind, steht es ihnen nicht mehr frei, nicht so zu sein.

Es sind aber nicht bloß die Fehler geistiger Art, die aus dem freien Wollen stammen; es kommt auch bei leiblichen Uebeln vor, und dann machen wir sie in der Tat den Menschen zum Vorwurf. Entstellungen, die die Natur verursacht, wirft man niemand vor, wohl aber solche, die aus der Unterlassung körperlicher Übung und aus Vernachlässigung stammen; und das gleiche gilt von Krankheit und Gebrechen. Niemand wird einem seine Blindheit vorhalten, wenn sie durch die Natur veranlaßt ist, etwa als Folge einer Krankheit oder einer Verwundung; in solchem Falle gewährt man vielmehr sein Bedauern. Hat sich dagegen einer die Blindheit durch Trunksucht oder durch sonstige Ausschweifungen zugezogen, so rechnet es ihm jedermann zum Vorwurf an. Also auch was körperliche Gebrechen anbetrifft, hält man uns diejenigen vor, an denen wir schuld sind, aber nicht diejenigen, an denen wir keine Schuld tragen. Ist dem aber so, so wird auch sonst die Umkehrung gelten, daß diejenigen Fehler, die man uns zum Vorwurf macht, von uns verschuldet sind.

Nun könnte wohl eingewandt werden: gewiß, jeder mann strebt nach dem, was ihm gut scheint: aber man hat eben keine Macht darüber, was einem als gut erscheint; sondern jedem stellt sich das Ziel dar je nach der Beschaffenheit, die er nun einmal hat. Darauf ist zu erwidern: Ist jeder der Urheber der gesamten geistigen Haltung, die er angenommen hat, so ist er eben auch der Urheber der Vorstellungen, die in ihm leben. Oder nehmen wir einmal an, es wäre nicht so, und es trüge keiner die Schuld an seinen schlechten Handlungen sondern wenn er dergleichen begeht, so geschähe es, weiter über den Zweck eine falsche Vorstellung hegte; er lebte eben in dem Glauben, daß ihm dadurch der schönste Preis zuteil werden würde; das Ziel des Strebens aber wäre nicht frei gewählt, sondern angeboren, wie der Gesichtssinn es ist, durch den man zum richtigen Urteil und zur Wahl des wahrhaft Guten befähigt ist; es wäre also die günstige Naturausstattung, durch die jemand diese Gabe erlangte; denn das Größte und Herrlichste, das was man von keinem empfangen noch lernen kann, das könnte man dann nur so besitzen, wie man es von Natur bekommen hat, und daß einem dies von Natur in hervorragender Trefflichkeit zuteil geworden wäre, darin bestände die vollkommene und wahrhafte Gunst der Naturausstattung. Also angenommen es verhielte sich in Wahrheit so: wie könnte dann die Sittlichkeit irgend in höherem Grade Sache des freien Wollens sein als die Unsittlichkeit? Steht doch beiden, dem Guten wie dem Schlechten, gleichmäßig das Ziel von Natur oder sonst auf irgendeine Weise fest und ist ihm gegeben, und man handelt so oder anders, indem man das übrige danach einrichtet. Ganz gleich also, ob sich einem das Ziel nicht von Natur in irgendwelcher bestimmten Beschaffenheit darstellt, sondern zum Teil in des Menschen Wollen liegt, oder ob es wirklich von Natur gegeben und sittliches Handeln nur insofern Sache des freien Willens ist, als der sittlich Gebildete das übrige frei wollend tut: in beiden Fällen wird ein schlechter Charakter genau ebenso aus dem freien Wollen stammen wie ein sittlicher Charakter. Denn der Schlechte hat genau ebenso die Gewalt, in seinen Handlungen sich selbst zu entscheiden, auch wenn er solche Gewalt in bezug auf das Ziel nicht besitzt. Ist nun, wie man doch annimmt, die Sittlichkeit Sache des freien Wollens, / denn von der befestigten Beschaffenheit, die wir besitzen, sind wir selber in gewissem Sinne die Miturheber, und weil wir diese bestimmte Beschaffenheit haben, darum setzen wir uns dieses so beschaffene Ziel, / so würde also auch die Unsittlichkeit Sache des freien Wollens sein; denn das Verhältnis ist beide Male ganz das gleiche.

Indessen, ganz dieselbe ist bei unseren Handlungen die Macht der freien Willensentscheidung doch nicht wie bei unseren Willensrichtungen. Denn über unsere Handlungen sind wir Herren vom Anfang bis zum Ende, sofern wir nur die Einzelheiten der Situation kennen; über unsere Willensrichtungen aber sind wir es nur im Anfang, während die weitere Fortbildung sich durch unsere einzelnen Handlungen ganz unmerklich vollzieht, ganz ähnlich wie es bei Erkrankungen der Fall ist. Nur sofern es an unserer Macht stand so oder nicht so zu verfahren, sind aus diesem Grunde auch sie Sache des freien Wollens.

III. Die einzelnen Arten der sittlichen Betätigung

Wir haben von den sittlichen Willensbeschaffenheiten ganz im allgemeinen gehandelt und ihren Gattungscharakter in aller Kürze dahin bezeichnet, daß sie die Mitte zwischen Extremen innehalten und fest gewordene Willensrichtungen sind. Wir haben ferner dargelegt, woraus sie entstehen, sowie daß sie ihrem Wesen nach in eben dem Kreise von Handlungen sich tätig bewähren, durch die sie sich bilden, ferner daß sie in unserer Macht stehen und Sache unseres freien Wollens sind, und daß sie dem entsprechen, was ein richtig urteilendes Denken gebietet.

Wir nehmen jetzt den Gegenstand wieder von vorne an auf und wollen nunmehr über jede einzelne der Willensbeschaffenheiten handeln, über ihr Wesen, über die Art ihrer Gegenstände und über die Weise ihrer Betätigung. Dabei wird zugleich auch ihre Anzahl klar hervortreten.

Wir haben von den sittlichen Willensbeschaffenheiten ganz im allgemeinen gehandelt und ihren Gattungscharakter in aller Kürze dahin bezeichnet, daß sie die Mitte zwischen Extremen innehalten und fest gewordene Willensrichtungen sind. Wir haben ferner dargelegt, woraus sie entstehen, sowie daß sie ihrem Wesen nach in eben dem Kreise von Handlungen sich tätig bewähren, durch die sie sich bilden, ferner daß sie in unserer Macht stehen und Sache unseres freien Wollens sind, und daß sie dem entsprechen, was ein richtig urteilendes Denken gebietet.

Wir nehmen jetzt den Gegenstand wieder von vorne an auf und wollen nunmehr über jede einzelne der Willensbeschaffenheiten handeln, über ihr Wesen, über die Art ihrer Gegenstände und über die Weise ihrer Betätigung. Dabei wird zugleich auch ihre Anzahl klar hervortreten.

1. Willensstärke gegenüber dem Trieb

A. Mannhaftigkeit und tapferer Mut

a) Das Wesen

Zunächst also handeln wir von der *Mannhaftigkeit*, der Eigenschaft des mutigen Mannes. Daß sie das Innehalten der rechten Mitte zwischen Furchtsamkeit und Verwegenheit bedeutet, das ist von uns bereits ausgemacht worden. Wir fürchten uns offenbar vor dem, was bedrohlich ist, und das ist kurz gesagt was uns Leid und Schaden bringt. Darum definiert man denn auch die Furcht als die Erwartung einer bevorstehenden Schädigung. Wir fürchten uns demnach vor allem was ein Übel ist: so vor Schande, Armut, Krankheit, Verlassenheit, Tod indessen mannhafter Sinn zeigt sich doch wohl nicht dem allen gegenüber. Es gibt Dinge, wovor sich zu fürchten pflichtmäßig und löblich, sich nicht zu fürchten verwerflich ist, wie z.B. die Schande. Da ist der, der sich fürchtet ein ehrenwerter und ehrenhafter, und wer sich nicht fürchtet, ein ehrloser Mensch. In übertragenem Sinne sprechen manche wohl auch dabei von Mannhaftigkeit, und in der Tat ist eine gewisse Verwandtschaft mit der Mannhaftigkeit vorhanden; denn auch der Mannhafte ist frei von Furcht. Auch vor Armut oder Krankheit sich zu fürchten ist nicht geboten, überhaupt vor nichts von alledem, was nicht aus einer schlechten Gesinnung stammt und was nicht verschuldet ist. Indessen, wer diesen Dingen gegenüber frei von Furcht ist, ist darum noch nicht mannhaft: nur der Analogie nach erteilt man ihm dies Prädikat. Es gibt Leute, die sich der Gefahr gegenüber, wie sie der Krieg mit sich bringt, mutlos verhalten und doch eine vornehme Gesinnung haben und bei Vermögensverlusten sich gefaßt zeigen. Auch wer sich vor Gewalttaten, die seinem Kinde oder seinem Weibe widerfahren könnten, oder vor Neid und dergleichen fürchtet, ist deshalb noch kein Feigling. Andererseits wieder ist der nicht mannhaft, der unerschrocken bleibt, wenn ihm Geißelung bevorsteht. / Welches sind denn nun die Schrecknisse, denen gegenüber sich einer mannhaft zeigt? Sind es die Übel, die durch Größe hervorragen? Ist doch niemand fähiger als der Mannhafte das Schreckliche zu erdulden; das größte Schrecknis aber ist der Tod. Er ist das Ende, und für den Verstorbenen nimmt man an gibt es weder Gutes noch Übles mehr. Aber auch dem Tode gegenüber zeigt sich doch eigentlich nicht in jeder seiner Formen ein Mensch mannhaft, z.B. nicht bei Todesgefahr zur See oder in Krankheit. In welchen Fällen also? Nicht in denen, die die ruhmvollsten sind? Das sind aber diejenigen, die im Gefolge des Krieges auftreten. Hier ist die Gefahr zugleich die bedrohlichste, aber auch die ruhmvollste. Dem entsprechen denn auch die Ehrenerweisungen, wie sie Republiken und Monarchien gleichmäßig zuerkennen. Im eigentlichen Sinne wird also derjenige mannhaft heißen dürfen, der sich vor dem Tode auf dem Felde der Ehre nicht fürchtet und nicht vor dem, was in unmittelbarer Nähe den Tod droht, wie derartiges am ehesten im Kriege vorkommt. Indessen, der Mannhafte ist allerdings furchtlos auch zur See und in der Krankheit, wenn auch nicht in demselben Sinne wie die Seeleute. Denn jener hat die Hoffnung auf Rettung schon zu einer Zeit aufgegeben und wird durch die Gefahr eines solchen Todes tief erschüttert, wo diese auf Grund ihrer Gewöhnung noch voll guter Hoffnung sind. Andererseits, dazu daß man sich mannhaft benimmt, gehört eine Lage, in der es eine Abwehr gibt oder der Tod rühmlich ist; in den genannten Fällen der Todesgefahr aber ist keines von beiden der Fall.

Nicht für alle Menschen zwar gibt ein und dasselbe Anlaß zur Beunruhigung; manches aber bezeichnet man als menschliche Kraft übersteigend, und dieses ist dann ein Gegenstand der Furcht für jeden vernünftigen Menschen. Die Übel dagegen, die den Menschen zuzustoßen pflegen, sind selbst wieder nach ihrer Größe verschieden und zeigen ein Mehr oder Minder, und dasselbe gilt nun auch von dem, was man dreist auf sich nehmen darf. Wer mannhaft ist, der ist unerschrocken in dem Sinne, wie es sich für einen Menschen ziemt. Er wird also auch Dinge von der bezeichneten Art fürchten; aber *er wird, wie es Pflicht und Vernunft gebietet, sich ihnen unterziehen, wo es ein sittliches Gut zu wahren gilt; denn das ist das eigentliche Ziel, das sittliche Gesinnung im Auge hat.* Solche Furcht kann stärker und schwächer sein; man kann ferner auch das nicht Bedrohliche fürchten, als wäre es bedrohlich. Die möglichen Abirrungen vom rechten Wege sind dabei die, daß man das fürchtet, was man nicht fürchten sollte, oder daß man es nicht in der Weise fürchtet, wie, oder nicht zu der Zeit, wo man es sollte, oder sonst etwas ähnliches. Das gleiche gilt von dem, was man dreist auf sich nimmt. Wer dem Übel so standhält und wer es so fürchtet, wie das eine oder das andere geboten ist, im Hinblick auf den rechten Zweck, in der rechten Weise und zu der rechten Zeit, und wer im gleichen Sinne sich mutvoll zeigt, der ist der Mannhafte. Denn der Mannhafte benimmt sich im Leiden wie im Tun, so wie Pflicht und Vernunft gebieten. Das Ziel der Betätigung ist jedesmal das, was der befestigten Willensrichtung entspricht, auch bei mannhafter Gesinnung. Solche Gesinnung ist edel, edel ist also auch ihr Ziel. *Denn das Ziel ist es, was jedem Tun seinen Charakter verleiht.* So ist es denn der sittliche Zweck, um dessentwillen der Mannhafte standhält und sich in seinem Handeln benimmt, wie es einem mannhaften Charakter entspricht.

Was nun auf diesem Gebiete die Verfehlung im Sinne eines Zuweitgehens betrifft, so gibt es kein Wort, um ein Übermaß in der Unbesorgtheit zu bezeichnen, / wir haben schon vorher bemerkt, daß es für eine Menge von Begriffen kein Wort gibt; / man darf aber den, der sich, wie man es den Kelten nachsagt, vor nichts, auch nicht vor einem Erdbeben oder vor einem Seesturm fürchtet, als wahnwitzig oder stumpfsinnig bezeichnen. Wer dagegen in der Kühnheit der Gefahr gegenüber zu weit geht, der heißt *tollkühn*. Der Tollkühne zeigt sich auch wohl als ein Prahler und als einer, der nur mit der Miene des Mannhaften großtut. Wie der Mannhafte sich zur Gefahr wirklich verhält, so will ein solcher wenigstens sich zu verhalten scheinen und ahmt jenen nach, wo er es vermag. Deshalb sind solche Leute denn auch meistens in aller Kühnheit feige, und während sie in der bezeichneten Weise kühn tun, halten sie in ernster Gefahr nicht stand.

Wer in der Furchtsamkeit zu weit geht, ist *feige*. Er fürchtet was er nicht und wie er nicht fürchten sollte; alles was dahin gehört, trifft auf ihn zu; auch von Kühnheit aber hat er zu wenig. Doch noch sicherer er kennbar ist er daran, daß er dem Schmerze zu weit nachgibt. Der Feige ist demnach von schwacher Zuversicht, weil er sich vor allem fürchtet, ganz im Gegensätze zum Mannhaften; denn Kühnheit ist ein Zeichen fester Zuversicht. Die Lagen, in denen der Feige, der Kühne und der Mannhafte ihre Art entfalten, sind also dieselben; aber ihr Verhalten ist ein verschiedenes. Die anderen gehen zu weit oder bleiben zurück; der Mannhafte aber hält die rechte Mitte inne, und das im Sinne der Pflicht. Der Verwegene ist vor dem Eintritt der Gefahr schnell fertig und voll Entschiedenheit; in der Gefahr zieht er sich scheu zurück. Der Mannhafte dagegen ist gerade mitten in der Abwehr voll Energie, während er vorher behutsam war.

Wie wir gesehen haben ist also die Mannhaftigkeit die rechte Mitte in den bezeichneten Lagen, wo es sich um dreistes Wagnis oder bange Furcht handelt: sie nimmt das Übel auf sich und unterzieht sich ihm deshalb, weil so zu handeln sittlich geboten, nicht so zu handeln verwerflich ist. Selbstmord aber, um der Armut, dem Liebesgram oder sonst einem Kummer zu entgehen, ist nicht ein Zeichen mannhafter, sondern eher feiger Sinnesart. Denn Verweichlichung ist es, dem Schmerzlichen auf diese Weise zu entrinnen. Man nimmt den Tod auf sich, nicht weil es sittlich geboten wäre, sondern weil man sich einem Schmerze entziehen will.

b) Abarten

Dies also ist das eigentliche Wesen der Mannhaftigkeit. Indessen gebraucht man das Wort auch noch für anderes, und zwar in fünf verschiedenen Bedeutungen. Voran steht hier die *Mannhaftigkeit des Staatsbürgers* als diejenige, die mit dem oben Charakterisierten die nächste Verwandtschaft hat. Die Staatsbürger unterziehen sich den Gefahren im Hinblick auf die vom Gesetze bestimmten Strafen, auf Schande und auf Ehrenerweisungen. Deswegen gelten diejenigen als die mannhaftesten, bei denen die Feiglinge ehrlos, die Tapferen hochgeehrt sind. So in der Schilderung Homers, z.B. von Diomedes und Hektor. Da heißt es:

> Schimpf wird allen voran auf mich Pulydamas häufen;

und wiederum:

> Hektor wird dereinst im Kreise der Troer sich rühmen:
> Vor mir ist der Tydide geflohn.

Die Ähnlichkeit zwischen dieser Art der Mannhaftigkeit und der oben erwähnten ist deshalb die größte, weil auch sie aus edler Gesinnung entspringt, aus dem Ehrgefühl, dem Streben nach einem wirklich Wertvollen, nämlichnach Ehre, und aus der Scheu vor der Schande, die wirklich etwas Häßliches ist. Eben dahin darf man denn auch das Benehmen derjenigen rechnen, die von ihren Befehlshabern zum Standhalten genötigt werden; nur verdienen sie insofern ein minder günstiges Urteil, als sie zwar das gleiche wie jene leisten, aber nicht aus Ehrgefühl, sondern aus Furcht, und als ferner das was sie scheuen nicht sowohl das Unwürdige der Handlung, als die schmerzlichen Folgen sind. Die Anführer nämlich üben Zwang in der Weise wie Hektor:

> Wen ich fern vom Gefilde der Schlacht sich duckend erblicke,
> Dem bleibt's nimmer erspart, ein Fraß der Hunde zu werden.

Und wenn die Befehlshaber die Weichenden schlagen, und ebenso wenn sie den Leuten ihren Posten vor einem Graben oder in einer ähnlichen Stellung anweisen, so ist es ganz dasselbe Verfahren; alles das ist geübter Zwang. Mannhaft sein aber soll man nicht aus Zwang, sondern weil es sittlich geboten ist.

Der Mannhaftigkeit stellt man weiter auch die Haltung auf Grund der *Erfahrung* gleich, die man auf den einzelnen Gebieten erworben hat, und Sokrates war deshalb geradezu der Meinung, Mannhaftigkeit sei ein Wissen. Erfahrung haben nun verschiedene in verschiedenen Dingen; die Kriegsknechte haben sie in dem was der Krieg mit sich bringt. Manche Gefahr die einem im Kriege begegnet ist bloß eingebildet, und damit wissen die Kriegsleute am besten Bescheid; sie machen dann den Eindruck die Mannhaften zu sein, weil die anderen die wirkliche Beschaffenheit der Lage nicht so wie sie durchschauen. Jene sind durch ihre Erfahrung auch dazu am besten in den Stand gesetzt, Hiebe auszuteilen und keine zu erleiden, da sie ihre Waffen zu gebrauchen gelernt haben und eine Ausrüstung von der geeigneten Beschaffenheit besitzen, um zu treffen und abzuwehren. So stehen sie denn im Streite wie Bewaffnete Waffenlosen und wie Fechter des Fechtens Unkundigen gegenüber. Wo es sich um einen Wettstreit von dieser Art handelt, sind die am besten für den Kampf geeigneten nicht die tapfersten, sondern die kräftigsten Leute mit der besten körperlichen Ausbildung. Aber die Kriegsknechte werden mutlos, wenn die Gefahr übergroß wird und sie an Zahl und Ausrüstung zurückstehen; dann sind sie die ersten zu fliehen, wo Bürgerheere sich noch auf ihrem Posten erschlagen lassen, wie es beim Tempel des Hermes der Fall war. Denn für diese ist Flucht eine schimpfliche Tat und der Tod willkommener als eine um diesen Preis erkaufte Rettung. Jene haben sich im Anfang in dem Glauben an ihre Überlegenheit in die Gefahr gestürzt; nachher, wenn sie eines besseren belehrt sind, geben sie Fersengeld, weil sie den Tod mehr fürchten als ein unwürdiges Leben. Da ist die Art des Mannhaften allerdings eine andere.

Man sieht ferner einen Zusammenhang mit der Mannhaftigkeit auch in der *Heftigkeit*. Mannhaft zu sein scheinen auch die von Leidenschaft Getriebenen, die den Tieren gleich auf ihre Angreifer losstürmen, wie denn der Mannhafte in der Tat auch leidenschaftlicher Gemütsart ist. Gefahren entgegenzutreten bietet die Leidenschaft den stärksten Anreiz. Daher das Wort des Homer: »Er [Apollo] flößte dem inneren Kraft ein« oder »er weckte ihm Kraft und Zorn«; oder »er schnaubte scharfen Zorn«; oder »sein Blut siedete«, lauter Ausdrücke für das Erwachen und Fortstürmen der Leidenschaft. Der Mannhafte nun wird tätig um des sittlichen Zieles willen, und die Leidenschaft wirkt dabei nur mit; bei einem Tiere dagegen bildet den Antrieb der Schmerz, etwa weil es verwundet worden ist oder sich davor fürchtet, während es nicht vorgeht, wenn es sich in einem Gebüsch oder Sumpfe befindet. Das Tier nun ist deshalb noch nicht mutig, weil es von Schmerz oder von Leidenschaft getrieben gegen die Gefahr anstürmt, da es ja nichts von dem was ihm droht vorhersieht; denn so wäre ja auch ein Esel mutig, der Hunger hat und sich auch durch Schläge nicht vom Fressen abhalten läßt. Ebenso verüben auch die Unzüchtigen in ihrer leidenschaftlichen Begierde die verwegensten Streiche. Überhaupt darf man ein Wesen nicht mutvoll nennen, das durch Schmerz oder durch Leidenschaft dazu getrieben wird der Gefahr zu trotzen. Der Antrieb der Leidenschaft stammt am meisten aus dem Naturell; erst wenn Vorsatz und bewußte Absicht hinzukommt, darf es für rechten Mannesmut gelten. Der Mensch ist im Zorne von schmerzlichen Gefühlen bewegt; läßt er seinen Zorn aus, so hat er ein Gefühl der Befriedigung. Wer aus solchen Motiven sich in den Streit stürzt, ist zwar streitlustig; aber mannhaft ist er deshalb noch nicht, weil er nicht zu sittlichem Zwecke noch nach vernünftiger Überlegung, sondern in der Leidenschaft vorgeht. Allerdings, eine gewisse Ähnlichkeit ist immerhin vorhanden.

Mannhaft sind weiter auch die *Zuversichtlichen* nicht. Sie zeigen sich in Gefahren kühn, weil sie vielmals und über viele den Sieg davongetragen haben, und sind den Mannhaften insofern ähnlich, als beide Kühnheit zeigen. Aber das Motiv ist bei den Mannhaften das oben aufgezeigte, bei diesen ist es das Vertrauen auf ihre Überlegenheit und auf ihre Sicherheit gegen üble Erfahrungen: dergleichen aber findet sich auch bei Betrunkenen, die ja auch zuversichtlich sind. Kommt es nun anders als sie dachten, so ergreifen sie die Flucht. Dagegen war das Merkmal mannhaften Sinnes das, dem gegenüber, was einem Menschen bedrohlich ist und bedrohlich erscheint, aus dem Gründe standzuhalten, weil es sittlich geboten und nicht standzuhalten verwerflich ist. Darum möchte es auch in höherem Grade von mannhafter Gesinnung zeugen, wenn man bei plötzlich eintretenden, als wenn man bei vorauszusehenden Schrecknissen sich furchtlos und unerschüttert zeigt; denn jenes stammt in höherem Grade aus befestigter Willensbeschaffenheit und kommt weit weniger daher, daß man vorbereitet ist. Bei dem was vorausgesehen werden kann, kann sich einer auch auf Grund der Berechnung und Überlegung seinen Vorsatz bilden; bei dem plötzlich Eintretenden dagegen benimmt man sich seiner befestigten Sinnesart gemäß.

Endlich erregen den Anschein der Mannhaftigkeit auch solche, die sich im *Irrtum* über die Lage befinden. Sie unterscheiden sich nicht viel von den Zuversichtlichen, stehen aber darin gegen diese zurück, daß sie die Selbstwürdigung nicht haben wie jene. Jene halten deshalb eine Weile stand; diese dagegen, wenn sie sich getäuscht sehen und die Lage anders finden oder auch nur vermuten, als sie sich vorgestellt hatten, ergreifen die Flucht. So erging es den Argivern als sie meinten, es gehe gegen Sikyonier, und fanden, daß sie es mit Lakedämoniern zu tun hatten.

Damit wäre denn das Wesen der mannhaften Gesinnung ebenso bezeichnet wie die Arten der Gesinnung, die nur scheinbar eine mannhafte ist.

c) Rechter Mut von vollkommener Art

Wenn die Mannhaftigkeit ein Verhältnis zu Zuversicht einerseits und zu Befürchtung andererseits bedeutet, so ist das Verhältnis doch nicht zu beiden von gleichem Range; das Verhalten dem gegenüber was Furcht erregt, ist dabei von überwiegender Bedeutung. Denn mannhaft ist eher der, der sich dem zu Fürchtenden gegenüber unerschrocken zeigt und sich hier auf die rechte Weise verhält, als wer sich dem gegenüber recht benimmt, was zur Zuversicht Anlaß gibt. Mannhaft wird man, wie wir gezeigt haben, deshalb genannt, weil man schlimmen Lagen gegenüber standhält. Darum wird denn auch die Mannhaftigkeit zum Anlaß, viele Schmerzen auf sich zu nehmen, und so erntet sie berechtigten Beifall. Denn es ist schwerer Schmerzliches zu ertragen als sich das was Vergnügen macht zu versagen.

Indessen könnte man meinen: das Ziel, das die Mannhaftigkeit ins Auge faßt, sei doch erfreulich; es trete nur dies Erfreuliche hinter dem zurück, was sich ringsum herandrängt. So ist es ja auch bei den gymnastischen Wettkämpfen der Fall. Denn der Ausgang, den der Faustkämpfer im Auge hat, sein Ziel, ist etwas Erfreuliches, Kranz und Ehrenerweise; allerdings die Schläge, die er empfängt, tun weh, besonders wenn die Kämpfer wohlbeleibt sind, und die ganze Sache macht Beschwerde wie jede Anstrengung. Weil nun dergleichen Unannehmlichkeiten in Menge vorhanden sind, der Zweck aber sich dagegen geringfügig genug ausnimmt, so scheint kein besonderes Vergnügen dabei zu sein. Wenn es nun mit dem was die Mannhaftigkeit mit sich bringt, ebenso steht, so werden Tod und Wunden dem mannhaft Gesinnten schmerzlich sein, und er wird sie nur mit Widerstreben über sich ergehen lassen; er wird sie aber auf sich nehmen, weil es sittlich geboten und das Gegenteil verwerflich ist. Ja, je mehr er jede sittliche Eigenschaft besitzt und je glückseliger er ist, desto mehr wird er sich über den Tod betrüben. Denn für einen solchen Mann hat das Leben den größten Wert; er ist sich klar bewußt, daß er der größten Güter verlustig gehen wird, und das ist etwas tief Schmerzliches. Aber trotzdem, ja eher deshalb nur noch desto mehr, ist er mannhaft, weil er das in kriegerischem Tun zu erwerbende Verdienst höher stellt als alle jene Dinge. Also ist es doch nicht richtig, daß jede Art von sittlicher Betätigung Lust mit sich bringt, oder doch nur sofern ein erreichtes hohes Ziel Quelle der Freude wird. Vielleicht hindert deshalb nichts die Annahme, daß Männer von der oben bezeichneten Beschaffenheit nicht gerade die besten Kriegsknechte abgeben, sondern daß man zu diesem Zwecke besser solche Leute verwendet, die zwar minder mutvoll sind, die aber sonst nichts zu verlieren haben. Denn solche Leute bieten sich bereitwillig den Gefahren dar und tragen für geringen Lohn ihre Knochen zu Markte.

So viel über die Mannhaftigkeit. Nach dem was wir dargelegt haben, wird es nicht schwer sein, ihr Wesen in den Hauptzügen zu erfassen.

B. Besonnenheit

a) Lust und Schmerz

Nach ihr soll nun die *Besonnenheit*, die Erhabenheit über den niederen Trieb, an die Reihe kommen. Diese beiden scheinen nämlich die Formen zu sein, in denen die nicht vom Gedanken geleiteten menschlichen Vermögen sittlichen Wert erlangen. Daß die Besonnenheit die rechte Mitte bezeichnet im Genuß dessen was Gefühle der Lust bereitet, haben wir bereits dargelegt. Die Beziehung auf das, was Schmerz bereitet, ist dagegen eine weniger enge und hat nicht die gleiche Bedeutung. Denselben Gegenständen gegenüber tritt nun auch die *Ausgelassenheit* in die Erscheinung. Welches die Genüsse sind, um die es sich dabei handelt, das gilt es uns nunmehr zu bestimmen. Dabei sollen zunächst die geistigen Genüsse von den leiblichen unterschieden werden, solche wie Lust an der Ehre, Lust am Lernen. Da hat beide Male jeder seine Lust an dem, wozu ihn seine Neigung zieht, und nicht der Leib ist es, sondern vielmehr das Gemüt, das des Genusses teilhaftig wird. Diejenigen, die sich der Freude an dergleichen ergeben, nennt man weder besonnen noch ausgelassen, und ebensowenig diejenigen, die an anderen Genüssen sich ergötzen, die auch nicht leibliche Genüsse sind. Leute die Geschichten gern hören oder sie gern erzählen und ihre Tage sonst mit beliebigem Zeitvertreib verbringen, nennt man gedankenlos, aber ausgelassen nennt man sie nicht, und ebenso diejenigen, die sich dem Ärger über Geldangelegenheiten oder gute Bekannte hingeben. Die Besonnenheit zeigt sich vielmehr leiblichen Genüssen, doch auch diesen nicht allen gegenüber. Wer sich an solchem freut, was dem Gesichtssinn erfreulich ist, wie Farben, Gestalten, Malereien, heißt weder besonnen noch ausgelassen. Und doch möchte man annehmen, daß es auch an diesen Dingen eine Freude gibt im gebotenen Maße, und auch eine solche im Übermaße und in zu geringem Maße. Das gleiche gilt von den Genüssen des Gehörssinnes. Wer an Musik oder Schauspiel eine übermäßige Freude hat, den wird niemand ausgelassen nennen, noch wird man dem, der sich daran im rechten Maße freut, Besonnenheit zuschreiben; ebenso ist es bei den Freuden des Geruchssinnes, es sei denn, daß begleitende Umstände das Urteil beeinflussen. Wer den Duft von Äpfeln, Rosen oder Räucherwerk gern hat, den nennt man nicht ausgelassen; eher könnte man den so nennen, der den Duft von Salben oder von Speisen liebt. Denn an dergleichen haben allerdings genußsüchtige Menschen ihre Freude, weil es ihnen die Erinnerung an die Gegenstände ihres Gelüstens wachruft. Indessen auch andere Leute, wenn sie Hunger haben, kann man am Geruch von Speisen sich weiden sehen. Genüsse dieser Art eifrig zu suchen ist ein Zeichen von Genußsucht; denn um solche Gelüste zu haben, muß man ein Mensch von der genannten Beschaffenheit sein. Bei den Tieren wird durch diese Empfindungen kein Lustgefühl vermittelt, es sei denn infolge begleitender Umstände. Der Hund hat seine Lust nicht am Geruch des Hasenfleisches, sondern am Fressen desselben, und der Geruch hat ihm dabei nur auf die Spur geholfen. Ebenso bereitet dem Löwen nicht die Stimme des Rindes, sondern die gute Speise Vergnügen; an der Stimme merkte er nur, daß die Beute in der Nähe war, und insofern gereichte sie ihm zur Lust; ebenso hat er auch seine Freude nicht an dem Anblick des Hirsches oder der wilden Ziege, sondern daran, daß er an ihnen seine Nahrung haben wird.

In dem Verhalten zu solchen Genüssen also, die uns mit den Tieren gemeinsam sind, zeigt sich besonnenes Maßhalten und Ausschweifung; darum haben sie etwas an sich, was an die Art von Sklaven und Tieren erinnert. Dahin zählen insbesondere die Genüsse, die dem Tastsinn und dem Geschmackssinn angehören. Der Geschmack kommt dabei allerdings nur wenig oder überhaupt kaum in Betracht. Der Geschmack hat die Bestimmung, über Flüssiges sein Urteil abzugeben; so nutzen ihn diejenigen, die die Weinsorten zu prüfen und die Speisen zuzubereiten haben. Aber der eigentliche Grund des Genusses ist doch nicht der Geschmack, oder er ist es wenigstens nicht für den Lüstling, sondern das Wohlgefühl, und das beruht bei Speisen, bei Getränken wie bei der geschlechtlichen Lust ganz auf dem Tastsinn. Ein Leckermaul wünschte sich deshalb einmal einen Schlund zu haben, der länger sei als der eines Kranichs, nur um das Vergnügen des Tastsinns dann länger genießen zu können. Dieser Sinn ist demnach derjenige, der am allgemeinsten unter allen den Anlaß zu Ausschweifungen bietet, und so scheint er mit Recht der verächtlichste zu sein, weil er uns nicht zukommt sofern wir Menschen sind, sondern sofern wir mit den Tieren Ähnlichkeit haben. Daran seine Freude zu haben und sich am meisten daran genügen zu lassen, hat auch wirklich etwas Tierisches. Denn die edelsten unter den Genüssen, die der Tastsinn vermittelt, sind dabei gerade ausgeschlossen; so diejenigen, die nach dem Ringkampfe durch Reiben und Erwärmen hervorgebracht werden. Worauf es dem Lüstling ankommt, das ist nicht das Wohlgefühl, das den Leib als Ganzes angeht, als vielmehr das bestimmter einzelner Stellen des Leibes.

b) Begehren und Vernunft

Von den Begierden gilt, daß sie teils gemeinsam, teils individuell verschieden und Ergebnis einer Angewöhnung sind. So ist die Begierde nach Nahrung in der Natur begründet; im Zustande des Mangels begehrt jeder trockene oder flüssige Nahrung, bisweilen auch beides zusammen, und ein junger kräftiger Mensch, sagt Homer, begehrt des ehelichen Lagers. Dagegen begehrt nicht jeder diese oder jene bestimmte Frau und nicht alle dieselbe. Offenbar also, daß das für unsere Eigenart bezeichnend ist. Indessen hat auch das seinen natürlichen Grund. Der eine hat für dies, der andere für jenes eine Vorliebe, und es gibt für jedermann solches, was ihm mehr zusagt als das, was ihm irgend sonst begegnen mag.

In bezug auf die natürlichen Begierden versehen es wenige und auch dann nur in der einen Richtung auf das Zuviel. Essen und trinken was man erreichen kann bis man übervoll ist, heißt über das natürliche Bedürfnis hinausgehen durch ein Zuviel; denn die natürliche Begierde geht nur auf Beseitigung des Mangels. Man nennt solche Leute Knechte des Bauches, weil sie sich den Bauch über Gebühr vollstopfen, und es sind nur die ganz niedrig gesinnten Naturen, die zu solcher Stufe herabsinken. Durch die individuell verschiedenen Begierden dagegen werden viele und in vielfacher Weise auf Abwege gelockt. Die Leute, denen man solche Gelüste zuschreibt, sündigen zum Teil dadurch, daß sie nicht an den rechten Dingen ihre Freude haben, oder daß ihre Freude größer ist als bei den gewöhnlichen Menschen oder sonst irgendwie eine Form annimmt, die nicht die rechte ist, und die Ausschweifenden hauen in allen diesen Stücken über die Schnur. Sie erfreuen sich an Dingen, die sich nicht schicken, die man sich vielmehr fern halten sollte, und wenn es Dinge sind, an denen man sich erfreuen darf, so übertreiben sie den Genuß über das rechte Maß und über das beim Durchschnitt der Menschen Gewöhnliche. Daß nun übermäßige Lust an sinnlichen Genüssen Zügellosigkeit und als solche tadelnswert ist, ist offenbar. Was aber den Schmerz anbetrifft, so heißt einer besonnen nicht deshalb, weil er dem Schmerz standhält, wie es zur Mannhaftigkeit gehört, oder ausgelassen wegen des Gegenteils, sondern ausgelassen heißt einer davon, daß er dem Schmerze darüber, daß ihm eine Annehmlichkeit entgeht, mehr nachhängt als er sollte / es ist also entgangene Lust, was ihm den Schmerz verursacht /, und besonnen davon, daß ihm das Ausbleiben und die Entbehrung einer Annehmlichkeit keinen Verdruß verursacht.

Ein ausgelassener Mensch begehrt alles was Lust bereitet oder das was es im höchsten Grade tut, und läßt sich von seiner Begierde verleiten, dies allem anderen vorzuziehen; ihm macht also Pein ebensowohl, daß er das Begehrte nicht erlangt, wie daß er es begehrt. Denn Begehren bringt Pein; es macht aber den Eindruck völliger Verkehrtheit, um der Lust willen sich zu betrüben. Solche Leute, die im Verhalten zu den sinnlichen Lüsten hinter dem rechten Maß zurückbleiben und sich daran weniger erfreuen als sie sollten, begegnen einem nicht gerade häufig; ein solcher Mangel an Empfänglichkeit liegt nicht in der Menschen Art. Einen Unterschied zwischen den Speisen machen auch die Tiere und erfreuen sich an den einen, an den anderen nicht. Kennt aber einer nichts wozu er sich hingezogen fühlt und ist ihm alles gleich, so ist ein solcher weit von menschlicher Art entfernt. Für solche hat man denn auch keinen Namen geprägt, eben weil sie nicht oft vorkommen. Ein besonnener Mensch nun hält in bezug auf diese Dinge die rechte Mitte inne. Er findet kein Vergnügen an den Dingen, woran es der Ausschweifende am meisten findet, sondern diese widerstehen ihm eher; überhaupt findet er kein Vergnügen an Dingen, woran man es nicht finden sollte, und an keinem derartigen in höherem Maße. Hat er's nicht, so betrübt er sich nicht und begehrt es nicht, oder er begehrt es doch nur mäßig, nicht mehr als recht ist, noch zur Zeit wo es nicht recht ist, oder sonst in irgendeiner Weise, die nicht recht ist. Dagegen was die Gesundheit und das Wohlbefinden fördert und zugleich angenehm empfunden wird, danach wird er mit Maß und in der rechten Weise streben, und ebenso nach dem übrigen was angenehm und jenen Dingen wenigstens nicht hinderlich ist oder nicht wider das sittlich Gebotene anläuft oder nicht seine Mittel übersteigt. Denn wer sich in jener Weise verhält, der findet sein Genüge mehr an dergleichen Genüssen als an seinem persönlichen Werte. Nicht so der Besonnene; er folgt dem Gebote der gesunden Vernunft.

Ausgelassenheit macht den Eindruck des Freigewollten in höherem Grade als Feigheit. Jene findet in der Lust, diese im Schmerz ihren Grund; jene in dem was zu begehren, diese in dem was zu meiden ist. Der Schmerz übt auf die Natur des Menschen eine verwirrende und zerrüttende Wirkung, während die Lust eine solche Wirkung nicht hat. Sie ist also in höherem Grade frei gewollt und begründet einen strengeren Vorwurf; denn man gewöhnt sich auch leichter an sie. Es kommt so vieles derartige im Laufe des Lebens vor, und die Gewöhnung daran bringt keine Gefahr; das alles verhält sich bei dem was zu fürchten ist gerade umgekehrt. Übrigens möchte man glauben, daß die Mutlosigkeit als Gemütsart in höherem Maße etwas frei Gewolltes ist als ihre Betätigung im einzelnen Falle. Denn jene Gemütsart steht nicht unter der Macht des Schmerzes; im einzelnen Falle aber bedeutet sie ein Außersichgeraten durch die Angst, so sehr daß man selbst die Waffen fortwirft und auch sonst alle Haltung verliert, und man darf sie darum einem geübten Zwange gleich achten. Bei dem Ausschweifenden sind umgekehrt die einzelnen Handlungen frei gewollt, aus einem Begehren und Streben heraus; seine ganze Stimmung ist es weniger: denn niemand begehrt ein ausschweifender Mensch zu sein.

Das Wort Ausgelassenheit, Ungezogenheit, gebrauchen wir auch von den Unarten der Kinder; in der Tat ist darin eine gewisse Gleichartigkeit mit jener Haltung nicht zu verkennen. Welches der ursprüngliche, welches der abgeleitete Gebrauch des Wortes ist, das ist für unsere gegenwärtige Untersuchung gleichgültig; offenbar aber ist das was für die späteren Lebensjahre das Bezeichnende ist, von dem für die früheren Lebensjahre Gültigen hergenommen, und man darf sagen, es ist eine glückliche Übertragung. Wo sich Lust an verwerflichen Dingen und schnelle Zunahme in dieser Richtung findet, da muß Zucht eingetreten sein, und dahin gehört in erster Linie die Begierde und das Kindesalter. Kinder leben ihrer Begierde nach, und die Lust am Angenehmen ist bei ihnen das stärkste Motiv. Ist ein Kind nun nicht gehorsam und dem, der ihm zu befehlen hat, nicht untertänig, so wird es darin immer weiter gehen. Denn die Lust am Angenehmen ist unersättlich und wird bei mangelnder Überlegung von allen Seiten her immer neu erweckt; die Betätigung des Begehrens verstärkt dann die ursprüngliche Anlage, und ist die Begierde stark und heftig, so verdrängt sie die Überlegung völlig. Die Begierden sollen darum mäßig an Stärke und gering an Zahl sein und dürfen zur Überlegung nicht im Gegensatz stehen: ein Kind das so beschaffen ist, das nennt man gehorsam und wohlerzogen. Wie nun das Kind nach den Anordnungen des Erziehers leben soll, so der begehrliche Teil der Seele nach der Anordnung der Vernunft. Bei dem Besonnenen soll demnach der begehrliche Teil mit der Vernunft zusammenstimmen. Das Ziel für diese beiden ist das sittlich Gebotene; der Besonnene nun begehrt was man begehren soll, so wie es zu begehren, und zu der Zeit, zu welcher es zu begehren recht ist, und so gebietet auch die Vernunft.

So viel über die Besonnenheit.

2. Das Verhalten zu den äußeren Gütern

A. Verhalten zu Geld und Geldeswert

a) Die vornehme Gesinnung und ihre Gegensätze

Im Anschluß an das vorige wollen wir jetzt von der *vornehmen Gesinnung* handeln, wie sie sich *in der Behandlung von Geldangelegenheiten* zeigt, und zwar so zeigt, daß sie darin die rechte Mitte innehält. Auch der der in diesem Punkte die richtige Haltung bewahrt, gewinnt sich Hochachtung, aber nicht auf Grund kriegerischer Aktionen, noch einer Handlungsweise, wie sie den Mann bezeichnet, der seiner Triebe Herr ist, und auch wieder nicht auf Grund treffender Urteile: sondern man gewinnt sie sich da, wo es sich um das Geben und Nehmen von Geld, hauptsächlich aber da, wo es sich um das Geben handelt. Unter Geld verstehen wir dabei alles das, dessen Wert in Geld ausdrückbar ist. Auf demselben Gebiete, dem der Behandlung von Geldangelegenheiten, bewegt sich auch die *Verschwendung* und der *Geiz*, jene als Überschreiten des rechten Maßes, dieser als Zurückbleiben hinter demselben. Eine niedrige Gesinnung schreibt man immer nur demjenigen zu, der sich eifriger als recht ist um Gelderwerb bemüht; in dem Vorwürfe der Verschwendung dagegen faßt man bisweilen mehrere Fehler zusammen. Verschwender nennt man die Unenthaltsamen, die Leute, die geneigt sind Aufwand zu treiben im Dienste ihrer zügellosen Begierde, und diese gelten dann auch als die schlimmsten von allen; denn sie tragen eine Menge von Untugenden zugleich an sich. Wenn man sie also Verschwender nennt, so ist das keine eigentliche Bezeichnung; denn dieser Name ist eigentlich für den geprägt, der den einen bestimmten Fehler hat, sein Vermögen zu vergeuden. Ein Verschwender (eigentlich ein »Heilloser«, *asôtos*) ist, wer sich selbst zugrunde richtet; denn als solches Sich-selbst-zugrunde-richten gilt auch die Vergeudung des Vermögens, da das Leben doch mit durch das Vermögen bedingt wird. In diesem Sinne wollen denn auch wir die Verschwendung auffassen.

Was einen Gebrauch zuläßt, kann man richtig und unrichtig gebrauchen, und zu dem was man gebrauchen kann, gehört auch der Reichtum. Am richtigsten gebraucht jedes Ding, wer die gerade für die Behandlung dieses Gebietes angemessene Eigenschaft besitzt; so wird denn auch den Reichtum am besten derjenige gebrauchen, der die für die Behandlung von Geldangelegenheiten angemessene Sinnesart besitzt, und dies ist eben der in Geldsachen vornehm Gesinnte. Als Verwendung des Geldes hat man anzusehen das Ausgeben und das Abgeben; das Einnehmen und Festhalten gehört mehr dem Erwerbe an. Vornehme Gesinnung zeigt sich also mehr darin, daß man vom Seinigen dem abgibt, dem man geben soll, als darin, daß man von dem nimmt, von dem man nehmen, und nicht nimmt, von dem man nicht nehmen soll. *Denn der sittliche Charakter zeigt sich in höherem Grade darin, daß man sich im rechten Sinne tätig, als darin, daß man sich in rechter Weise passiv verhält, und mehr darin, daß man das sittlich Gebotene tut, als darin, daß man das sittlich Verwerfliche unterläßt.* Es ist aber nicht schwer einzusehen, daß Geben richtig handeln und sittlich verfahren, Annehmen dagegen im rechten Sinne passiv sein oder sich des Unsittlichen enthalten bedeutet. Dank fällt denn auch dem zu der gibt, nicht dem der nicht nimmt, und die Hochachtung ebenso jenem in höherem Maße. Es ist auch leichter, nicht anzunehmen als zu geben. Es wird einem viel saurer, was ihm gehört hinzugeben, als nicht zu nehmen, was einem andern gehört. So nennt man denn freigebig den der gibt. Dagegen wer vom andern nicht annimmt, der gewinnt sich Hochachtung nicht im Sinne der Freigebigkeit, sondern mindestens ebensosehr im Sinne der Gerechtigkeit; wer aber vom andern nimmt, erwirbt sich damit kein besonderes Verdienst. Keine andere Art von sittlicher Haltung aber gewinnt sich so viele Sympathie, wie die vornehme Behandlung von Geldangelegenheiten. Denn solche Menschen sind anderen hilfreich, und zwar dadurch daß sie von dem ihrigen Opfer bringen.

Handlungen aus sittlicher Gesinnung entsprechen der sittlichen Anforderung und werden um dieser Anforderung willen vollbracht. Auch der Freigebige wird also aus sittlichem Motive und nach rechter Vernunft geben; er wird den rechten Leuten, soviel und zu der Zeit geben wie es recht ist, und alles übrige so, wie es zum vernünftigen Geben gehört; und das wird er mit Freuden tun und ohne Verdruß. *Denn sittliches Handeln geschieht freudig und ohne Bedauern; am weitesten entfernt bleibt alle Verdrießlichkeit.* Wer nun gibt, wo er nicht geben sollte, oder wer nicht um der sittlichen Anforderung willen, sondern aus irgendeinem anderen Motive gibt, den darf man nicht freigebig heißen, sondern den muß man anders benennen. Das gleiche gilt von einem verdrießlichen Geber. Denn ein solcher hat eigentlich das Geld lieber als die sittliche Handlung; so aber denkt kein vornehm gesinnter Mensch. Ein solcher wird auch nicht da etwas annehmen, wo es nicht recht ist zu nehmen. Denn wer das Geld nicht so hoch stellt, zu dem paßt ein solches Nehmen nicht. Auch sich an andere mit Bitten zu wenden ist er nicht besonders geneigt. Denn es liegt nicht in der Art dessen der gern Wohltaten erweist, gern Wohltaten entgegenzunehmen. Er wird nehmen von dort, wo es recht ist zu nehmen; so von seinem Privatvermögen, nicht als sei es eine edle, sondern eine notwendige Tat, um etwas zum Fortgeben zu haben. So wird er auch mit dem Seinigen nicht leichtsinnig umgehen, da er vermittels desselben manchem anderen hilfreich zu werden beabsichtigt. Er wird sich vorsehen und nicht jedem Beliebigen geben, damit er soviel behalte, um in seinem Geben die rechten Personen, und sie zu der Zeit und an dem Orte zu bedenken, wo es sittlich geboten ist. Vornehmer Gesinnung liegt es sehr nahe, im Geben überschwänglich zu sein und für sich selber weniger übrig zu behalten; denn nicht an sich selbst zu denken ist ein Zeichen vornehmer Gesinnung. Von Freigebigkeit spricht man ferner mit Rücksicht auf das Vermögen das einer hat. Freigebigkeit besteht nicht in der Menge dessen was man gibt, sondern in der Gesinnung des Gebers, und diese bemißt das Geben nach der Größe des Vermögens. Es hindert also nichts, daß der der Freigebigere sei, der weniger gibt, weil er von einem kleineren Vermögen gibt.

Man darf annehmen, daß diejenigen die ihr Vermögen nicht selbst erworben, sondern die es überkommen haben, die Freigebigeren sind. Sie haben erstens die Erfahrung der Dürftigkeit nicht gemacht, und zweitens hat jedermann mehr Freude an dem was er selbst erzeugt hat, so die Eltern und die Dichter. Nicht leicht ist es, daß ein freigebiger Mann reich werde, da er weder auf das Erraffen noch auf das Zusammenhalten erpicht ist, sondern gerne fortgibt, weil er das Geld nicht um seiner selbst willen sondern als Mittel zum Geben schätzt. Man schilt wohl das Glück, weil diejenigen am wenigsten reich sind, die es am meisten zu sein verdienten. Indessen ist das ganz verständlich. Man kann nicht ein Vermögen erwerben, wenn man sich nicht darum bemüht es zusammenzuhalten, geradeso wie es bei anderen Dingen auch der Fall ist.

Der Freigebige wird sich also hüten, an Leute, oder zu einer Zeit zu geben, wo es nicht recht ist, oder sonst eine der dahin gehörigen Bestimmungen zu verletzen. Denn so würde er nicht mehr der freigebigen Gesinnung entsprechend handeln, und wenn er seine Mittel so verwendet, so behält er zu richtiger Verwendung nichts mehr übrig. Denn wie gesagt, freigebig ist, wer nach Vermögen und zu den richtigen Zwecken ausgibt; wer darin das rechte Maß überschreitet, der ist ein Verschwender. Darum nennt man die Staatshäupter nicht verschwenderisch, denn bei ihnen scheint es nicht leicht, daß die Gaben die sie austeilen und der Aufwand den sie treiben für die Höhe ihrer Mittel zu groß werde.

Da eine vornehme Gesinnung in Geldsachen beim Fortgeben wie beim Annehmen von Geld die rechte Mitte innehält, so wird solch ein vornehm Gesinnter seine Gaben und seinen Aufwand für die rechten Gegenstände vorbehalten und die rechte Große dafür wahren, ganz gleich ob es sich um große oder um kleine Summen handelt, und er wird das mit Freudigkeit tun. Ebenso wird er annehmen, wo zu nehmen recht ist und soviel wie recht ist. Denn da sittliche Gesinnung die rechte Mitte in beiden Beziehungen bedeutet, so wird er sich in beiden pflichtmäßig verhalten. Zu einer verständig bemessenen Art zu geben gehört auch eine ebensolche Art zu nehmen, und eine andere wäre ihr zuwider. Diejenigen Eigenschaften, die zusammengehören, finden sich auch in derselben Person beisammen, die einander widersprechenden offenbar nicht. Begegnet es aber dem recht Gesinnten einmal, daß er sein Geld auf eine Weise verwendet, die dem Pflichtmäßigen und sittlich Gebotenen widerstreitet, so wird er es bedauern, doch auch das immer mit Maß und in den rechten Grenzen. *Denn zu rechter sittlicher Gesinnung gehört auch das, daß man Freude und Betrübnis empfindet aus dem rechten Grunde und in dem rechten Maße.*

Der vornehm Gesinnte ist auch der Mann, mit dem man in Geldangelegenheiten gern zu tun hat. Er ist imstande, eine Übervorteilung hinzunehmen, weil er sich aus Geld nicht zu viel macht und es ihn weit mehr betrübt, wenn er eine Ausgabe nicht gemacht hat, die er hätte machen sollen, als er es bedauert, wenn er Geld ausgegeben hat, wo er es nicht hätte ausgeben sollen. Eine Denkungsart wie die des Simonides flößt ihm wenig Gefallen ein. Der Verschwender dagegen geht auch darin falsche Wege. Seine Freude wie seine Betrübnis hat weder den rechten Grund noch hält sie die rechte Weise inne. Das wird im weiteren Fortgang noch klarer hervortreten.

Wir haben dargelegt, daß Verschwendung und Schäbigkeit ein Zuweitgehen oder ein Nichtweitgenuggehen bedeuten, und dies in beiden Beziehungen, im Fortgeben wie im Entgegennehmen; dabei rechnen wir die Ausgabe zum Fortgeben. Die Verschwendung nun überschreitet das rechte Maß beim Fortgeben und Nichtannehmen und bleibt hinter demselben zurück im Annehmen. Dagegen bleibt eine schäbige Gesinnung hinter dem rechten Maß zurück im Fortgeben und überschreitet es im Entgegennehmen, nur daß es sich dabei immer um geringe Summen handelt.

Die Äußerungen der Verschwendungssucht treten nicht häufig in beiden Richtungen zugleich auf; denn es läßt sich nicht leicht vereinigen, von keiner Seite Mittel entgegenzunehmen, und nach allen Seiten hin welche auszuteilen. Privatleuten, / und um diese handelt es sich, wenn von Verschwendung die Rede ist, / muß das Vermögen schnell ausgehen, wenn sie immer nur fortgeben. Und doch darf man von einem solchen urteilen, daß er bei alledem immer noch beträchtlich wertvoller ist als ein Mensch von schäbiger Art. Denn sein Übel läßt eine Heilung zu, sei es durch zunehmendes Alter, sei es durch den Mangel an Mitteln, und er ist dann noch imstande in die rechte Mitte einzulenken; trägt er doch die Merkmale vornehmer Gesinnung in seinem Wesen. Er gibt, und weist das Nehmen zurück, wenn auch beides nicht in der rechten, sittlich gebotenen Weise. Würde man ihn also an letzteres gewöhnen, oder veränderte er sich sonst irgendwie in diesem Sinne, so könnte er wohl zu jener vornehmen Gesinnung gelangen, geben wem zu geben recht ist, und das Nehmen unterlassen, wo zu nehmen nicht recht ist. Darum gilt er auch nicht für einen Menschen von schlechtem Charakter. Denn im Geben und im Ablehnen des Nehmens das rechte Maß zu überschreiten, beweist keinen niedrigen und unedlen, nur einen arglosen Sinn. Derjenige der im bezeichneten Sinne ein Verschwender ist, scheint viel wertvoller als der Mann von schäbiger Gesinnung, teils aus den bezeichneten Gründen, teils weil er vielen sich hilfreich erweist, während jener niemandem etwas Gutes gönnt, nicht einmal sich selbst.

Allerdings, die verschwenderisch Gesinnten scheuen sich wie gesagt der Mehrzahl nach nicht, da zu nehmen wo es nicht recht ist; sie sind in dieser Beziehung also nicht eben vornehm gesinnt. Ihre Neigung zu nehmen stammt daher, daß sie gern viel ausgeben möchten, aber nicht imstande sind es mit Leichtigkeit zu tun; denn ihr Vermögen läßt sie bald im Stich, und so sehen sie sich denn gezwungen, sich anderweitig die Mittel zu verschaffen. Zugleich ist der Grund dafür, daß sie rücksichtslos nehmen was sie erlangen können, der, daß ihre Sorge nicht die um das sittlich Gebotene ist. Denn fortzugeben ist ihre Neigung; dagegen machen sie sich nichts aus dem Wie und dem Woher. Darum beweisen denn ihre Gaben auch keine edle Gesinnung; sie entsprechen nicht sittlichem Empfinden; sie stammen nicht daraus und sind auch nicht der Pflicht gemäß. Zuweilen machen sie Leute reich, denen es besser wäre in Armut zu leben, und Leuten von rechtlichem Charakter versagen sie sich; dagegen überhäufen sie mit ihren Gaben Schmeichler oder solche, die ihnen sonst Vergnügen bereiten. Die meisten von ihnen sind darum auch zu Ausschweifungen geneigt. Da sie zum Ausgeben eine leichte Hand haben, so neigen sie zu Aufwendungen für ihre zügellosen Begierden, und da sie ihr Leben nicht im Hinblick auf das sittlich Gebotene führen, so überlassen sie sich dem Hange zu sinnlichen Lüsten.

Auf solche Abwege gerät der Mensch mit verschwenderischen Neigungen, wenn ihm keine rechte Anleitung zuteil wird. Wird solche Sorgfalt auf ihn verwandt, so könnte er wohl auf den rechten Weg gelangen, um die rechte Mitte innezuhalten. Dagegen gibt es keine Heilung für niedrige, schäbige Gesinnung. Hohes Alter und jede Art von Unzulänglichkeit pflegt solche niedere Gesinnung zu begünstigen. Sie ist in der Tat mit der Natur der Menschen enger verwachsen als die Neigung zur Verschwendung; denn die große Mehrzahl ist eher habsüchtig als gebelustig. Dieses Verhalten hat denn auch weite Ausdehnung und ist sehr vielgestaltig, und man darf bei solch niederer Gesinnung geradezu von einem Formenreichtum sprechen. Da sie in zweierlei besteht, in dem Zuwenigtun beim Fortgeben und in dem Zuvieltun beim Erraffen, gelangt sie nicht bei allen zu vollständiger Erscheinung. Zuweilen kommen die beiden Seiten auch getrennt vor, und wie es Leute gibt, die im Erraffen zu weit gehen, so gibt es andere, die im Fortgeben hinter dem rechten Maß zurückbleiben. Leute, die man mit solchen Bezeichnungen wie Knicker, Knauser, Filze bezeichnet, tun sämtlich zu wenig, wo es sich um das Fortgeben handelt, ohne daß sie doch nach fremdem Gute strebten und es an sich zu reißen begehrten, die einen aus einer Art von Rechtlichkeit und aus Behutsamkeit, ja nicht etwas Verwerfliches zu tun; denn manche scheinen das Ihrige nur deshalb zusammenzuhalten, / oder sie sagen doch wenigstens so, / damit sie niemals in die Zwangslage geraten, etwas sittlich Unerlaubtes tun zu müssen. Dahin gehört denn auch der Pfennigfuchser und was ihm sonst gleicht; seinen Namen hat er davon, daß er die Neigung nichts wegzugeben aufs höchste ausgebildet hat. Andere wieder enthalten sich des Nehmens von fremdem Gut aus Furcht: sie denken, daß es sich nicht leicht vermeiden lasse, wenn einer anderen das Ihre nimmt, daß diese dann wieder ihm das Seine nehmen, und so begnügen sie sich damit, daß sie weder nehmen noch geben. Eine zweite Klasse geht dagegen im Ansichnehmen zu weit; sie raffen von allen Seiten und alles mögliche an sich; so die Leute, die schimpfliche Geschäfte betreiben, wie die Dirnenhalter und die Betreiber ähnlicher Gewerbe, die Wucherer, die kleine Summen zu hohem Zinsfuß ausleihen. Alle diese schöpfen ihren Erwerb aus verwerflicher Quelle und in verwerflicher Größe. Als das Gemeinsame tritt bei ihnen das Streben nach schimpflichem Gewinn entgegen; denn sie alle bedenken sich nicht, um des Gewinnes, auch um eines kleinen Gewinnes willen, die Schande auf sich zu nehmen. Denjenigen, die auf unlauterem Wege pflichtwidrig solches an sich reißen was Größe verleiht, wirft man niedere Gesinnung nicht vor; so den Gewaltherrschern, die Städte verwüsten und Heiligtümer ausplündern; sondern diese nennt man eher Bösewichter, man schilt sie gottlos und ungerecht. Dagegen gehören die Falschspieler, die Beutelschneider und Straßenräuber zu den Leuten von niedriger Gesinnung, die nach schimpflichem Gewinn trachten. Gewinn ist das Ziel für beide Arten von Menschen, und um seinetwillen beladen sie sich mit Schande. Die einen setzen sich um zu erraffen den größten Gefahren aus, die anderen bereichern sich an ihren Angehörigen, denen sie vielmehr noch abgeben sollten. Beide sind auf schimpfliche Weise gewinnsüchtig, da sie Gewinn aus einer Quelle begehren, aus der man ihn nicht begehren darf. Alles solches Aneignen aber zeugt von niederer Gesinnung. Mit Recht bezeichnet man die niedere Gesinnung als den geraden Gegensatz zur vornehmen Gesinnung. Sie bedeutet eine schlimmere Verirrung als verschwenderische Neigungen: Vergehungen in dieser Richtung begegnen auch häufiger als die im Sinne der Verschwendung, von der vorher die Rede war.

So viel über die vornehme Haltung in Geldsachen wie über die zu ihr im Gegensatz stehenden verkehrten Verhaltungsweisen.

b) Die hochherzige Gesinnung und ihre Gegensätze

Daran schließt sich wohl am nächsten eine Ausführung an über die *Hochherzigkeit in Geldsachen*; denn auch diese stellt sich als eine in Geldfragen zur Erscheinung kommende löbliche Eigenschaft dar. Indessen erstreckt sie sich nicht wie das was wir eben als vornehme Gesinnung behandelt haben, auf alle Betätigungen in Geldangelegenheiten, sondern nur auf diejenigen, bei denen es sich um einen beträchtlichen Aufwand handelt und in diesen überragt sie die bloße Freigebigkeit durch die Größe der Opfer, die sie bringt. Wie schon der Name (*megaloprepeia*, Großartigkeit im Tun des Geziemenden) andeutet, so ist sie ein Aufwand in großem Maßstab, den man geziemenderweise macht; Größe aber ist etwas Relatives. Der Aufwand ist nicht derselbe für einen der ein Kriegsschiff und für einen der eine Festgesandtschaft ausrüstet. Was geziemend ist, das richtet sich nach der Person, nach dem Gegenstande und nach dem Zwecke. Wer in kleinen Dingen oder in Dingen von mäßiger Bedeutung seinen Aufwand nach seiner Stellung bemißt, den nennt man nicht großherzig, wie etwa den Mann, der (bei Homer) sagt: »Oft hab' ich dem Bettler gegeben,« sondern nur den der in großen Dingen so verfährt. Dem Hochherzigen eignet vornehme Gesinnung: aber deshalb bedeutet Vornehmgesinntsein noch keineswegs Hochherzigkeit. Die Gesinnung, die in dieser Art von Leistungen unter dem rechten Maße zurückzubleiben pflegt, nennt man *Engherzigkeit*, diejenige die zu Übertreibungen neigt, *Protzentum*, ungebildetes Wesen, und was es sonst an derartigen Eigenschaften gibt, wo nicht sowohl der Größe nach über das Pflichtmäßige hinausgegangen wird, sondern wo man hervorglänzen möchte bei ungeeigneten Anlässen und in ungeeigneter Art und Weise. Wir werden später darauf zurückkommen.

Der Hochherzige macht den Eindruck zugleich des verständnisvollen Mannes. Denn er vermag zu ermessen, was das Geziemende ist, und große Mittel mit richtigem Urteil zu verwenden. Wie wir gleich im Anfang bemerkt haben, befestigte Gesinnung erlangt ihren bestimmten Charakter durch die Tätigkeiten, die man gepflegt hat, und die Gegenstände, auf die sie sich beziehen. Die Opfer nun, die der Hochherzige bringt, sind groß und geziemend zugleich; das ist denn auch die Beschaffenheit der Gegenstände; denn so wird das große Opfer durch seinen Gegenstand zu einem geziemenden Opfer. Der Gegenstand muß also des Opfers und das Opfer des Gegenstandes würdig sein oder noch darüber hinausgehen. Solche Opfer wird ein hochherziger Mann darbringen um des edlen Zweckes willen, denn das ist bei allen sittlichen Eigenschaften das Gemeinsame; und er wird sie obendrein freudig und mit einem gewissen Luxus darbringen, denn genaues Rechnen wäre engherzig. Er wird mehr darauf bedacht sein, wie sich die Sache am herrlichsten und glänzendsten, als mit welchen Kosten und wie sie sich am billigsten herstellen läßt. Der Hochherzige muß also notwendig eine vornehme Gesinnung haben; denn ein vornehm gesinnter Mann verwendet gleichfalls seine Mittel für die rechten Zwecke und in der rechten Weise. Darin besteht nun beim Hochherzigen das Große, d.h. in der Größe des Opfers, während Freigebigkeit sich in denselben Dingen erweist, und auch wenn der Aufwand der gleiche ist, wird er damit eine besonders glänzende Ausstattung des Gegenstandes erzielen. Denn der eigentümliche Vorzug eines Vermögensstückes ist nicht derselbe wie der eines solchen zu errichtenden Werkes. Ein Vermögensstück ist am wertvollsten, wenn es den höchsten Marktpreis hat, z.B. das Gold; ein solches Werk aber wird wertvoll durch Größe und Schönheit. Denn dann erweckt es die Bewunderung des Betrachters, und solche Bewunderung zu erwecken ist das Großartige bestimmt. In der Größe also besteht das, was den Vorzug eines solchen Werkes, seine Großartigkeit ausmacht.

Zu den Aufwendungen, denen man ein besonderes Verdienst zuschreibt, zählen diejenigen zu Ehren der Götter: Weihgeschenke, Tempelbauten und Opfer, ebenso alles was einem religiösen Zweck dient und was in edlem Wetteifer für das Gemeinwesen dargebracht wird; so wenn man einen Chor glänzend auszustatten, ein Kriegsschiff auszurüsten oder auch den Mitbürgern eine Bewirtung darzubringen auf sich nimmt. In alledem kommt wie gesagt die Person des Leistenden, wer er ist und welches seine Umstände sind. In Betracht; zu diesen muß die Leistung im rechten Verhältnis stehen und nicht bloß dem Gegenstande, sondern auch der Person des

Ausrichtenden angemessen sein. Ein armer Mann kann sich aus dem Grunde nicht hochherzig erweisen, weil er das Vermögen nicht hat, das dazu gehört, um eine große Ausgabe in angemessener Weise leisten zu können; und unternähme er es dennoch, so würde er etwas Verkehrtes tun. Es wäre weder seiner Stellung noch seiner Pflicht entsprechend; *sittlich aber ist nur das was mit vernünftigem Urteil getan wird.* Dagegen sind zu solchen Aufwendungen diejenigen berufen, die selber oder deren Vorfahren oder Angehörige dergleichen schon früher dargebracht haben, Leute von edler Abkunft, hoher Stellung und ähnlichen Vorzügen. Denn alles das verleiht Bedeutung und Würde.

Dies also vor allem bezeichnet den hochherzigen Geber und von dieser Art sind die Aufwendungen, in denen, wie wir gezeigt haben, die Hochherzigkeit zur Erscheinung kommt. Sie sind die größten und sind auch die verdienstlichsten. Von den Aufwendungen im Privatleben gehören dahin die einmal vorkommenden, wie bei einer Hochzeit und dergleichen: ferner diejenigen, wo die ganze Staatsgemeinde oder doch die Leute in hoher Stellung miteinander wetteifern, in der Aufnahme fremder Gäste und Beschenkung derselben bei ihrer Entlassung, bei Geschenken und Erwiderung von Geschenken. Denn der hochherzige Mann treibt Aufwand nicht für seine Person, sondern für das Gemeinwesen, und seine Gaben haben eine Verwandtschaft mit Weihgeschenken. Im Charakter des im Ausgeben Hochherzigen liegt auch das, daß er sein Haus in einer seinem Reichtum angemessenen Weise ausstattet, / denn auch hier ist Raum für besondere Auszeichnung, / daß er Aufwand macht mehr für Dinge, die lange fortzudauern bestimmt sind, / denn diese sind die würdigsten, / und daß er überhaupt in allen Dingen das Angemessene trifft. Denn es paßt nicht dasselbe für Götter wie für Menschen, nicht dasselbe für einen Tempel wie für ein Grabmal. Und da die Größe jeder Aufwendung sich je nach der Gattung des Gegenstandes bemißt, so ist das schlechthin Großartigste ein großer Aufwand für einen großen Zweck, sonst aber jedesmal das, was in diesem besonderen Falle das Große ist. Und so ist denn das, was der Bedeutung der Sache nach groß ist, verschieden von dem, was dem Aufwande nach groß ist. Ein Ball, sei er auch noch so schön, oder eine Salbenflasche, mag eine gewisse Großartigkeit als Geschenk für einen Knaben besitzen: aber die Bedeutung ist gering, und von Freigebigkeit dabei nicht die Rede. Der in Geldangelegenheiten hochherzig Gesinnte zeigt sich also darin, daß er je nach der Art von Zwecken die er befriedigen will eine gewisse Großartigkeit anstrebt. / denn darin ist es nicht leicht zuweit zu gehen, und daß die Ausgabe zugleich seiner Habe und seiner Stellung gemäß bemessen ist.

So also verfährt der hochherzige Geber. Wer der Sache zuviel tut, der Protzenhafte, überschreitet wie gesagt das Maß dadurch, daß er einen in der Sache nicht gerechtfertigten Aufwand macht. Er verwendet große Mittel da, wo der Ort für geringen Aufwand wäre, und treibt Prunk im Widerspruch mit dem guten Geschmack. So bewirtet er Vereinsbrüder, als gälte es eine Hochzeit auszurichten, und soll er in der Komödie einen Chor ausrüsten, so läßt er ihn gleich beim ersten Auftreten in Purpurgewändern erscheinen, wie es die Leute in Megara machen. Bei alledem läßt er sich auch nicht von der Rücksicht auf das sittlich Gebotene leiten, sondern will nur seinen Reichtum zur Schau tragen und meint, er werde dadurch die Augen auf sich lenken. Wo es geboten wäre viel aufzuwenden, wendet er wenig auf, und wo wenig geboten wäre, viel. Demgegenüber wird der engherzig Gesinnte in allen Beziehungen hinter dem rechten Maße zurückbleiben. Wo er den größten Aufwand macht, da wird er den Wert der Sache dadurch vernichten, daß er an einer Kleinigkeit zu knausern sucht. Was er auch macht, er muß sich alles erst mühsam abringen, und sein einziger Gedanke ist immer, wie er den Aufwand möglichst verringern kann; bei alledem klagt er und meint immer, er tue mehr als man irgend von ihm verlangen könne. Beide Arten von Gesinnung sind geradezu unsittlich, wenn sie auch nicht gerade Schande eintragen, weil sie dem Nächsten keinen Schaden bringen und auch nicht allzu widerwärtig in die Augen fallen.

B. Verhalten zu Ehre und Wirkungskreis

a) Die hochstrebende Gesinnung und ihre Gegensätze

Wir gehen weiter zur Betrachtung der *hochstrebenden Gesinnung*. Sie erweist sich in der Höhe der Ziele, die man sich steckt, wie es schon aus dem Namen hervorgeht; welche Art von Zielen das aber ist, das wollen wir nun zuerst erwägen. Es ist dafür ganz gleichgültig, ob wir die Gesinnung selbst oder den Träger der Gesinnung ins Auge fassen. Als ein hochstrebender Mann gilt, wer sich selbst zu hohen Dingen berufen glaubt und dazu auch wirklich die Ausrüstung besitzt. Wer sich so einschätzt, ohne wirklich berufen zu sein, der ist *eingebildet*; ein Mann von sittlicher Gesinnung aber ist niemals weder eingebildet noch unverständig. Hochstrebend ist also ein Mann von der bezeichneten Art. Wem nur kleinere Ziele angemessen sind, und wer sich richtig so einschätzt, der ist vernünftig, aber hochgesinnt ist er nicht. Denn auf der Höhe der Ziele beruht die Hochgesinntheit, wie die Schönheit auf einer hohen Figur; Menschen von kleiner Statur können wohl fein und zierlich, aber sie können nicht schön sein. Wer sich hohe Dinge zutraut, ohne die nötigen Eigenschaften zu haben, der ist *aufgeblasen*. Wer sich dagegen Größeres zutraut als wozu seine Kräfte ausreichen, darf nicht in jedem Sinne für aufgeblasen gelten. Wer sich weniger zutraut, als er zu leisten vermöchte, der ist *kleinmütig*, sei es nun, daß ihm hohe oder mäßig hohe oder daß ihm nur geringe Ziele angemessen sind, vorausgesetzt nur, daß er sich weniger zutraut, als wozu er wohl das Zeug hätte. Am meisten allerdings gilt es von dem, der großer Leistungen fähig wäre; denn wie niedrig würde ein solcher sich erst einschätzen, wenn seiner Natur so hohe Ziele nicht angemessen wären!

Der hochstrebende Mann bezeichnet also der Höhe seines Strebens nach ein Äußerstes, im Sinne der Pflichtmäßigkeit dagegen bezeichnet er die rechte Mitte; denn er schätzt sich ein, wie es ihm gebührt, während die anderen ein zu hohes oder ein zu niedriges Selbstbewußtsein haben. Hält er sich nun hoher Dinge, ja der höchsten für wert, und hat er darin recht, so wird dabei eines am meisten in Betracht kommen. Von Wert spricht man mit Bezug auf die äußeren Güter. Als das höchste von diesen aber betrachten wir doch wohl das, was wir den Göttern darbringen, das wonach die Menschen von hohem Verdienst am meisten trachten und was den Kampfpreis bildet für die herrlichsten Taten: das aber ist der *Ruhm*; er ist mithin das höchste der äußeren Güter. Zu Ehrenerweis und Fehlen desselben also verhält sich der Hochstrebende wie man sich dazu verhalten soll. Daß das Ziel der Hochstrebenden der Ruhm ist, bedarf keiner weiteren Ausführung; denn der Ruhm ist das, was sie am meisten beanspruchen, aber ein Ruhm, wie er ihrem Verdienste entspricht. Der Kleinmütige bleibt darin hinter dem rechten Maße zurück, sowohl in dem was er für sich beansprucht als in der Würdigung, die er dem Hochgesinnten erweist. Dagegen geht der Aufgeblasene in seinen Ansprüchen über das rechte Maß hinaus, nicht aber in der Würdigung des Hochgesinnten. Demnach wird der Hochgesinnte, sofern er den höchsten Anspruch erheben darf, auch der Vorzüglichste sein; denn der höhere Preis gebührt immer dem Tüchtigeren, und der höchste kommt dem Allertüchtigsten zu. So muß denn der wahrhaft Hochgesinnte wohl ein vorzüglich hervorragender Mann sein, und man darf sagen, er besitzt das, was in jeder Art von Trefflichkeit das Große bezeichnet.

Zu seinem Wesen stimmt es also schlechterdings nicht, schimpflich sich aus dem Staube zu machen oder irgend jemand Unrecht zu tun. Welcher Beweggrund könnte auch einen Mann bestimmen, eine schimpfliche Tat zu begehen, dem kein Ziel zu hoch ist? Und geht man alles einzelne durch, so wäre es eine lächerliche Vorstellung: ein hochgesinnter Mann, der kein guter Mann wäre. Auch des Ruhmes wäre er nicht wert, wenn er innerlich nichts taugte; denn der Ruhm ist der Kampfpreis der Tugend, und den Tüchtigen fällt er zu. So scheint denn die Art des Hochgesinnten gleichsam das Juwel zu sein unter den Tugenden. Sie erhöht dieselben und existiert nicht ohne sie. Darum ist es schwer ein in Wahrheit hochgesinnter Mann zu sein; denn es wäre nicht möglich ohne eine sittlich durchgebildete Persönlichkeit.

Um hohe Ehrenstellung also und um das Entbehren derselben dreht sich das Streben des Hochgesinnten. Wird ihm hohe Ehre, und wird sie ihm von würdigen Leuten erwiesen, so wird ersieh dessen in rechtem Maße erfreuen, weil er meint zu erlangen was ihm zukommt oder auch weniger als ihm zukommt; denn ein Ruhm, der dem vollkommenen Verdienst entspräche, findet sich überhaupt nicht. Indessen wird er sich auch das gern gefallen lassen, weil man gar nicht imstande ist ihm noch Größeres zu erweisen. Dagegen wird er sich aus Ehre, die ihm beliebige Leute und aus geringfügigem Anlaß erweisen, gar nichts machen; denn das sind nicht die Ehren, die ihm gebühren. Das gleiche gilt von Ehrenkränkungen; denn diese haben mit ihm gerechterweise gar nichts zu schaffen.

Dem Hochgesinnten schwebt also wie gesagt als Ziel am meisten Ruhm und Ehrenstellung vor; indessen wird er sich doch auch zu Reichtum, Machtstellung und überhaupt zu jeder Art von äußerem Glück und Unglück ein gemäßigtes Verhalten wahren, wie es sich auch fügen möge. Er wird im Glück nicht übermäßig jubeln noch im Unglück vom Schmerz sich niederdrücken lassen; nicht einmal zum Ruhme wird er sich so stellen, der doch am höchsten steht. Denn Machtstellung und Reichtum sind begehrenswert um der Auszeichnung willen, die sie eintragen; wenigstens wünschen diejenigen, die sie besitzen, durch sie Auszeichnung zu erlangen. Wem aber der Ruhm sogar etwas Geringes ist, dem ist auch das andere gering. Solche Leute sieht man darum wohl als hochmütig an.

In der Regel wird hochstrebende Gesinnung durch eine äußere Glückslage gefördert. So hält man Leute von edler Abstammung und ebenso Machthaber und reiche Leute besonderer Ehre für würdig. Sie ragen nämlich vor den anderen hervor, und alles was in etwas Gutem hervorragt, das genießt höhere Ehre. Dergleichen nährt deshalb auch hochstrebenden Sinn, schon weil manche Leute ihnen deshalb Ehre erweisen. In Wahrheit allerdings ist allein der Mensch mit sittlichen Vorzügen der Ehre wert; wer nun beides zugleich besitzt, der wird der Ehre noch mehr für wert gehalten. Diejenigen dagegen, die ohne sittliche Vorzüge die Güter von der bezeichneten Art besitzen, haben weder gerechten Grund, für sich selber große Ansprüche zu erheben, noch werden sie mit Recht hochgesinnt genannt. Denn das kommt niemandem zu ohne eine durchgebildete sittliche Persönlichkeit. Da gegen werden solche Leute, die diese Güter besitzen, auch hochfahrend und gewalttätig; denn wo kein sittlicher Charakter ist, da ist es nicht leicht, eine glänzende äußere Glückslage mit Verstand zu ertragen. Da sie sie aber nicht so zu ertragen vermögen und doch die anderen zu überragen meinen, so sehen sie auf diese von oben herunter und folgen selber ihren beliebigen Gelüsten. Sie möchten es dem hochgesinnten Manne nachtun, ohne doch ihm wirklich Ähnlich zu sein, und nehmen, seine Manieren an, wo sie es nur immer können. Sie tun nicht was der sittlichen Pflicht entspricht, und sehen doch auf andere Menschen von oben herab. Der hochgesinnte Mann hat ein Recht, so auf andere herabzusehen; denn er beurteilt sich und die anderen richtig; die Mehrzahl aber tut es, ohne eine Berechtigung dazu zu haben.

Der hochgesinnte Manne ist nicht um geringen Preis waghalsig, noch liebt er das Wagnis; denn es gibt wenige Dinge, die er der Mühe für wert hält. Dagegen wo es hohe Zwecke gilt, da stürzt er sich in das Wagnis, und wenn er in der Gefahr ist, schont er sein Leben nicht, weil er denkt, das Leben habe keinen so hohen Wert, daß es um jeden Preis festgehalten zu werden verdiente. Er ist der rechte Mann, um Wohltaten zu erweisen; Wohltaten zu empfangen dagegen beschämt ihn. Denn jenes ist das Kennzeichen des Höherstehenden, dieses das des Abhängigen. Empfangene Wohltat erwidert er mit größerer; denn so bleibt ihm der verpflichtet, der sie ihm zuerst erwiesen hat, und dieser ist nunmehr selbst der mit Huld Behandelte. Hochgesinnte Menschen pflegen sich mehr dessen zu erinnern, was sie an Wohltat erwiesen, als derer, von denen sie Dienste empfangen haben; denn derjenige, der Dienste empfangen hat, ist abhängig von dem, der sie erwiesen hat; er aber liebt es, der Höherstehende zu sein. So will er auch gern in jenem Sinne bekannt sein und nur mit Verdruß in diesem. So erklärt es sich auch, daß Thetis dem Zeus nicht die Dienste vorhält, die sie ihm erwiesen, und ebenso die Lakonier nicht den Athenern, dagegen aber wohl die Gunst, die sie erfahren haben. Ein Zug im Charakter des Hochgesinnten ist auch der, daß er niemals oder doch nur widerstrebend andere um etwas bittet, dagegen bereitwillig Dienste erweist, und daß er sich Leuten von hoher Stellung oder in glänzender Lage stolz, Leuten in mittlerer Lage dagegen leutselig erweist. Denn jenen

gegenüber sich als den Überlegenen zu gebärden, ist schwierig und brav, diesen gegenüber ist
es leicht; und vor jenen sich stolz zu erweisen ist nicht unedel, es bei Niedrigstehenden zu tun
ist ungebildet: es ist damit gerade so als wollte einer seine Kraft an den Schwachen auslassen.
Er hat ferner nicht die Art, sich in Ehrenstellungen oder da wo andere die erste Rolle spielen,
einzudrängen; hier zeigt er sich unbeweglich und zurückhaltend, sofern es sich nicht um hohe
Ehrenstellung und große Aufgaben handelt. Er unternimmt nur weniges, aber dann Großes
und Ruhmvolles. Selbstverständlich zeigt er auch offen seinen Haß wie seine Liebe; denn nur
wer Furcht hat ist hinterhaltig und versäumt eher die Sorge für die Wahrheit als die für seinen
Ruf. Er spricht und handelt offen; denn er ist freimütig, weil er die anderen Übersicht, und ein
Wahrheitsfreund, soweit er sich nicht mit ironischer Verkleinerung äußert; solcher Ironie aber
bedienter sich gegenüber dem großen Haufen. Er vermag nicht nach dem Sinne eines anderen
zu leben als höchstens nach dem eines Freundes; denn jenes wäre Sklavenart. Deshalb sind die
Schmeichler sämtlich Knechte, und gemeine Naturen sind Schmeichler. Auch zur Bewunderung ist er wenig geneigt, / denn in seinen Augen ist nichts groß, / und wenig zur Rachsucht;
denn einem Hochgesinnten liegt es fremd nachzutragen, besonders erlittenes Unrecht; lieber
sieht er darüber hinweg. Er spricht nicht gern von den Menschen; weder von sich noch von
einem anderen erzählt er Geschichten; denn es liegt ihm nichts daran Beifall zu finden, und er
liebt es auch nicht, daß von anderen geringschätzig gesprochen werde. Dagegen ist es wiederum
auch nicht seine Art, andere zu rühmen, und darum auch nicht, sie schlecht zu machen, nicht
einmal seine Feinde, es sei denn, daß man ihn dreist herausfordere. Am wenigsten läßt er sich
herab, bei solchem was unausweichlich oder solchem was unbedeutend ist zu jammern oder zu
flehen; denn das wäre das Benehmen eines Menschen, den dergleichen Dinge tiefer bewegen.
Seine Neigung zieht ihn, lieber das Edle, das keinen praktischen Nutzen hat, als das Nützliche
und Einträgliche zu erwerben; denn das ist die Gesinnung dessen, der sich selbst genügt. Die
Bewegungen des Hochgesinnten sind langsam, seine Stimme tief, seine Sprache getragen. Denn
wem wenige Dinge sehr am Herzen liegen, der hat keine Eile, und wer nichts für groß hält, der
erhebt nicht den Ton. Raschheit der Bewegung und Erheben der Stimme haben aber gerade
in jenen Dingen ihren Grund.

Das wäre das Bild des Hochgesinnten. Wer hinter dem Maß darin zurückbleibt, ist *blöde*, und
wer es überschreitet, *aufgeblasen*. Auch diese Leute gelten keineswegs für schlechte Menschen, /
denn sie tun keinem etwas zuleide, / aber doch für Menschen auf falschen Wegen. Denn ein
blöder Mensch, der wohl zu Großem berufen wäre, beraubt sich selber dessen was ihm nach Fug
und Recht zukommt, und man möchte meinen, er hätte doch irgendwie einen Schaden an sich,
weil er sich selbst des Guten nicht für würdig hält, und zugleich, er verkannte sich selbst. Denn
sonst würde er nach dem streben, zu dem er berufen ist, da es sich doch um wertvolle Dinge
handelt. Indessen muß man solchen Leuten nicht sowohl Mangel an Verstand, als Schwäche
des Willens zuschreiben; eine solche Selbstbeurteilung aber zieht allerdings die Menschen mit
der Zeit auch wohl innerlich herab. Denn jeder strebt nach dem was ihm zukommt; sie aber
stehen auch von edlen Taten und Bestrebungen ab, weil sie sich dazu für untauglich halten,
und verzichten damit gleichermaßen auch auf die äußeren Güter. Dem gegenüber fehlt es den
aufgeblasenen Menschen wirklich an Verstand und Selbsterkenntnis, und sie tragen das auch
ausdrücklich zur Schau. Sie drängen sich, ohne doch die Fähigkeit zu besitzen, zu den Ehrenstellen, um dann ihrer Unzulänglichkeit überführt zu werden. Sie treten auf in schönen Kleidern, in
stolzer Haltung und behängt mit sonstigen Äußerlichkeiten; sie möchten, daß ihre glücklichen,
äußeren Verhältnisse allgemein bekannt werden, und lassen davon ein großes Gerede machen,
um daraufhin zu Ansehen zu gelangen. Den eigentlichen Gegensatz aber zu hochstrebender
Gesinnung bildet doch eher die Blödigkeit als die Selbstüberschätzung. Sie kommt häufiger
vor und ist das schlimmere Übel.

b) Die bescheidene Gesinnung

Die hochstrebende Gesinnung also hat, wie wir dargelegt haben, hohe Ehren zum Ziele. Das gleiche Ziel nun darf man als noch für eine andere Art von sittlicher Gesinnung geltend bezeichnen, wie wir gleich im Anfang bemerkt haben, die zur hochstrebenden Gesinnung in einem ähnlichen Verhältnis stehen möchte, wie die vornehme Gesinnung in Geldsachen zur Großherzigkeit steht. Jene vornehme Gesinnung und die, die wir jetzt im Auge haben, verzichten beide auf das Große und setzen, uns dafür zum mäßig Großen und zum Geringen in das rechte und geziemende Verhältnis. Wie es aber im Abgeben und Entgegennehmen von Geldwerten eine rechte Mitte, ein Zuviel und ein Zuwenig gibt, so gibt es auch im Streben nach Ruhm, dem was recht ist gegenüber, ein Mehr und ein Weniger, und das in bezug sowohl auf die Mittel wodurch, als auf die Art und Weise wie man Ruhm erstreben soll. Den *Ehrgeizigen* tadelt man, weil er mehr als recht ist und mit unrechten Mitteln nach Ruhm strebt, den *Mann ohne Ehrgeiz*, weil er auch nicht durch edle Taten Ehre zu erwerben sich zum Ziele setzt. Es kommt vor, daß man dem Ehrgeizigen seine Achtung gewährt als einem mannhaft gesinnten und für das Edle begeisterten, und dem Mann ohne Ehrgeiz als einem gemäßigten und besonnenen Mann, wie wir schon oben bemerkt haben. Offenbar hat das Wort Ehrgeiz (*philotimon*), da wir das Wort, das in der Zusammensetzung die Neigung zu etwas ausdrückt, in verschiedenem Sinne gebrauchen, auch nicht immer die gleiche Bedeutung; wir billigen ihn, wenn wir dabei an ein höheres Streben als das der Mehrzahl, und tadeln ihn, wenn wir an ein eifrigeres Streben als das sittlich angemessene denken. Da aber für die Bezeichnung der rechten Mitte ein besonderer Ausdruck nicht geprägt ist, so macht es den Eindruck, als stritten sich die beiden Extreme um den dadurch leer gelassenen Platz. Wo es aber ein Zuviel und ein Zuwenig gibt, da gibt es auch eine rechte Mitte. Man strebt nach Ruhm mehr oder weniger als recht ist; also gibt es auch ein Streben im rechten Maß. Diese letztere Haltung als festgewordene Gesinnung ist es, die sich Hochachtung erwirbt; es ist die rechte Mitte in dem Streben nach Ruhm, für die es ein eigenes Wort nicht gibt. Dem Ehrgeiz gegenüber nimmt sie sich aus als Gleichgültigkeit gegen die Ehre, solcher Gleichgültigkeit gegenüber als Ehrgeiz, und beiden gegenüber als wäre sie das eine *und* das andere. So nun verhält es sich eigentlich auch bei den anderen Arten von sittlicher Gesinnung; nur daß hier die beiden Extreme allein den Gegensatz zu bilden scheinen, weil es für die rechte Mitte an einem eigenen Ausdruck fehlt.

3. Verhalten zu den anderen Menschen im Umgang

a) Gelassenheit

Mit *Gelassenheit* pflegt man ein mittleres Verhalten da zu bezeichnen, wo es sich um zornige Erregung handelt, und zwar teilt man, weil es für die rechte Mitte und eigentlich auch für die beiden Extreme keinen eigenen Ausdruck gibt, die Bedeutung der rechten Mitte, die unbenannt ist, der Gelassenheit zu, während letztere eigentlich nach der Seite des Zuwenig hinneigt. Das Zuviel darf man als *Hang zu zorniger Erregung* bezeichnen. Der innere Zustand ist der Zorn; die Ursachen, die ihn erregen, sind zahlreich und von der verschiedensten Art. Wer da zürnt, wo der Anlaß und die Personen den Zorn rechtfertigen, wer in der rechten Weise, zur rechten Zeit und die rechte Zeitdauer hindurch zürnt, dessen Verhalten findet Billigung; man kann einen solchen gelassen nennen, vorausgesetzt, daß Gelassenheit das billigenswerte Verhalten bedeutet. Gelassen, das bedeutet, daß man sich nicht aufregen, von der Leidenschaft sich nicht hinreißen läßt, sondern in der Weise seinem Zorn Raum gibt, wie rechte Vernunft es gebietet, bei dem gegebenen Anlaß und die rechte Zeitdauer hin durch. Wo der Gelassene sich dagegen vergeht, da möchte es eher in der Richtung auf das Zuwenig geschehen. Denn dem Gelassenen liegt vermöge seiner Neigung nicht die Vergeltung, sondern mehr die Nachgibigkeit nahe. Das Zurückbleiben hinter der rechten Mitte aber, sei es aus einer Art von Temperamentlosigkeit, sei es aus irgendeinem anderen Grunde, ist Gegenstand der Mißbilligung. Leute, die da nicht in zornige Aufwallung geraten, wo es geboten wäre, erscheinen als verkehrte Menschen, gerade wie diejenigen, die nicht in der rechten Weise, nicht zur rechten Zeit, noch aus dem rechten Anlaß zürnen. Jener macht den Eindruck, als habe er keine Empfindung und mache es ihm keinen Schmerz, und da er nicht zürnt, als sei er auch nicht imstande sich zu wehren, während es doch Sklavensinn verrät, still zu halten, wenn man beschimpft wird, oder seine Angehörigen preiszugeben. Dagegen, daß man zu weit geht, das kommt in allen Beziehungen vor; man zürnt den Personen und aus Anlässen, wo es nicht recht ist; man zürnt heftiger, schneller und längere Zeit hindurch, als recht ist. Indessen das kommt nicht alles zusammen bei einem und demselben Menschen vor; das wäre auch nicht wohl möglich. *Denn das Böse zerstört sich selbst, und tritt es in vollständiger Form rein hervor, so wird es existenzunfähig.* Ein jähzorniger Mensch gerät in Zorn, schnell, Personen gegenüber und aus Anlässen, wo es nicht recht ist, und in übermäßigem Grade; aber er beruhigt sich auch schnell, und das ist noch das Beste an ihm. Jenes begegnet ihm, weil er seine Aufwallung nicht in Schränken hält, sondern mit der Offenheit, die seine Heftigkeit ihm eingibt, wiederschilt und sich dann beruhigt. Dagegen im Übermaß aufgeregt ist der *Zanksüchtige*; er zankt über alles und aus jedem Anlaß: daher der Name. *Verbittert* ist der schwer zu Versöhnende, der lange den Zorn festhält; er verschließt die Erregung in seinem Innern und hört damit erst auf, wenn er Vergeltung geübt hat. Denn geübte Vergeltung beschwichtigt die Erregung, indem sie das Gefühl des Schmerzes durch ein Gefühl der Befriedigung ersetzt. Geschieht das nicht, so wirkt der Druck weiter. Denn da die Erregung nicht offen heraustritt, so kann einem solchen auch keiner gut zureden; innerlich aber die Erregung zu verarbeiten, dazu braucht es der Zeit. Diese Art von Menschen ist sich selbst und den vertrautesten Freunden die schwerste Last. Von denjenigen dagegen, die aus Anlässen sich aufregen, wo es nicht der Fall sein sollte, oder heftiger und längere Zeit aufgebracht sind als recht ist, und die sich ohne Vergeltung und Rache zu üben nicht versöhnen lassen, von diesen sagt man, sie seien schwer zu behandelnde Leute. Als den Gegensatz der Gelassenheit betrachtet man mehr das Übermaß als das Zuwenig. Jenes kommt häufiger vor, und es liegt auch der menschlichen Natur näher, Vergeltung zu üben. Für das Zusammenleben sind diese schwer zu behandelnden Menschen die schlimmeren, wie früher bemerkt und wie das Ausgeführte bestätigt.

Die Entscheidung darüber, auf welche Weise, welchen Personen, aus welchem Anlaß, wie lange Zeit man zürnen soll, und wo die Grenze liegt zwischen dem richtigen und dem falschen Verhalten, läßt sich nicht leicht treffen. Wer nur wenig vom rechten Wege abweicht, sei es in der Richtung auf das Zuviel oder auf das Zuwenig, unterliegt keinem Tadel. Bisweilen lobt man diejenigen, die nicht weit genug gehen, und nennt sie *sanftmütig*, die aber, die heftig zürnen, *charaktervoll*, als Leute, die zu leitender Stellung befähigt seien. Wie weit nun und in welcher Weise jemand vom rechten Wege abweichen muß, um Tadel zu verdienen, das läßt sich nicht leicht in bestimmten Sätzen formulieren; denn die Entscheidung liegt je nach der Natur des Einzelfalles bei der unmittelbaren Empfindung, indessen ist doch so viel offenbar, daß die Charaktereigenschaft, die Mitte einzuhalten, der gemäß man denjenigen Personen, aus denjenigen Anlässen und in der Weise, wie es sittlich geboten ist, zürnt und allen anderen dahin gehörenden Bestimmungen genügt, volle Billigung, daß dagegen das Zuweitgehen und das nicht Weitgenuggehen Tadel verdient und zwar nur leichten, wenn die Abweichung gering, stärkeren, wenn sie größer, und ganz schweren, wenn sie sehr groß ist. Soviel geht aus alledem mit Sicherheit hervor, daß die Charaktereigenschaft, die Mitte innezuhalten, diejenige ist, nach der man zu streben hat.

Damit mag erledigt sein, was über die Charaktereigenschaften zu sagen ist, die sich auf den Affekt des Zornes beziehen.

b) Freundlichkeit

Im gesellschaftlichen Verkehr, im Umgang und in der Vereinigung zu Unterhaltung und Geschäft gelten die einen als *Allerweltsfreunde*; das sind die, die anderen zuliebe alles für gut befinden, in keinem Punkte Einsprache erheben, sondern meinen, sie müßten denjenigen, mit denen sie zusammentreffen, jede peinliche Empfindung ersparen. Diejenigen, die im geraden Gegensätze zu ihnen in jedem Punkte Widerspruch erheben und sich nicht im mindesten darum kümmern, ob sie anderen auch keinen Verdruß bereiten, nennt man *übellaunig* und *bärbeißig*. Daß nun beide bezeichneten Verhaltungsweisen tadelnswert sind, darüber ist kein Zweifel, und ebensowenig darüber, daß die Mitte dazwischen das Gebotene wäre, wonach man dasjenige billigt, was zu billigen Pflicht ist, und in der Weise wie es Pflicht ist, und in gleichem Sinne verfährt, wo man etwas mißbilligt. Einen besonderen Ausdruck hat man für diese Mitte nicht; nächstverwandt ist sie der *Freundlichkeit*. Denn wer diese mittlere Linie einzuhalten die Fertigkeit besitzt, das ist der, den wir als den ehrlich gesinnten Freund bezeichnen, indem wir nur noch hinzunehmen, daß er uns in seinem Innern freundlich gesinnt ist. Von der Freundesgesinnung unterscheidet sich seine Art darin, daß bei ihm der Gefühlsaufwand und die liebevolle Zuneigung für die Genossen keine Rolle spielt. Denn nicht aus Zuneigung oder Abneigung verhält er sich zu allen Einzelheiten in der gebührenden Weise, sondern auf Grund seiner Charakterbestimmtheit. Er wird ganz das gleiche Verfahren Unbekannten wie Bekannten, Vertrauten wie Fremden gegenüber innehalten, und nur in jedem einzelnen Falle sich danach richten, wie es sachlich angemessen ist. Denn allerdings ist die Verpflichtung, Rücksichten zu nehmen und niemand Verdruß zu bereiten, fremden Menschen gegenüber nicht ganz dieselbe wie eng vertrauten Menschen gegenüber.

Wir haben im allgemeinen bemerkt, daß ein so gesinnter Mann im Umgang sich benehmen wird wie man sich benehmen soll, und daß er, indem er immer das sittlich Gebotene und das Ersprießliche im Auge behält, darauf abzielen wird, keine peinlichen, sondern vielmehr erfreuliche Empfindungen wachzurufen. Denn im Grunde handelt es sich dabei immer um die angenehmen und verdrießlichen Empfindungen, wie sie im geselligen Umgang sich ergeben. Wenn sich ihm das Streben, einen angenehmen Eindruck hervorzurufen, als unsittlich oder schädlich erweist, so wird er es unterdrücken und sich nicht scheuen, auch unangenehme Empfindungen ausdrücklich zu erregen. Und so wird er die Handlung eines anderen, die Bedenken, und nicht geringes Bedenken, erregt oder gar Schaden einträgt, während der eingelegte Widerspruch doch nur eine geringe Verdrießlichkeit hervorruft, nicht billigen, sondern seiner Mißbilligung offenen Ausdruck verleihen. Im Umgang wird er zwischen hochgestellten und gewöhnlichen Leuten, zwischen näheren und entfernteren Bekannten wohl zu unterscheiden wissen und ebenso die sonstigen Verschiedenheiten beachten. Er wird jeder Klasse von Menschen das erweisen, was ihr gebührt, und während er es an sich vorziehen möchte, mit den anderen sich mitzufreuen, und sich lieber davor hüten möchte Verdruß zu erregen, wird er doch die Folgen, wenn sie irgend schwerer ins Gewicht fallen, ins Auge fassen, / ich denke dabei an das sittlich Gebotene und das Ersprießliche, / und um einer erfreulichen Folge willen, die sich weiterhin als eine beträchtliche erweisen möchte, wird er eine kleine Verdrießlichkeit zu erregen kein Bedenken tragen.

So benimmt sich der, der die rechte Mitte innehält; einen Ausdruck um ihn zu bezeichnen gibt es nicht. Von denen, die sich nur immer beliebt machen wollen, heißt derjenige, der nur darauf zielt sich angenehm zu erweisen, ohne daß ihn ein fremdartiges Motiv triebe, ein *gefälliger* Mensch; wer es tut um einen Vorteil zu erlangen wie Geld und Geldeswert, ein *Schmeichler*; dagegen wem nichts recht zu machen ist und wer alles übel nimmt, den haben wir schon als den übellaunigen und bärbeißigen Menschen bezeichnet. Da es aber für das mittlere Verhalten keinen eigenen Ausdruck gibt, so stellt sich der Gegensatz als der zwischen den beiden Extremen dar.

Auf beinahe dieselben Gegenstände nun bezieht sich auch das mittlere Verhalten zwischen ruhmrediger Vergrößerungssucht und ironischem Verkleinerungsstreben. Auch für dieses gibt es kein eigenes Wort. Es kann aber nicht schaden, auch diese Dinge näher ins Auge zu fassen; denn wir lernen dadurch die sittliche Forderung besser verstehen, indem wir das einzelne durchgehen, und befestigen uns in der Gewißheit, daß das rechte sittliche Verhalten ein Innehalten der rechten Mitte bedeutet, wenn wir sehen, daß es für alle Verhältnisse gleichmäßig gilt.

Davon, wie im geselligen Umgang angenehme und verdrießliche Empfindungen erregt werden, ist die Rede gewesen; wir wollen jetzt von der *Wahrhaftigkeit* und *Unwahrhaftigkeit* sprechen, wie sie gleichmäßig im Reden, im Handeln und in der Miene, die man annimmt, hervortritt.

Wer ruhmredig übertreibt, der hat die Absicht, den Schein zu erwecken, als hätte er Eigenschaften, die einem zur Ehre gereichen, während er sie gar nicht oder nur in geringerem Maße hat; wer ironisch redet, sucht umgekehrt die Eigenschaften, die er hat, zu verleugnen oder zu verringern; dagegen der, der in der Mitte zwischen beiden steht, gibt sich wie er ist der Wahrheit gemäß im Leben und in der Rede, indem er sich zu dem bekennt was er wirklich an sich hat, und es weder größer noch kleiner darstellt als es ist. Jede dieser Verhaltungsweisen kann man mit bestimmter Absicht oder ohne solche Absichtlichkeit innehalten. Wo man sich nicht von einer bestimmten Absicht leiten läßt, da redet und handelt und lebt man so wie man innerlich beschaffen ist. Unwahrhaftigkeit ist nun an und für sich etwas Niedriges und Tadelnswertes, dagegen Wahrhaftigkeit edel und löblich. So ist denn auch der, der die Wahrheit sagt, als der, der die Mitte innehält, des Lobes wert; im Gegensätze zu ihm sind diejenigen, die die Unwahrheit sagen, beide tadelnswert, allerdings in höherem Grade der, der es nach Art eines Ruhmredigen tut.

Wir wollen nunmehr von beiden handeln, zuvörderst jedoch von demjenigen, der bei der Wahrheit bleibt. Es ist hier nicht davon die Rede, daß einer bei geschäftlichen Verhandlungen sich wahrhaftig zeigt, noch von einem Verhalten, das unter den Gesichtspunkt der Ungerechtigkeit oder der Gerechtigkeit fällt; / denn das würde eine andere Gattung von sittlichen Eigenschaften betreffen; / sondern von der Wahrhaftigkeit in Wort und Lebensführung in den Fällen, wo kein besonderes Interesse zu wahren ist und wo einer nur seine befestigte Gesinnung bewährt. Ein solcher Mann darf als ein Mann von ehrenwertem Charakter gelten. Denn der Wahrheitsfreund, der auch da wahrhaftig ist, wo keinerlei Interesse ins Spiel kommt, wird da, wo etwas darauf ankommt, erst recht bei der Wahrheit bleiben. Er wird sich vor der Abweichung von der Wahrheit als vor etwas Verwerflichem hüten, wie er sich schon auf Grund seiner Natur davor bewahrte. Ein solcher Mann ist alles Preises wert. Wo er von der Wahrheit abweicht, da neigt er sich eher dazu, in seiner Aussage hinter dem wirklichen Bestande zurückzubleiben; denn das scheint ihm besser angebracht, weil Übertreibung lästig ist. Wer ohne bestimmtes Interesse den Schein erregen will, daß er höheren Wert habe als er wirklich hat, hat zwar eine nahe Verwandtschaft mit niedriger Gesinnung, / denn sonst würde er nicht Freude an der Unwahrhaftigkeit haben, doch erscheint er mehr eitel als schlecht. Tut er's aus Interesse, so ist der nicht übermäßig tadelnswert, der es wie der Renommist des Ruhmes oder der Ehre wegen tut; wer es um Geldes oder um Geldeswertes willen tut, zeigt eine minder anständige Gesinnung. Das großtuerische Wesen beruht nicht auf einer besonderen Anlage, sondern auf ausdrücklichem Vorsatz; denn großtuerisch ist einer vermöge seiner dauernd bewiesenen Haltung, dadurch daß er diesen Charakter angenommen hat, gerade wie auch wer die Unwahrheit sagt, entweder an der Unwahrhaftigkeit selber seine Freude hat oder dabei nach Ansehen oder Gewinn strebt. Diejenigen, die sich großtuerisch benehmen um des Ansehens willen, nehmen den Schein von Eigenschaften an, um deren willen man jemand achtet und glücklich preist: die es des Gewinnes wegen tun, suchen sich den Schein von solchen Eigenschaften beizumessen, von denen auch die Nebenmenschen einen Genuß haben, und deren Nichtvorhandensein sich verbergen läßt, wie die eines kundigen Sehers, eines Weisen oder Arztes. Das ist denn auch meistens der Grund, aus dem die Leute den Schein derartiger Eigenschaften annehmen und damit großtun, und die bezeichneten Motive sind es, die sie dabei leiten. Ihnen gegenüber erscheint der Ironische, der das was er hat in seiner Aussage verkleinert, als ein Mann von gebildeterem Charakter. Denn die Annahme, daß er des Gewinnes halber so spreche, ist nicht gestattet; er will nur das vermeiden, was aufdringlich erschiene. Am meisten lehnen solche Leute das von sich ab, was Ruhm verleiht; so pflegte es ja auch Sokrates zu machen. Leute, die geringfügige und ganz geläufige Eigenschaften zu besitzen vorgeben, nennt man Hans in allen Gassen; ihnen wird am ehesten Geringschätzung zuteil. Bisweilen erscheint es als Großtuerei, z.B. wenn einer sich allzueinfach nach Art der Lakedämonier kleidet. Denn wie in der Übertreibung, so kann man auch in allzuweitem Zurückbleiben sich als großtuerisch erweisen. Wer die Ironie mit verständigem Maße verwendet und sich in bezug auf solches ironisch äußert, was nicht zu klar und offenkundig vor den Füßen liegt, der erscheint als ein feiner und witziger Mensch. Den eigentlichen Gegensatz zum Wahrhaftigen bildet aber augenscheinlich der Ruhmredige; denn er ist der Verkehrtere.

Weiter aber darf man auch für die Zeiten des Ausruhens und der heiteren Erholung in denselben eine Art des geselligen Benehmens als die angemessene bezeichnen, diejenige die im Sprechen wie im Zuhören den rechten Inhalt und die rechte Form zu wahren versteht. Dabei ist ein Unterschied zwischen den Äußerungen, die man in diesem Verhältnis selbst macht, und dem Anhören der Äußerungen, die andere machen.

Daß es auch hier ein Hinausgehen über die rechte Mitte und ein Zurückbleiben hinter derselben gibt, liegt klar zutage. Diejenigen, die sich in scherzhaftem Tun zu weit gehen lassen, dürfen als Spaßmacher und ungebildete Menschen gelten. Sie streben überall nur immer das an, was Lachen hervorruft, und zielen mehr darauf andere zum Lachen zu bringen als mit ihren Äußerungen sich in den Grenzen des Anstandes zu halten und demjenigen, dem der Spott gilt, nicht weh zu tun. Wer dagegen selbst nie einen Scherz macht und den Scherz, den ein anderer macht, unfreundlich aufnimmt, darf als übellaunig und sauertöpfisch gelten. Leute, die sinnig zu scherzen verstehen, nennt man geistreich und gewandt; letzteres Wort bedeutet soviel wie reich an Wendungen. Man darf dergleichen als Bewegungen des inneren Lebens ansehen und, wie man den Leib nach seiner Beweglichkeit beurteilt, so auch das innere Leben danach beurteilen. Da nun der Scherz Vergnügen bereitet und die meisten Menschen an heiteren Wendungen und am Spott größere Freude haben als eigentlich recht ist, so nennt man wohl auch die Spaßmacher geistreich als angenehme Gesellschafter. Daß hier aber ein Unterschied, und kein geringer, zu machen ist, geht aus dem oben Gesagten hervor. Der Gemütsart, die die rechte Mitte innehält, ist auch der sichere Takt eigentümlich. Den taktvollen Menschen bezeichnet es, daß er sagt und anhört, was einem ehrenwerten und vornehmen Sinne wohl ansteht. Es gibt solches, was ein so gesinnter Mann in scherzhafter Absicht wohl geziemenderweise sagen und was er auch anhören darf; doch bleibt ein Unterschied zwischen dem Scherz, den ein vornehmer, feinsinniger Mann, und dem, den ein Sklave macht, zwischen dem des Gebildeten und des Ungebildeten. Das kann man schon an der alten und an der neuen Komödie ersehen. In jener bestand das Komische in groben Zoten, in dieser mehr in versteckter Anspielung; und das macht doch für den äußeren Anstand keinen geringen Unterschied.

Wie soll man nun denjenigen bezeichnen, der Scherz in der rechten Weise treibt? danach, daß er sagt, was für einen feingebildeten Mann nicht ungeziemend ist? oder danach, daß er den Zuhörer nicht verstimmt oder ihn geradezu amüsiert? oder läßt sich auch darüber gar keine genaue Bestimmung geben? ist doch dem einen dies, dem andern jenes verdrießlich oder erfreulich, und danach wird es sich auch richten, wie einer die Sache als Zuhörer aufnimmt. Denn was er gern anhört, das wird er doch wohl auch selbst vorbringen. Er wird sich also nicht jegliches gestatten. Denn über etwas spotten heißt doch es herunterziehen. Wenn die Gesetzgeber verbieten gewisse Dinge herabzureißen, so hätten sie in gleicher Weise auch den Spott verbieten sollen. Der feingebildete Mann von vornehmer Haltung wird sein Verhalten in diesem Sinne regeln, *gleichsam indem er sich selbst das Gesetz ist.*

Das nun ist die Art desjenigen, der die rechte Mitte einhält, wie man ihn auch nennen mag, taktvoll oder geistreich. Der Spaßmacher dagegen unterliegt der Versuchung, Lachen zu erregen um jeden Preis, und schont weder sich selbst noch die anderen, wenn er nur Lachen erregen kann, er sagt Dinge, wie sie ein feinfühlender Mann nicht in den Mund nehmen, zuweilen nicht einmal anhören möchte. Der Ungeschliffene andererseits ist für solche heitere Geselligkeit überhaupt nicht zu brauchen; denn er steuert nichts dazu bei und nimmt alles gleich unfreundlich auf. Und doch darf man die Erholung und den Scherz als ein notwendiges Moment des menschlichen Lebens bezeichnen.

So hätten wir denn drei Verhaltungsweisen aufgezeigt, die als Innehalten der rechten Mitte gelten dürfen; sie beziehen sich sämtlich auf die Äußerungen in Wort und Rede und auf die Betätigung im gesellschaftlichen Zusammenleben mit anderen. Sie unterscheiden sich dadurch, daß die eine sich um die Wahrhaftigkeit, die beiden anderen sich um das das Gefühl anmutend

Berührende drehen. Von denen, die das letztere betreffen, hat die eine in Scherz und Spiel, die andere in den sonstigen gesellschaftlichen Beziehungen das Gebiet ihrer Bewährung.

e) Schamhaftigkeit

Die *Schamhaftigkeit* kommt eigentlich da nicht in Betracht, wo von den Arten sittlicher Willensrichtung die Rede ist; denn sie trägt mehr den Charakter einer Empfindungsweise als den einer fest gewordenen Gesinnung. Man bezeichnet sie begrifflich als Furcht vor Minderung der persönlichen Ehre, und in der Tat, wo sie in voller Form auftritt, zeigt sie Erscheinungen, die der Furcht vor etwas Schmerzlichem nahe verwandt sind; man wird rot vor Scham, wie man blaß wird aus Todesfurcht. Beides stellt sich als leibliche Affektion dar, und das deutet doch mehr auf eine Gefühlsstimmung als auf eine Art von Gesinnung hin. Als Gefühlsstimmung nun ist sie nicht jedem Lebensalter gleich angemessen. Sie ziemt zumeist dem jugendlichen Alter; von den Jungen glauben wir Schamhaftigkeit fordern zu müssen, weil sie, indem sie noch ihrem Gefühle nachleben, vielfach auf Abwege geraten, durch die Scham aber zurückgehalten werden. So gewähren wir denn schamhaften jungen Leuten unser Lob; einen älteren Mann wird niemand wegen seines schämigen Wesens loben wollen; denn wir meinen, er dürfe überhaupt nichts tun, was Anlaß bietet sich zu schämen. Scham ist kein Gefühl des bewährten Mannes; sie hat ihren Grund in niedrigen Dingen, und solche soll man sich eben nicht zuschulden kommen lassen. Wenn es aber solches gibt was in Wirklichkeit, und solches was nur der Konvention nach verwerflich ist, so macht das hierfür keinen Unterschied. Man darf sich keines von beiden erlauben; dann erspart man es sich, daß man sich schämen muß. Es ist schon ein Beweis unziemlicher Gesinnung, wenn man überhaupt imstande ist etwas zu tun, dessen man sich zu schämen hat. Darum hat es auch keinen Sinn, wenn einer die Haltung annimmt, daß er sich schämen würde, falls er dergleichen beginge, und nun meint, er sei deshalb ein ehrenwerter Mann. Denn Grund zur Scham bieten frei gewollte Handlungen, ein ehrenwerter Mann wird aber mit seinem Willen niemals etwas tun was unziemlich ist. So ist denn das Schamgefühl nur bedingterweise etwas Sittliches. Denn falls man dergleichen begangen hat, so schämt man sich; solche Bedingtheit aber ist etwas, was sich von keiner Art sittlicher Willensrichtung sagen läßt. Wenn aber die Schamlosigkeit, das Fehlen der Scheu, um keinen Preis etwas Verwerfliches zu tun, von niedriger Beschaffenheit zeugt, so ist es doch deshalb noch nicht der Beweis einer sittlichen Gesinnung, wenn einer der dergleichen Handlungen begeht, darüber nachträglich Scham empfindet. Ist doch nicht einmal die Enthaltsamkeit ohne weiteres eine Eigenschaft von sittlichem Charakter, sondern von gemischter Art. Doch darüber soll später gesprochen werden; zunächst wollen wir jetzt von der *Gerechtigkeit* handeln.

4. Verhalten im Verkehr der Güter, Gerechtigkeit

1. Subjektive Gerechtigkeit

a) Gerechte und ungerechte Gesinnung

Bei der Frage nach dem Begriff der *Gerechtigkeit* und der *Ungerechtigkeit* gilt es zu untersuchen, auf welchem Gebiete diese Handlungsweisen sich bewegen, in welchem Sinne die Gerechtigkeit eine Mitte bezeichnet, und welches die Abweichungen sind, zwischen denen das Gerechte in der Mitte liegt. Der Gang unserer Untersuchung wird derselbe sein wie in den vorhergehenden Ausführungen. Wir sehen tatsächlich, daß jedermann als Gerechtigkeit diejenige Charaktereigenschaft zu bezeichnen gesonnen ist, infolge deren man sich zur Ausübung dessen was gerecht ist eignet, im Handeln Gerechtigkeit übt und einen auf das Gerechte gerichteten Willen hat. Das Gleich gilt von der Ungerechtigkeit; durch sie geschieht es, daß man ungerecht handelt und daß der Wille auf das Ungerechte gerichtet ist. Das soll denn auch für unsere Untersuchung, zunächst als ungefähre Andeutung, die Grundlage bilden.

Es hat mit wissenschaftlichen Erkenntnissen und geistigen Vermögen nicht dieselbe Bewandtnis wie mit fest gewordenen Gesinnungen. Von dem Vermögen wie von der Wissenschaft gilt der Satz, daß sie beide Glieder des Gegensatzes zugleich betreffen; das tut die befestigte Beschaffenheit nicht. Indem sie das eine Glied des Gegensatzes festhält, ist ihr das Gegenteil fremd. So bewirkt die Gesundheit nicht was ihr entgegengesetzt, sondern nur das was gesund ist. Man nennt ein Gehen gesund, wenn einer geht wie ein Gesunder. Die eine von zwei entgegengesetzten Beschaffenheiten kann wohl bisweilen vermittels ihres Gegensatzes erkannt werden; bisweilen werden die Beschaffenheiten aber auch aus dem erkannt, was ihrem Begriffe untergeordnet ist. Ist es klar, was eine gute Körperkonstitution ist, so wird daraus auch klar, was eine schlechte Körperkonstitution ist, und ebenso erkennt man die gute Körperkonstitution auch aus dem was zu ihr gehört, und umgekehrt das letztere aus jener. Wenn eine gute Konstitution Straffheit der Muskulatur bedeutet, so wird notwendig Schlaffheit der Muskulatur eine schlechte Konstitution bedeuten, und das was eine gute Konstitution bewirken soll, muß die Eigenschaft haben, die Straffheit der Muskeln zu fördern. In der Regel folgt dann auch, daß jedesmal wenn das eine Glied des Gegensatzes in mehreren Bedeutungen ausgesagt wird, ebenso auch das andere Glied mehrere Bedeutungen hat; hat z.B. »gerecht« mehrere Bedeutungen, so gilt dasselbe auch von »ungerecht« und »Ungerechtigkeit«.

Nun steht es wirklich so, daß Gerechtigkeit und Ungerechtigkeit mehrere Bedeutungen hat; nur, weil die verschiedenen Bedeutungen desselben Wortes einander nahe verwandt sind, verbirgt sich die Vieldeutigkeit und liegt nicht so offen auf der Hand, wie da wo die Bedeutungen weiter voneinander entfernt sind. Ein starker Unterschied ist einer, der schon in der äußeren Gestalt hervortritt; so ist es wenn das Wort »Schlüssel« gleichmäßig gebraucht wird vom Schlüsselbein am Halsansatz der Tiere wie von dem Mittel, mit dem man eine Tür verschließt.

Nun sei es ausgemacht, in wie vielen Bedeutungen das Wort »ungerecht« gebraucht wird: als ungerecht gilt 1. wer das Gesetz verletzt, ferner 2. wer für sich begehrt was zu viel ist, und somit ein Feind der Gleichheit ist. Dann ergibt sich daraus, daß gerecht heißen wird der der das Gesetz beobachtet und der der die Gleichheit wahrt. Demnach ist das Gerechte das dem Gesetze und das der Gleichheit Entsprechende, das Ungerechte das dem Gesetze und das der Gleichheit Zuwiderlaufende. Da nun der Ungerechte für sich zu viel begehrt, so wird es sich dabei um die Güter handeln, nicht um alle, sondern um die, von denen das äußere Glück und Unglück der Menschen abhängt, um Güter also, die an und für sich immer Güter sind, wenn sie es auch nicht immer sind für die bestimmte Person. Das nun sind die Dinge, die die Menschen sich wünschen und denen sie nachjagen. So sollte es allerdings nicht sein. *Man sollte wünschen, daß das was an und für sich ein Gut ist auch für uns ein Gut wäre, und in diesem Sinne anstreben was für uns ein Gut ist.*

Nicht immer allerdings ist es das größere Teil, was der ungerechte Mensch für sich begehrt; sondern bei dem was an und für sich ein Übel ist, nimmt er das kleinere Teil für sich in Anspruch. Indessen, da das geringere Übel in gewissem Sinne gleichfalls als ein Gutes erscheint, das selbstsüchtige Streben aber das Gute begehrt, so stellt er sich eben darin als einer dar, der zu viel für sich beansprucht. Und so ist er ein Gegner der Gleichheit, / denn das ist der umfassendere und allgemeine Begriff, [und ein Gesetzesverächter: denn dies, sich gegen das Gesetz und gegen die Gleichheit vergehen, umfaßt alle Ungerechtigkeit und ist in aller Ungerechtigkeit das Gemeinsame].

Da nun der Ungesetzliche ein Ungerechter und der Gesetzestreue ein Gerechter war, so ergibt sich, daß alles was gesetzlich ist, in gewissem Sinne auch gerecht ist. Die von der Gesetzgebung getroffenen Bestimmungen sind gesetzliche Bestimmungen, und jede einzelne derselben nennt man gerecht. Die Gesetze geben nun ihre Bestimmungen über alle möglichen Angelegenheiten und zielen damit entweder auf das Gemeinwohl für alle oder bloß für die Aristokraten oder für die Machthaber, sei es mit Rücksicht auf ihre persönlichen Vorzüge oder sonst aus anderen derartigen Rücksichten. So nennt man denn gerecht in einem Sinne dasjenige was in der staatlichen Gemeinschaft die Glückseligkeit und ihre Bestandteile hervorbringt und erhält. Das Gesetz gebietet aber auch, das Benehmen eines tapferen Mannes innezuhalten, z.B. seinen Posten nicht zu verlassen, nicht zu fliehen, nicht die Waffen fortzuwerfen, und ebenso das Benehmen des wohlgesitteten Mannes zu wahren, wie nicht Unzucht und nicht Gewalt zu üben, oder das Benehmen des Mannes von gesetztem Charakter, wie andere nicht zu schlagen noch zu beleidigen, und das gleiche gilt in bezug auf die anderen Formen der Sittlichkeit und der Unsittlichkeit. Das eine gebietet, das andere verbietet das Gesetz, und zwar sofern es richtig verfährt in richtiger, sofern es mit weniger Verständnis abgefaßt ist, in minder angemessener Weise.

Die Gerechtigkeit nun so aufgefaßt ist vollendete Sittlichkeit überhaupt, allerdings nicht Sittlichkeit schlechthin, sondern Sittlichkeit wie sie sich in dem Verkehr mit anderen Menschen erweist. Aus diesem Grunde gilt denn auch die Gerechtigkeit manchmal für die wichtigste aller Formen des sittlichen Lebens und weder Abendstern noch Morgenstern für so bewundernswürdig wie sie. Im Sprichwort heißt es: »In der Gerechtigkeit ist jegliche Tugend enthalten.« Sie ist die am meisten vollkommene Form der Sittlichkeit, weil sie die Äußerung vollkommen sittlicher Willensrichtung ist. Vollkommen aber ist sie, weil wer sie besitzt, auch den anderen gegenüber und nicht bloß in bezug auf sich selbst seinen sittlichen Charakter zu bewähren vermag. Denn es gibt viele Menschen, die ihre sittliche Gesinnung wohl in der Behandlung ihrer persönlichen Angelegenheiten zu erweisen vermögen, dagegen es nicht vermögen in ihren Beziehungen zu anderen Menschen. Darum ist das Wort des Bias so treffend: »Gib einem ein Amt; so wird sich zeigen, was an dem Manne ist.« Denn wer ein Amt verwaltet, der tut es eben in bezug auf andere und in der menschlichen Gemeinschaft. Aus eben demselben Gründe meint man, daß die Gerechtigkeit allein unter allen Formen der Sittlichkeit ein Vorteil für andere ist, weil sie in bezug auf andere geübt wird; denn sie tut, was anderen zugute kommt, sei es dem Herrscher oder den Mitbürgern. Der Verwerflichste nun ist der, der ebenso im Verhältnis zu sich selbst wie in dem zu den Freunden unsittlich verfährt; der Beste aber ist nicht der, der eine sittliche Haltung sich selbst, sondern der sie anderen gegenüber bewahrt; denn hier liegt die Schwierigkeit der Aufgabe. Die Gerechtigkeit in diesem Sinne ist nicht ein Bestandteil der Sittlichkeit, sondern die ganze Sittlichkeit, recht tun über haupt, und die Ungerechtigkeit als ihr Gegensatz ist nicht ein Bestandteil der Unsittlichkeit, sondern die ganze Unsittlichkeit. Welcher Unterschied aber zwischen der Sittlichkeit und der Gerechtigkeit in diesem Sinne noch bestehen bleibt, das läßt sich aus dem oben Bemerkten ersehen. Sie ist mit ihr identisch, aber die Beziehung in der sie aufgefaßt wird ist nicht dieselbe. Sittlichkeit, sofern sie in bezug auf andere geübt wird, ist Gerechtigkeit; sofern sie befestigte Gesinnung mit diesem Inhalt ist, ist sie Sittlichkeit ohne weiteren Zusatz.

Was wir indessen hier im Auge haben, ist die *Gerechtigkeit als ein Bestandteil der Sittlichkeit*; denn eine solche gibt es, wie wir behaupten, und ebenso gibt es eine Ungerechtigkeit als Bestandteil der Unsittlichkeit. Der Beweis dafür ist der: Wer eine Handlung begeht im Sinne der anderen Arten von Unsittlichkeit, läßt sich zwar Ungerechtigkeit zuschulden kommen, aber er maßt sich dabei nicht etwas auf fremde Kosten an; so z.B. wer seinen Schild aus Feigheit wegwirft oder wer im Verdruß jemanden beleidigt oder aus Geiz jemand eine Unterstützung versagt. Wenn einer aber sich übermäßig bedenkt, so liegt sein Verstoß oftmals in keiner einzigen dieser Beziehungen, aber auch nicht in allen zusammen, und doch handelt er unsittlich, / denn wir mißachten ihn deshalb, / und zwar handelt er ungerecht. Also gibt es noch eine andere Art von Ungerechtigkeit, die eine besondere Art der Ungerechtigkeit im weiteren Sinne bildet, und es gibt ein Ungerechtes im speziellen Sinne gegenüber dem Ungerechten im umfassenderen Sinne, wo es das Gesetzwidrige überhaupt bedeutet. Sodann, wenn der eine Unzucht treibt um des Gewinnes willen und dafür Bezahlung nimmt, ein anderer es aus Leidenschaft tut und dafür noch Geld ausgibt und Opfer bringt, so darf man den letzteren eher für ausschweifend als für selbstsüchtig, jenen dagegen darf man für ungerecht, aber man darf ihn nicht für ausschweifend halten, und der Grund ist offenbar der, weil jener es des Gewinnes halber tut. Außerdem, bei allen anderen Arten gesetzwidriger Handlungen läßt sich immer die Zurückführung auf irgendeine unsittliche Charaktereigenschaft vornehmen, z.B. bei der Unzucht auf ausschweifende Sinnlichkeit, bei der Flucht aus Reih und Glied auf Feigheit, bei körperlicher Mißhandlung auf Jähzorn; hat einer aber um des Gewinnes willen gehandelt, so ist der Charakterfehler, der vorliegt, kein andrer als eben die Ungerechtigkeit. Offenbar also gibt es neben der Ungerechtigkeit im weitesten Sinne noch eine andere im speziellen Sinne, die durch dasselbe Wort bezeichnet wird, weil sie ihrem Begriffe nach zu derselben Gattung gehört. Denn das Gebiet für beide bildet das Verhalten anderen Menschen gegenüber; nur daß es sich bei der einen um Ehre, Geld, Selbsterhaltung handelt, oder wenn wir einen Ausdruck dafür hätten, um das, was dieses alles in sich befaßt, und daß ihre Quelle die Lust am Gewinne ist, während es sich bei der anderen um alles dasjenige handelt, was einen sittlichen Charakter beansprucht.

Soviel also ist klar, daß Gerechtigkeit mehrere Bedeutungen hat, und daß es neben der Gerechtigkeit, die den Inbegriff aller Sittlichkeit bedeutet, noch eine andere gibt. Was das Wesen und die Beschaffenheit dieser letzteren ist, das bleibt zu untersuchen. Das Ungerechte haben wir bestimmt als das, was wider das Gesetz und was wider die Gleichheit anläuft, das Gerechte dagegen als das, was dem Gesetz und der Gleichheit entspricht. Nun hatte die Ungerechtigkeit, von der vorher die Rede war, die Bedeutung des Gesetzwidrigen. Da aber das was wider die Gleichheit ist nicht dasselbe ist wie das was wider das Gesetz ist, sondern ein anderes, so wie der Teil dem Ganzen gegenüber steht, / denn was wider die Gleichheit ist, ist zwar alles auch wider das Gesetz, aber nicht alles was wider das Gesetz ist, ist auch wider die Gleichheit, / so ist auch das Ungerechte und die Ungerechtigkeit nicht in beiden Bedeutungen dasselbe, sondern beides ist verschieden, das eine als das Ganze, das andere als ein Teil. Denn Ungerechtigkeit in diesem Sinne ist ein Teil der Ungerechtigkeit überhaupt, und ebenso Gerechtigkeit in diesem Sinne ein Teil der Gerechtigkeit überhaupt. Wir haben daher über die Gerechtigkeit und die Ungerechtigkeit im engeren Sinne und über das Gerechte und Ungerechte im gleichen Sinne zu handeln.

Gerechtigkeit und Ungerechtigkeit, sofern sie sich auf den Inbegriff alles Sittlichen beziehen, die eine als die Betätigung des sittlichen, die andere als Betätigung des unsittlichen Charakters in seiner Totalität in dem Verhältnis zu den andern Menschen, mögen damit als erledigt gelten. Auch wie das Gerechte und Ungerechte in diesem Sinne zu bestimmen ist, leuchtet ein. Denn so ziemlich die ganze Masse der dem Gesetze entsprechenden Handlungen macht das aus der Sittlichkeit in ihrem Totalbegriffe entspringende Handeln aus. Gebietet doch das Gesetz ein Leben im Sinne jeder Art von sittlicher Willensrichtung und verbietet ein Leben im Sinne jeder Art von Unsittlichkeit. Die Sittlichkeit in diesem vollen Sinne hervorzubringen ist die Aufgabe derjenigen gesetzlichen Bestimmungen, die die Erziehung für den Dienst der öffentlichen Interessen ordnen. Was dagegen die Erziehung des einzelnen zu einer sittlich wertvollen Persönlichkeit ohne weiteren Zusatz anbetrifft, so soll später entschieden werden, ob säe eine Aufgabe der Staatstätigkeit oder einer anderen Instanz bildet. Denn ein sittlich wertvoller Mensch und ein guter Bürger in irgendeinem Staate zu sein, ist doch entschieden nicht dasselbe.

be derjenigen gesetzlichen Bestimmungen, die die Erziehung für den Dienst der öffentlichen Interessen ordnen. Was dagegen die Erziehung des einzelnen zu einer sittlich wertvollen Persönlichkeit ohne weiteren Zusatz anbetrifft, so soll später entschieden werden, ob säe eine Aufgabe der Staatstätigkeit oder einer anderen Instanz bildet. Denn ein sittlich wertvoller Mensch und ein guter Bürger in irgendeinem Staate zu sein, ist doch entschieden nicht dasselbe.

2. Das objektiv Gerechte

a) Das Gerechte im Austeilen

Die eine Form der Gerechtigkeit im engeren Sinne und ebenso des Gerechten ist diejenige, die beim *Zuerteilen* von Ehre, von Geld oder sonstigen Gütern zur Erscheinung kommt, an denen die Staatsangehörigen teilzuhaben berechtigt sind; denn darin kann es geschehen, daß der eine das Gleiche wie der andere, oder daß er Ungleiches empfängt. Eine zweite ist die, die sich als *wiederherstellende* im geschäftlichen Verkehr unter den Menschen betätigt. Von dieser letzteren gibt es wieder zwei Arten. Die geschäftlichen Beziehungen zwischen den Menschen beruhen teils auf freiem Wollen, teils sind sie nicht frei gewollte. Frei gewollt sind Geschäfte wie Kauf und Verkauf, Zinsdarlehen und Pfand, Leihe, Hinterlegung und Miete; man nennt sie freigewollt, weil diese Geschäfte ihren Ursprung in freier Willensentscheidung haben. Zu den nicht frei gewollten gehören einerseits diejenigen, die aus heimlichen Vergehungen, wie Diebstahl, Ehebruch, Giftmischerei, Kuppelei, Verführung von Sklaven, Meuchelmord, falschem Zeugnis, andererseits diejenigen, die aus gewaltsamen Vergehungen, wie Mißhandlung, Freiheitsberaubung, Totschlag, Raub, Verstümmelung, Verleumdung und Beleidigung entspringen.

Der ungerechte Mensch verstößt wider das Prinzip der Gleichheit, und das Ungerechte besteht eben in diesem Verstoß. Also gibt es offenbar auch gegenüber dieser Abweichung eine rechte Mitte, und diese besteht in der Befolgung des Prinzips der Gleichheit, in jeder Handlungsweise, in welcher für ein Zuviel und ein Zuwenig Platz ist, kann auch das vorkommen, was ein Gleiches ist. Ist nun das Ungerechte die Abweichung vom Gleichen, so ist das Gerechte die Innehaltung des Gleichen. Das ist die allgemeine Empfindung schon vor aller Überlegung. Bezeichnet nun das Gleiche ein Mittleres, so wird das Gerechte ein solches Mittleres sein. Die mindeste Anzahl von Gliedern, in denen das Gleiche vorkommen kann, ist zwei. Das Gerechte muß demnach als ein Mittleres und ein Gleiches bezüglich einer Sache und für Personen sein, und sofern es ein Mittleres ist, muß es zwischen anderen, nämlich dem Zuviel und dem Zuwenig, liegen; sofern es aber ein Gleiches ist, muß es für zwei Glieder, und sofern es ein Gerechtes ist, für gewisse Personen gleich sein. Also ist die Mindestzahl, bei der vom Gerechten die Rede sein kann, die Vierzahl. Es müssen zwei Personen sein, denen das Gerechte zuteil wird, und zwei Sachen, an denen das Gerechte zur Erscheinung kommt. Das Prinzip der Gleichheit gilt aber als eines und dasselbe sowohl für die Personen als für die Sachen. Wie sich jene, die Sachen, zueinander verhalten, an denen die Gleichheit stattfindet, so verhalten sich auch die Personen. Sind diese nicht gleich, so erhalten sie auch nicht das Gleiche; sondern Streit und Anschuldigungen entspringen eben daraus, wenn entweder solche, die gleich sind, nicht Gleiches, oder solche, die nicht gleich sind, Gleiches erlangen und genießen. Dies wird ferner auch verständlich nach dem Prinzip der Angemessenheit an die Würdigkeit der Person. Denn darüber herrscht allgemeine Übereinstimmung, daß bei der Verteilung die Würdigkeit den Maßstab bilden müsse; nur daß unter der Würdigkeit nicht alle dasselbe verstehen, sondern die demokratisch Gesinnten die bloße persönliche Freiheit, die oligarchisch Gesinnten den Reichtum, manche auch die edle Geburt, die aristokratisch Gesinnten dagegen den Adel des Charakters zum Maßstab nehmen.

Das Gerechte besteht also in einer Proportion. Denn die Proportion ist nicht bloß der unbenannten Zahl eigen, sondern der Zahl überhaupt. Proportion bedeutet Gleichheit der Verhältnisse, und so gehören dazu wenigstens vier Glieder. Daß die unstetige Proportion vier Glieder erfordert, liegt auf der Hand; es gilt aber auch von der stetigen; nur daß hier ein Glied zwei vertritt und zweimal vorkommt: z.B. es verhält sich a : b wie b : c, wo b zweimal steht und infolge dessen die Zahl der Glieder doch wieder vier ist. So sind es denn auch mindestens vier Glieder, die für das Gerechte in Betracht kommen. Der Exponent ist derselbe für beide Verhältnisse; die Personen und die Sachen werden durch denselben Exponenten gemessen. Wie das Glied a zu b, so verhält sich c zu d, und vertauscht man die Stellen, so verhält sich b : d wie a : c und daher auch die Summe der Glieder des einen Verhältnisses zu der Summe der Glieder des anderen Verhältnisses wie ein Glied des einen zum entsprechenden Gliede des anderen. Wenn die Austeilung die Glieder so paart und so zusammensetzt, dann ist das Verfahren ein gerechtes.

Das Gerechte in der Zuerteilung besteht also in der Verbindung des Gliedes a mit c und des Gliedes b mit d, und dieses Gerechte bedeutet ein Mittleres, das Ungerechte dagegen etwas, was gegen die Proportion verstößt. Denn das Proportionale ist ein Mittleres, das Gerechte aber ist ein Proportionales. Die Mathematiker nennen es eine geometrische Proportion; denn in der geometrischen Proportion verhält sich die eine Summe zur anderen Summe wie das eine Glied zum anderen Gliede. Diese Proportion hier ist nicht stetig; denn aus der Person, der etwas zuerteilt wird, und aus der Sache, die ihr zuerteilt wird, kann nie ein einziges und identisches Glied werden. Das also ist das Gerechte, das Proportionale, und das Ungerechte ist das, was gegen das Proportionale verstößt; dies aber ergibt das eine Mal ein Zuviel, das andere Mal ein Zuwenig. So tritt es uns denn auch in der Wirklichkeit entgegen. Wer ungerecht handelt, nimmt vom Gute zu viel, wer ungerecht behandelt wird, bekommt zu wenig; und umgekehrt ist es mit den Lasten. Denn das geringere Übel wird im Verhältnis zum größeren Übel unter den Begriff des Guten einbezogen. Das geringere Übel ist dem größeren vorzuziehen; was aber vorzuziehen ist, ist ein Gut, und ein größeres Gut ist das, was in höherem Maße vorzuziehen ist.

Dies also ist die eine Art des Gerechten; die andere, die noch bleibt, ist die *wiederherstellende*, wie sie in den geschäftlichen Beziehungen, den frei gewollten und den nicht frei gewollten, zur Erscheinung kommt. Das Gerechte in diesem Sinne trägt einen ganz anderen Charakter als das vorher Behandelte. Denn das Gerechte in der Austeilung dessen was vielen zukommt besteht immer in einem Verfahren, das die vorher charakterisierte Proportion innehält. Wenn eine Geldsumme, an die mehrere einen Anspruch haben, verteilt werden soll, so wird es nach demselben Verhältnis geschehen, in welchem die Beiträge zueinander stehen die jeder geliefert hat; und das Ungerechte, das den Gegensatz zum Gerechten in dieser Bedeutung bildet, ist das was gegen die Proportion verstößt. Das Gerechte dagegen, wie es in den geschäftlichen Beziehungen vorkommt, bedeutet wohl eine Gleichheit, und das Ungerechte eine Verletzung der Gleichheit, aber nicht im Sinne jener Art von Proportion, sondern im Sinne der arithmetischen Proportion. Denn hier macht es keinen Unterschied, ob es ein ehrenwerter Mann ist der einen schlechten, oder umgekehrt ob es ein schlechter Mann ist der einen rechtschaffenen um das seinige gebracht, noch ob ein rechtschaffener oder ein schlechter Mensch den Ehebruch begangen hat; sondern das Gesetz achtet bloß auf den Unterschied in der Größe des Unrechts und des zugefügten Schadens und behandelt die Personen als gleich; es fragt nur, ob der eine Unrecht tut, der andere Unrecht leidet, der eine schädigt, der andere geschädigt worden ist, und darum versucht der Richter aus dem Ungerechten in dieser Bedeutung, welches wider die Gleichheit verstößt, die Gleichheit wiederherzustellen. Hat der eine Wunden empfangen, der andere Wunden ausgeteilt, hat der eine getötet, der andere den Tod erlitten, so ist zwischen dem der die Tat erlitten und dem der sie verübt hat, ein Verhältnis ungleicher Teilung eingetreten, und der Richter versucht vermittels der Strafe die Gleichheit herzustellen, indem er auf der Seite wo der Überschuß an Gewinn ist einen Abzug macht. Denn man spricht aus solchem Anlaß unbedenklich von einem Gewinn, auch wenn das Wort in manchen Fällen eigentlich nicht paßt; z.B. man spricht von Gewinn bei dem, der Wunden ausgeteilt, und von Verlust bei dem, der sie erlitten hat. Aber wenn was einem widerfahren ist dem Maß unterworfen wird, so faßt man das eine als Verlust auf, das andere als Gewinn. Und so ist denn auch hier zwischen dem Zuviel und dem Zuwenig das Gleiche das Mittlere. Gewinn und Verlust sind einander entgegengesetzt, jener als das Zuviel, dieser als das Zuwenig; das eine als zuviel des Guten und zuwenig des Übels ist Gewinn, das Entgegengesetzte Verlust, dazwischen als das Mittlere das Gleiche und das was wir als das Gerechte bezeichnen. Das wiederherstellende Gerechte wäre demnach das Mittlere zwischen Gewinn und Verlust. Darum nimmt man, wenn man in einen Streit geraten ist, seine Zuflucht zum Richter; zum Richter gehen aber heißt sich an das Gerechte wenden. Denn des Richters Bedeutung ist gleichsam die, das Gerechte in Person zu sein. Man sucht den Richter, wie man das Mittlere sucht; manche Leute nennen ihn geradezu den Mittelsmann, in der Überzeugung, daß einer das Gerechte erlangt, wenn ihm das Mittlere zuteil wird. Das Gerechte ist demnach ein Mittleres, wenn dies doch auch vom Richter gilt. Der Richter stellt Gleichheit her, und wie bei einer in ungleiche Abschnitte geteilten Linie nimmt er vom größeren Abschnitt das Stück hinweg, um das er über die Mitte hinausreicht, und fügt es zum kleineren Abschnitt hinzu. Wenn aber ein Ganzes unter zwei geteilt wird, so sagt man, man habe dann bekommen was einem gebührt, wenn man das Gleiche erhält wie der andere; das Gleiche aber ist das nach arithmetischer Proportion Mittlere zwischen dem Zugroßen und dem Zukleinen. Eben daraus erklärt sich der Ausdruck für das Gerechte (*dikaion*) er bedeutet die Zweiteilung (*dicha*) er müßte also eigentlich *dichaion*, und das Wort für Richter *dikastês*, eigentlich *dichastês* lauten. Wenn man nämlich bei zwei gleichen Größen von der einen ein Stück fortnimmt und es der anderen hinzufügt, so ist die letztere um das Zweifache dieses Stückes größer geworden als die andere. Nähme man nur das Stück von der einen fort, ohne es zur anderen hinzuzufügen, so würde die eine Größe die andere nur um dieses Stück übertreffen; so aber ist die vermehrte Größe um dieses eine Stück größer als die Hälfte und die Hälfte wieder um dasselbe Stück größer als der kleinere Teil. Daraus also ersieht man, wie viel man dem der zuviel hat abnehmen und wieviel man dem der zuwenig hat zuweisen muß. Das Stück, um das die Hälfte größer ist als der Anteil dessen der zuwenig hat, muß man diesem zulegen, und das Stück, um das die Hälfte von dem größten Anteil übertroffen wird, muß man von diesem fortnehmen. Gegeben seien drei gleiche Linien:

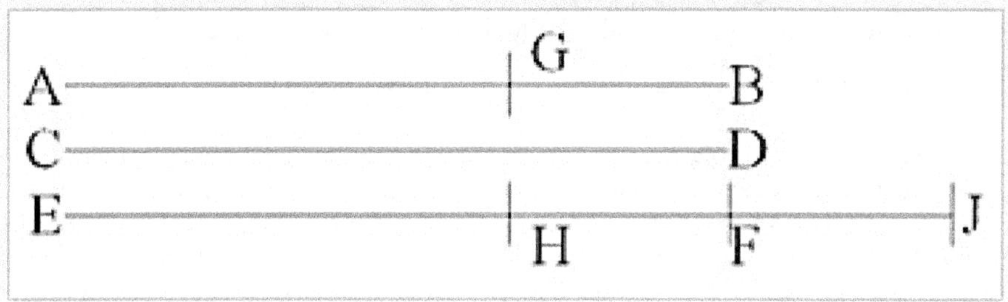

AB, CD und EF; schneidet man von AB ein Stück GB ab, fügt man dann zu EF das Stück FJ = GB hinzu, so ist die ganze Linie EJ um das Stück HF + FJ = 2 GB größer als AG, und um das Stück FJ größer als CD.

Diese Ausdrücke: Gewinn und Verlust, sind von dem freiwilligen Austausch der Güter hergenommen. Gewinn nennt man den Zuwachs an den Gütern, die einer besitzt; Verlust erleiden heißt weniger haben, als man ursprünglich hatte. So ist es bei Kauf und Verkauf und bei den anderen Geschäften, bei denen das Gesetz dem Privatwillen seine Genehmigung gewährt hat. Erlangt man dabei weder einen Überschuß noch eine Minderung, sondern nur eben das was man hingegeben hat, so sagt man, man behalte was man hat und erfahre weder Verlust noch Gewinn. Das Gerechte ist daher in den nicht auf Freiwilligkeit beruhenden geschäftlichen Beziehungen ein Mittleres zwischen Gewinn und Verlust, also dies, daß man nachher das gleiche hat wie vorher.

c) Vergeltung, Austausch

Manche sind der Ansicht, auch die Wiedervergeltung, Gleiches für Gleiches, sei ohne weiteres ein Gerechtes. So lehrten die Pythagoreer; sie bestimmten den Begriff des Gerechten schlechthin als die Vergeltung für das einem anderen Zugefügte. Dieser Begriff der Vergeltung paßt aber weder auf das austeilende, noch auf das wiederherstellende Gerechte; obwohl man gemeinhin auch das Gerechte im Sinne des Rhadamanthys mit diesem Begriffe bezeichnen möchte:

> Wem widerfährt, was er tat, dem wird das grade, was recht ist.

Beides geht indessen oftmals weit auseinander. So wenn jemand, der ein Amt führt, einen schlägt, dann ist diesem nicht gestattet wieder zu schlagen, und wenn jemand einen der ein Amt hat geschlagen hat, so muß er nicht bloß Schläge wieder erhalten, sondern auch noch sonstige Strafe erleiden. Einen großen Unterschied macht es ferner, ob die Handlung freiwillig oder unfreiwillig war. Aber in dem auf Austausch gerichteten Verkehr ist das, was den Verkehr aufrecht erhält, das Gerechte in dieser Form, die Vergeltung nach Proportion, und nicht die nach einfacher Gleichheit. Vergeltung nach Proportion ist die Bedingung für den Bestand der Staatsgemeinschaft. Denn Vergeltung wird entweder für Übeltat begehrt, und fiele sie hier fort, so wäre es der Zustand der Knechtschaft, falls es keine Vergeltung gibt, oder für Wohltat, und unterbleibt sie hier, so hört jede Art von Hingebung auf; durch solche Hingebung aber erhält sich das Gemeinschaftsleben. Darum stellt man auch den Menschen ein Heiligtum der Huldgöttinnen in den Weg, um den Dank für erfahrene Huld einzuschärfen. Denn das ist des Dankes eigenstes Wesen; wer Huld erwiesen hat, dem muß man wieder dienen und ihm gegenüber selbst wieder mit Hulderweisung von vorne beginnen.

Es ist wie ein Entsprechen nach Art der Diagonalen eines Parallelogramms, die sich kreuzen, was die Wiedervergeltung nach Proportion ausmacht. Man nehme einen Baumeister A, einen Schuhmacher B, ein Haus C und Schuhzeug D. Der Baumeister bedarf dessen was der Schuhmacher produziert, und muß diesem dafür abtreten was er selbst produziert. Ist nun zunächst das nach Proportion Gleiche festgestellt und findet danach der Entgelt statt, so ist dieser Vorgang der von uns bezeichnete. Mangelt es daran, so findet keine Gleichheit statt, und der Austausch läßt sich nicht aufrecht erhalten; denn da hindert nichts, daß das Erzeugnis des einen das des anderen an Wert übertreffe. Es muß also Gleichheit zwischen beiden ausdrücklich hergestellt werden. Dasselbe findet auch auf den anderen Gebieten der Produktion statt. Sie würde unmöglich gemacht, wenn nicht das was der Produzent nach Quantität und Qualität herstellt, von den Konsumenten in gleicher Quantität und Qualität zurückerstattet würde.

Ein Arzt und noch ein Arzt ergeben keine Gemeinschaft des Austausches, aber wohl ein Arzt und ein Landwirt, und überhaupt zwei Personen, die nicht gleich sind; aber zwischen diesen muß dann eine Ausgleichung stattfinden. Darum muß alles, was ausgetauscht werden soll, irgendwie vergleichbar sein. Dazu nun ist das *Geld* in die Welt gekommen, und so wird es zu einer Art von Vermittler; denn an ihm wird alles gemessen, also auch das Zuviel und Zuwenig: etwa welches Quantum von Schuhzeug einem Hause oder einem Quantum von Lebensmitteln gleich zu setzen ist. Es muß also der Unterschied zwischen dem Schuhzeug und dem Hause oder den Lebensmitteln ebensogroß sein, wie der Unterschied zwischen dem Baumeister und dem Schuhmacher oder dem Landwirt. Findet diese Gleichheit nicht statt, so gibt es keinen Austausch und keinen Verkehr, und diese Gleichheit kann nicht stattfinden, wenn es kein Mittel gibt, das Gleiche zu bestimmen. Es bedarf also eines einzigen allgemeinen Wertmessers, wie vorher gezeigt worden ist. Es ist aber in Wirklichkeit das Bedürfnis, das alles zusammenhält. Gäbe es keine Bedürfnisse oder gäbe es darin kein Gleich wider Gleich, so gäbe es keinen Austausch oder doch keinen von der gegebenen Art. So hat man denn durch Übereinkunft das Geld eingeführt gleichsam als Unterlage für den Austausch der Gegenstände des Bedürfnisses, und den Namen *nomisma* hat das Geld davon erhalten, daß es nicht der Natur, sondern dem Gesetz (*nomos*) seine Existenz verdankt und es in unserer Macht steht, es umzuändern und es außer Kurs zu setzen.

Es wird demnach ein Entgelt hergestellt werden, wenn Gleichheit hergestellt ist, so daß der Unterschied, der zwischen dem Landwirt und dem Schuhmacher vorhanden ist, ebenso als Unterschied zwischen dem Produkt des Schuhmachers und dem des Landwirts wiederkehrt. Indessen darf man sie nicht erst dann, wenn sie den Austausch schon vollzogen haben, auf das Schema der Proportion zurückführen wollen, beobachtet man das nicht, so erhält das eine von den beiden äußeren Gliedern die beiden über die Mitte überschießenden Stücke, sondern solange sie noch im Besitze ihrer Erzeugnisse sind. In dieser Weise sind sie gleich, und sie stehen in Verkehrsgemeinschaft, weil diese Gleichheit durch sie hergestellt werden kann. Der Landwirt sei A, das Getreide C, der Schuhmacher B; dann wird sein Produkt D dem Getreide gleichwertig gemacht. Gäbe es keine Möglichkeit, diese Gleichwertigkeit des Entgelts herzustellen, so gäbe es keine Gemeinschaft des Verkehrs. Daß aber das Bedürfnis es ist, was sie zusammenhält wie ein einiges Ganzes, das zeigt sich darin, daß es zu keinem Austausch kommt, wenn sie beide gegenseitig, oder der eine von ihnen, was der andere hat, nicht bedürfen; ebensowenig wie es bei freigegebener Getreideausfuhr dazu kommt, wenn der Produzent des Getreides Wein bedarf und der andere keinen hat.

Es muß also darin eine Gleichheit hergestellt werden. Zum Zwecke des künftigen Austausches, wenn gegenwärtig kein Bedarf vorhanden ist, d.h. also damit der Austausch dann stattfinden kann, wenn der Bedarf eintritt, dient uns das Geld gewissermaßen als Bürge. Denn man muß was man braucht erlangen können, indem man Geld dafür zahlt. Allerdings erfährt das Geld denselben Wandel in der Nachfrage und vermag auch nicht immer den gleichen Wert zu bewahren; indessen, darin liegt seine Bedeutung, daß sein Wert weniger schwankt. Es muß darum alles seinen bestimmten Preis haben; denn nur unter dieser Bedingung wird es immer einen Austausch geben, und wenn diesen, auch eine Gemeinschaft des Verkehrs. Das also ist die Funktion, die das Geld übt; es ist ein Maß, das alle Güter kommensurabel macht und so die Gleichheit herzustellen ermöglicht. Ohne Austausch kein Verkehr, ohne Gleichheit kein Austausch, ohne gemeinsames Maß keine Gleichheit, in Wirklichkeit nun ist es allerdings nicht möglich, daß das was so verschieden ist, kommensurabel werde; aber wohl läßt es sich in einer für das Bedürfnis ausreichenden Weise herstellen. Dazu also muß es ein einheitliches Maß geben und zwar durch Übereinkunft, und deshalb heißt es Geld, *nomisma*, »was nach Satzung gilt«. Das Geld macht alle Dinge kommensurabel; denn durch Geld werden alle Dinge gemessen. Das Haus sei A, 10 Minen B, das Bett C; dann ist, wenn das Haus 5 Minen wert, mit anderen Worten = 5 Minen ist, A die Hälfte von B. Das Bett C aber sei 1/10 von B: dann ergibt sich daraus, wie viel Betten einem Hause gleich kommen, nämlich 5. Man begreift, daß bevor das Geld existierte der Austausch sich in der letzteren Weise vollzog, denn der Sache nach ist es eines und dasselbe, ob man für ein Haus 5 Betten oder den Preis von 5 Betten hergibt.

Damit hätten wir denn den Begriff dessen was gerecht und was ungerecht ist, bezeichnet. Auf Grund der gegebenen Bestimmungen ergibt sich, daß die gerechte Handlungsweise die Mitte bezeichnet zwischen dem Unrechttun und dem Unrechtleiden. Das erstere bedeutet, für sich zuviel nehmen, das letztere zuwenig bekommen. So ist denn die Gerechtigkeit als Charaktereigenschaft das innehalten der Mitte; aber sie ist es nicht in demselben Sinne wie die anderen Arten der sittlichen Gesinnung, sondern in dem Sinne, daß sie die Mitte des Gegenstandes trifft, während die Ungerechtigkeit die jenseits und diesseits der Mitte liegenden Quanta des Gegenstandes anstrebt. Gerechtigkeit nun ist die Gesinnung, vermöge deren der Gerechte ein solcher Mann heißen darf, der Gerechtes mit bewußtem Vorsatz tut und, wo es sich um das Zuerteilen handelt, für sich im Verhältnis zum anderen, und für den anderen im Verhältnis zum dritten, nicht so verfährt, daß er von dem was begehrenswert ist sich selbst zuviel und dem Nächsten zuwenig zuwendet, und bei dem was eine Schädigung bedeutet es in umgekehrter Weise macht, sondern so daß er das nach Proportion Gleiche innehält für sich und ebenso für den anderen im Verhältnis zu einem dritten. Die Ungerechtigkeit aber ist die dieser entgegengesetzte Gesinnung des ungerechten Mannes, und das bedeutet im Gegensatze zur Forderung der Proportionalität die Richtung auf das Zuviel und das Zuwenig in Vorteil und Nachteil. Daher ist die Ungerechtigkeit selbst ein Zuviel und ein Zuwenig, weil sie auf das Zuviel und Zuwenig gerichtet ist, auf das Zuviel von dem, was ohne weiteres einen Vorteil, und auf das Zuwenig von dem, was einen Nachteil bedeutet, wo es die eigene Person gilt, und ebenso in der Behandlung der anderen, wo es im ganzen auf dasselbe hinausläuft, gleichviel ob die Verletzung der Proportionalität in der einen oder der anderen Richtung geschieht. Wo ein ungerechtes Verfahren vorliegt, da gibt es ein Unrechtleiden, wenn man zuwenig empfängt, und ein Unrechttun, wenn man für sich zuviel nimmt.

Damit darf die Frage nach dem Wesen der Gerechtigkeit einerseits, der Ungerechtigkeit andererseits, und ebenso die nach dem Wesen des Gerechten und Ungerechten überhaupt als erledigt gelten.

3. Das Rechtsgesetz

a) Das Recht im Staat und in der Familie

Nun kann es aber ganz wohl vorkommen, daß einer ungerecht handelt, ohne doch ein ungerechter Mensch zu sein. Es ist also die Frage: was sind das für ungerechte Handlungen in jeder Art von ungerechter Handlungsweise, die den der sie begeht, als einen Menschen von ungerechtem Charakter, etwa einen Dieb, einen Ehebrecher, einen Räuber kennzeichnen? Oder sollte der Unterschied gar nicht in der Art der Handlungen liegen? Es könnte einer mit einem Weibe Umgang haben bei vollem Wissen, wer sie ist, und doch wäre es möglich, daß nicht bewußter Vorsatz, sondern heftige Leidenschaft dazu den Antrieb bildet. Dann tut er also unrecht und ist dennoch kein ungerechter Mensch, ebensowenig wie einer jedesmal ein Dieb ist, der doch gestohlen hat, oder der ein Ehebrecher ist, der die Ehe gebrochen hat, und was sonst dahin gehört.

Im Vorhergehenden haben wir erörtert, wie sich die Vergeltung zum Gerechten verhält. Wir dürfen aber dabei nicht vergessen, daß es sich in unserer Untersuchung um zweierlei verschiedene Dinge handelt, um das Gerechte, was gerecht ist ohne weiteres, und um das Recht, das im Staate gilt. Das letztere hat seine Stelle da, wo eine Anzahl Personen sich zu einer Lebensgemeinschaft zusammengeschlossen haben, um ein sich selbstgenügendes Ganzes zu bilden als Freie und Gleiche, sei nun die Gleichheit eine Gleichheit der Proportion oder eine einfach zahlenmäßige. In den Vereinigungen von Menschen dagegen, wo diese Bedingungen nicht zutreffen, da gilt für die gegenseitigen Beziehungen nicht das staatliche Recht; aber ein Gerechtes gilt doch auch hier, und zwar eines in verwandtem Sinne. Denn wo unter Menschen ein Gesetz für ihre gegenseitigen Beziehungen besteht, da gibt es auch ein Gerechtes, ein Gesetz aber gibt es, wo es unter Menschen die Möglichkeit des Unrechts gibt. Denn das Recht setzt die Scheidung dessen was gerecht und dessen was ungerecht ist. Menschen nun von ungerechter Gesinnung verüben auch ungerechte Handlungen; aber nicht alle Menschen, die ungerechte Handlungen verüben, haben auch eine ungerechte Gesinnung. Diese Handlungsweise aber besteht darin, daß man von dem was an und für sich ein Gut ist sich selbst zuviel und von dem was an und für sich ein Übel ist sich selbst zuwenig zuwendet. Darum überläßt man denn auch die Herrschaft nicht einem Menschen, sondern dem Gesetz, weil ein Mensch die Herrschaft leicht in seinem persönlichen Interesse gebraucht und so zum Gewaltherrscher wird. Der Herrscher aber ist der Bewahrer des Gerechten, und weil des Gerechten, damit auch des Gleichen. Da er aber für sich kein Zuviel begehrt, wenn er doch ein gerechter Mann ist, denn er beansprucht für sich von dem was an und für sich ein Gut ist nicht ein Mehr, wenn es ihm nicht der Proportionalität nach zukommt, und seine Mühewaltung geschieht insofern im Dienste der anderen; daher denn auch das Wort: die Gerechtigkeit des einen sei ein Vorteil für den anderen, das wir schon oben erwähnt haben, so muß man ihm also einen Lohn gewähren, und dieser besteht in Ehre und Vorrang; diejenigen aber, denen das nicht genügt, werden zu Gewaltherrschern. Das Recht des Herrn aber über den Sklaven und das des Vaters über die Kinder ist mit dem eben bezeichneten nicht dasselbe, sondern ihm nur verwandt. Denn gegen diejenigen, die schlechthin zu unserer Person gehören, kann man kein Unrecht üben; der Sklave aber und das Kind, solange bis es das Alter erreicht hat um selbständig zu werden, ist wie ein Teil des Hausherrn; niemand aber hat den Vorsatz sich selbst zu schädigen. Darum also kann man diesen kein Unrecht zufügen. Mithin gibt es in diesem Verhältnis auch kein Unrecht und kein Recht wie das, das in der Staatsgemeinschaft gilt. Denn dieses war dem Gesetze gemäß und galt für Menschen, für die es der Natur der Sache nach ein Gesetz gibt; das waren aber Menschen, zwischen denen Gleichheit herrschte sowohl was das Herrschen als was das Beherrschtwerden anbetrifft. Daher gibt es auch ein Gerechtes noch eher im Verhältnis zu der Frau als zu den Kindern und Sklaven. Denn dieses ist das Gerechte, wie es im häuslichen Leben herrscht; allerdings aber ist auch dieses von anderer Art als das Recht, das im Staatswesen gilt.

b) Formelles und Materielles Recht

Das im Staate geltende Recht ist teils von Natur, materielles Recht, teils durch Gesetz gegeben, positives Recht. Von Natur gegeben ist das, was allerorten die gleiche Bedeutung hat und sie nicht erst dadurch erlangt, daß es den Menschen so beliebt oder nicht beliebt; durch Gesetz gegeben dagegen ist das, was ursprünglich ebensogut so oder auch anders bestimmt sein könnte, was aber, wenn eine Bestimmung einmal getroffen ist, so und nicht anders zu behandeln ist, z.B. der Satz, daß das Lösegeld für den Kriegsgefangenen eine Mine betragen soll, oder daß man eine Ziege und nicht zwei Schafe zu opfern hat, und was sonst an gesetzlichen Bestimmungen für die speziellen Beziehungen getroffen wird, wie das Gebot, dem Brasidas zu opfern, oder solches was die Manier von Volksbeschlüssen an sich trägt.

Manche nun sind der Meinung, alles Recht sei von dieser Art, also positives Recht, weil das was von Natur gilt unveränderlich sei und überall seine Geltung behaupte, wie das Feuer ebensogut hierzulande wie in Persien brennt, während doch das geltende Recht erfahrungsgemäß veränderlich ist. Indessen, so liegt die Sache doch nicht; oder doch nur mit Einschränkung darf man so sagen. Bei den Göttern freilich ist sicher die Veränderlichkeit ausgeschlossen; bei uns Menschen dagegen gibt es wohl auch solches, was von Natur ist, aber veränderlich ist gleichwohl alles: und trotzdem ist das eine von Natur, das andere nicht von Natur. Welche Kennzeichen nun unter dem was auch anders sein könnte dasjenige hat, was von Natur gilt, welche dasjenige, was nicht von Natur gilt, sondern nur durch Gesetz und Konvention besteht, während doch beides gleichmäßig der Veränderung unterliegt, darüber ist es gar nicht so schwer sich zu verständigen. Paßt doch die gleiche Unterscheidung auch auf ganz andere Fälle. So ist von Natur die rechte Hand die stärkere; das schließt aber gleichwohl die Möglichkeit nicht aus, daß alle Menschen beide Hände gleich gut gebrauchen könnten.

Mit den positivrechtlichen Bestimmungen also, die auf Satzung beruhen und die das Zweckmäßige im Auge haben, verhält es sich ganz ähnlich wie mit den Maßen. Denn auch die Maße wie die für Wein oder Getreide sind nicht überall dieselben; sie sind größer, wo man im großen einkauft, und kleiner, wo man im kleinen verkauft. Ganz ähnlich sind auch die nicht von Natur geltenden, sondern von Menschen getroffenen rechtlichen Bestimmungen nicht überall dieselben; auch nicht einmal die Verfassungen, während doch, wenn es nach der Natur ginge, bloß eine überall die beste sein müßte.

Jede einzelne rechtliche und gesetzliche Bestimmung hat gegenüber den einzelnen Fällen die Bedeutung des Allgemeinen. Denn die wirklich vorkommenden Fälle sind mannigfach, jede solche Bestimmung aber ist eine und gilt allgemein. Daraus ergibt sich der Unterschied, der zwischen einer unrechtlichen Handlung und dem Unrecht, zwischen einer rechtlichen Handlung und dem Gerechten besteht. Unrecht ist etwas entweder von Natur oder durch Satzung; ebendasselbe ist, wenn es vollbracht worden ist, eine widerrechtliche Handlung; ehe es vollbracht worden ist, ist es das noch nicht, sondern da ist es bloßes Unrecht. Eben dasselbe gilt von der Rechtsübung. Indessen ist es besser, unter der »rechtlichen Handlung« das Rechtliche überhaupt, und unter »Rechtsübung« die Aufhebung eines geschehenen Unrechts insbesondere zu verstehen. Das einzelne darüber, Beschaffenheit und Anzahl ihrer Arten, die Gegenstände, mit denen sie es zu tun haben, das wollen wir gleich im folgenden untersuchen.

c) Das Unrecht

Ist nun der Begriff des Rechtlichen und des Widerrechtlichen der bezeichnete, so vollzieht man eine unrechtliche oder eine rechtliche Handlung nur so, daß man es mit freiem Willen tut; wenn ohne freien Willen, so ist es so wenig eine unrechtliche wie eine rechtliche Handlung, oder doch beides nur zufälligerweise; denn da tut man was zufällig mit dem Recht zusammentrifft oder ihm widerspricht. Der Charakter einer unrechtlichen wie der einer rechtlichen Handlung bestimmt sich also danach, ob sie mit freiem Willen oder ohne freien Willen getan ist, ist eine Handlung frei gewollt, so erregt sie Mißfallen, und dann ist sie zugleich auch eine unrechtliche Handlung. Es gibt also solches was wider das Recht verstößt und was doch keine unrechtliche, keine schuldvolle Handlung ausmacht, und zwar dann wenn es nicht auch ein frei Gewolltes ist. Frei gewollt aber nenne ich, wie schon früher dargelegt worden ist, dasjenige was einer, als in seiner Macht stehend, mit Wissen tut und frei von Irrtum über die Person, die die Handlung betrifft, über das Werkzeug, womit sie vollbracht wird, und über den Zweck, zu dem sie geschieht: so daß er z.B. weiß, wer es ist, den er schlägt, welches das Werkzeug und welches der Zweck, und daß bei dem allen ebenso der bloße Zufall wie der äußere Zwang ausgeschlossen ist. Ein Zwang von der Art wie wenn ein anderer seine Hand nähme und jemanden damit schlüge, höbe den Willen auf; denn dann läge es nicht in seiner Macht. Der Geschlagene kann andererseits sein Vater sein, jener aber zwar wissen, daß es ein Mensch und einer der Anwesenden ist, und doch nicht wissen, daß es sein Vater ist. Entsprechende Bestimmungen dürfen auch für den Zweck wie für alle Umstände gelten, unter denen die Handlung geschieht.

Was nun auf Grund eines Irrtums geschieht, oder zwar nicht auf Grund eines Irrtums, aber doch so daß es nicht in der Gewalt des Handelnden stand, oder was infolge eines Zwanges geschieht, das ist nicht frei gewollt. Denn wir tun und leiden mancherlei, auch da wo es sich um solches handelt was die Natur mit sich bringt, wovon sich weder sagen läßt, daß es frei gewollt noch daß es nicht frei gewollt ist, wie z.B. daß wir altern und sterben. Bei dem unrechtlichen und bei dem rechtlichen Handeln nun steht es, auch was die Zufälligkeit anbetrifft, ebenso. Es kann einer ein Depositum ohne seinen Willen und aus Furcht zurückerstatten, von einem solchen dürfte man weder sagen, daß er rechtlich handle noch daß er die rechtliche Anforderung erfülle, oder doch nur daß es durch bloßen Zufall so sei. Ebenso muß man von dem, der unter der Macht des Zwanges und wider seinen Willen die Zurückerstattung eines Depositums unterläßt, sagen, es sei nur durch Zufall, daß er unrechtlich handle und tue was wider das Recht ist.

Von unseren freigewollten Handlungen vollziehen wir die einen *mit Vorsatz*, die anderen *ohne Vorsatz*; mit Vorsatz diejenigen, die aus vorhergehender Überlegung entspringen, ohne Vorsatz diejenigen, denen eine Überlegung nicht vorhergeht. In dem Verkehr der Menschen untereinander kann also die Schädigung des einen durch den anderen in drei Formen erfolgen. Die eine ist ein *Versehen* infolge eines Irrtums; da handelte jemand ohne daß er wußte, welche Person noch welche Sache seine Handlung betraf, noch mit welchen Hilfsmitteln oder zu welchem Zwecke er sie vollbrachte. Es meinte etwa einer, er werfe nicht, oder nicht mit diesem Werkzeug, oder nicht diese Person, oder nicht in dieser Absicht; der Erfolg aber war nicht der, um dessen willen er zu handeln dachte; z.B. er handelte nicht um jemand zu verwunden, sondern bloß um ihn zu necken, oder nicht diese Person oder nicht mit diesem Werkzeug. Geschieht nun der Eingriff in fremdes Recht wider das was man voraussehen konnte, so ist es ein bloßer *Unfall*. Geschieht sie nicht wider solche mögliche Voraussicht, aber doch ohne rechtswidrige Gesinnung, so ist es *Fahrlässigkeit*; denn ein fahrlässiges Vergehen liegt vor, wo der Anstoß zum Kausalverlauf vom Täter, ein Unfall, wo er von einem Äußeren stammt. Hat er mit Bewußtsein, aber ohne Vorbedacht gehandelt, so ist es ein Unrecht von der Art, wie man es im Zorne und in sonstigen Affekten begeht, die einen Menschen mit Notwendigkeit oder doch der menschlichen Natur gemäß befallen. Wenn man in dieser Weise andere schädigt und sich vergeht, so tut man zwar unrecht und begeht einen Eingriff in fremdes Recht; aber man ist deshalb noch kein Mensch von widerrechtlicher und auch nicht von niedriger Gesinnung; denn die Schädigung ist nicht aus niedriger Gesinnung hervorgegangen. Geschieht sie dagegen mit Vorbedacht, dann zeigt der Täter eine widerrechtliche und niedrige Gesinnung. Mit Recht beurteilt man darum Handlungen im Affekt nicht als vorbedachte; denn der schuldige Teil ist hier nicht eigentlich der der im Affekte handelt, sondern der den Affekt hervorgerufen hat. Dabei wird nun ferner auch nicht über den Tatbestand gestritten, sondern über die Frage, ob der Täter recht getan hat. Denn in Zorn gerät man über eine vermeintlich erfahrene Verletzung. Da streiten nicht, wie bei Rechtsgeschäften, die Parteien, von denen die eine, falls sie nicht aus reiner Vergeßlichkeit handeln, notwendig schlechtgläubig ist, über den Tatbestand; sondern während man über die Sachlage gleicher Meinung ist, streitet man darüber, auf welcher Seite das Recht liegt. Wo einer auf Schädigung des anderen ausgeht, ist Irrtum ausgeschlossen; dort aber glaubt der eine in seinem Rechte geschädigt zu sein, während der andere es bestreitet. Wenn einer vorsätzlich den andern schädigt, dann handelt er unrechtlich, und solchen unrechtlichen Handlungen zufolge ist derjenige der sie begeht ein unrechtlich gesinnter Mann, sofern er in seiner Handlungsweise gegen die Gleichheit nach Proportion oder gegen die einfache Gleichheit verstößt; und ebenso ist einer ein rechtlich gesinnter Mann, wenn sein Vorsatz ausdrücklich darauf gerichtet ist, das Recht innezuhalten. Dagegen dazu daß er das Recht innehält gehört nur dies, daß er frei wollend handelt.

Unter den nicht frei gewollten Handlungen sind solche, denen man eine nachsichtige Beurteilung gewährt, andere, denen man sie versagt. Die Verstöße gegen das Recht, die nicht bloß im Irrtum, sondern auf Grund des Irrtums begangen werden, verdienen solche Nachsicht; diejenigen, die man nicht auf Grund des Irrtums, sondern zwar im Irrtum, aber auf Grund eines Affektes begeht, der weder naturgemäß noch einem Menschen zuzutrauen ist, erlangen solche nachsichtige Beurteilung nicht.

d) Unrecht gegen den Einwilligenden

Eine Schwierigkeit könnte man darin finden, ob die Begriffe Unrecht erleiden und Unrecht tun hinlänglich genau bestimmt worden sind, und zunächst ob ein Fall denkbar ist, wie Euripides ihn schildert, der sich seltsam genug so ausdrückt:

> Die eigne Mutter tötet' ich, ein kurzes Wort!
> Wollend gleich ihr? nicht wollend die nicht wollende?

Denn ist es wirklich möglich, mit seinem Willen schuldvolles Unrecht zu leiden? Oder geschieht es nicht vielmehr immer wider Willen, gerade wie andererseits das schuldvolle unrechtliche Handeln immer mit Willen geschieht? Und sollte es sich damit immer auf diese oder jene Weise verhalten, so daß es immer gewollt oder nicht gewollt wäre, wie das unrechtliche Handeln immer frei gewollt ist? oder ist es bald frei gewollt, bald nicht? Die gleiche Frage erhebt sich dann auch in dem Fall, wo einem sein Recht wird. Denn alle Erfüllung des Rechts geschieht frei wollend, und es liegt deshalb die Annahme nahe, daß der Gegensatz auf beiden Seiten der gleiche sei und daß ungerecht behandelt werden und sein Recht erhalten beides entweder frei gewollt oder nicht gewollt sei. Indessen scheint es undenkbar, auch da wo einem sein Recht wird, daß es einem immer mit seinem Willen geschehe; denn es kommt vor, daß einem sein Recht wird, ohne daß er es will.

Weiter kann man auch die Frage aufwerten, ob jedem das Unrecht, das ihm widerfahren ist, durch eine unrechtliche Handlung widerfahren ist, oder ob es mit dem Erleiden eines Unrechtes ebenso ist wie mit dem Zufügen. Denn in beiden Fällen, ob einem Unrecht widerfährt oder ob einer es anderen zufügt: die Möglichkeit ist immer gegeben, daß man das Recht nur zufällig treffe oder erlange, und offenbar ist es beim Unrecht ganz ähnlich. Bedeutet doch in seinem Handeln das Recht verletzen nicht dasselbe, wie unrechtlich handeln, und Unrecht erfahren nicht dasselbe wie eine unrechtliche Handlung erleiden. Das gleiche gilt wo die Rechtsvorschrift erfüllt wird und wo einer sein Recht erlangt. Denn es ist unmöglich, daß einer eine unrechtliche Handlung erleide, wo nicht einer ist, der unrechtlich handelt, oder daß einer rechtlich behandelt werde, wo nicht einer da ist, der rechtlich verfährt. Bedeutet aber unrechtlich handeln ohne weiteres, frei wollend einen anderen an seinem Rechte kränken, und bedeutet dies frei wollend tun so viel wie es mit Kenntnis der Person, des Werkzeugs und der Art und Weise tun; schädigt ferner wer sich nicht zu beherrschen weiß sich selbst mit freiem Wollen: so würde dieser mit Willen Unrecht leiden, und mithin wäre es möglich, daß einer sich selbst Unrecht tue. Es ist aber auch dies eine der aufgeworfenen schwierigen Fragen, ob einer sich selbst Unrecht zuzufügen vermag, und andererseits könnte auch der Fall vorkommen, daß einer der sich nicht in der Gewalt hat, mit seinem Willen von einem anderen mit dessen Willen geschädigt wird, und so wäre es wieder möglich, mit Willen Unrecht zu leiden. Oder sollte etwa die Begriffsbestimmung des wissentlichen Unrechts nicht zutreffend sein, sondern sollte es noch des Zusatzes bedürfen, daß wenn einer mit Kenntnis der Person des Werkzeugs und der Art und Weise den andern schädigt, es auch noch gegen den Willen des anderen geschehen muß? Es kommt nun wohl vor, daß jemand mit Willen an seinem Recht geschädigt wird und Unrecht erleidet; aber niemand erleidet mit Willen eine unrechtliche Handlung. Denn niemand, auch nicht der Mensch ohne Selbstbeherrschung, hat den Willen, Unrechtliches zu erdulden; er handelt nur gegen seinen eigenen Willen. Denn niemand will etwas, dem er nicht einen Wert beilegt, und auch der Unenthaltsame tut bloß nicht, was er zu tun für geboten hält. Wer aber das Seinige weggibt, wie Homer erzählt daß Glaukos es dem Diomedes gegenüber getan habe, »Gold für Erz, was hundert an Wert, für solches was neun wert«, dem widerfährt kein Unrecht. Denn wohl steht es bei ihm fortzugeben; aber eine unrechtliche Behandlung zu erfahren, das steht nicht bei ihm; sondern dazu gehört, daß einer da sei, der eine unrechtliche Handlung begeht.

Was also das Unrechtleiden anbetrifft, so leuchtet ein, daß man Unrecht nicht mit Willen leidet. Nun bleiben aber von dem was wir uns vorgesetzt haben, noch zwei Punkte zu erörtern. Handelt derjenige unrechtlich, der dem anderen mehr zuerteilt als ihm zukommt? oder der andere, der es empfängt? Und zweitens, ist es möglich, sich selbst Unrecht zu tun? Wenn nämlich möglich ist, was wir vorher bezeichnet haben, und wenn derjenige unrechtlich handelt, der dem anderen zuviel zuerteilt, und nicht derjenige, der es empfängt, so tut einer sich selbst Unrecht, wenn er mit Wissen und Wollen dem anderen von dem Seinigen zuviel zuerteilt. So aber verfahren, sollte man denken, gerade rechtlich gesinnte Leute; denn ein billig denkender Mann hat eher die Neigung, für sich zu wenig zu beanspruchen. Oder läßt sich auch das nicht so schlechthin sagen? Ein solcher Mann nimmt ja dafür von einem anderen Gute wo möglich mehr in Anspruch, etwa Ehre oder sonst ein an und für sich wertvolles Gut. Die Lösung liegt in dem was über den Begriff der unrechtlichen Handlung gesagt worden ist. Denn es widerfährt einem nichts wider den eigenen Willen; es ist also kein Unrecht was er deshalb erleidet, sondern wenn irgend etwas, dann doch immer nur eine Schädigung. Offenbar aber ist es jedesmal der Zuerteilende, der Unrecht tut, und nicht der zuviel Empfangende; denn nicht derjenige handelt unrechtlich, bei dem das was wider das Recht ist sich findet, sondern derjenige, bei dem sich der Wille findet, das Widerrechtliche zu tun; dies aber findet sich bei dem, dem die Urheberschaft der Handlung zukommt, und diese kommt dem Zuerteilenden zu und nicht dem Empfangenden.

Ferner spricht man von einem Tun in mehrfachem Sinne. Man sagt von unbeseelten Dingen, daß sie töten; man sagt es von der Hand; man sagt es auch von dem Sklaven, der tut, was ihm sein Herr befohlen hat. Da begeht also einer, während er tut was wider das Recht ist, doch keine unrechtliche Handlung. Wenn ferner jemand im Irrtum über die Einzelheiten des Falles ein Urteil fällt, so vergeht er sich nicht gegen das gesetzliche Recht und sein Urteil ist nicht unrechtlich, es sieht nur aus wie ein unrechtliches Urteil. Denn das eine ist das gesetzliche, das positive Recht, und das andere das natürliche, das materielle Recht. Hat einer dagegen einen ungerechten Spruch wissentlich gefällt, so ist es auch bei diesem ein selbstsüchtiges Streben was ihn leitet, Gunst bei der einen oder Rache an der anderen Partei; also hat derjenige, der aus solchen Gründen einen ungerechten Spruch fällt, ganz so als ob er vom ungerechten Gut einen Teil an sich gebracht hätte, ein Zuviel für sich genommen. Hat doch auch einer, der in solchem Sinne über das Eigentum an einem Acker entschieden hat, nicht den Acker bekommen, sondern Geld.

Die Menschen nun meinen, es stehe in ihrer Gewalt sich gegen das Recht zu vergehen; darum sei es auch leicht, rechtlich zu verfahren. Indessen, so liegt die Sache doch nicht. Allerdings, mit der Frau des Nachbarn Umgang zu haben, seinen Nächsten zu schlagen, jemandem Bestechung in die Hand zu drücken, ist leicht und steht in der Menschen Gewalt; aber dergleichen zu tun wenn man eine feste Charakterbeschaffenheit hat, ist weder leicht noch steht es in der Menschen Gewalt. Ebenso meint man, es sei keine besondere Wissenschaft, zu wissen was Recht und was Unrecht ist, weil es nicht schwierig sei zu verstehen, was die Gesetze bestimmen. Allein darin besteht nicht das Recht, oder es bestellt darin doch nicht hauptsächlich. Sondern wie man handeln und wie man sich beim Zuerteilen verhalten muß, damit eine dem Recht gemäße Handlung zustande komme, das ist die Aufgabe und noch schwieriger als zu wissen was der Gesundheit zuträglich ist. Auch hier ist es leicht zu wissen, was Honig, was Wein, was Nieswurz, was Brennen und Schneiden ist; aber wie man das zum Zwecke der Gesundheit anzuwenden hat, bei welcher Person, zu welcher Zeit, das ist eine so schwere Aufgabe, daß man dazu ein gelernter Arzt sein muß. Aus eben demselben Grunde meint man wohl, es stehe in eines rechtschaffenen Mannes Vermögen, eben sowohl auch widerrechtlich zu handeln; ein rechtschaffener Mann habe nicht desto weniger, sondern eher noch desto mehr, das Vermögen, alle derartigen Handlungen zu begehen, auch mit dem Weibe eines andern zu leben und einen anderen zu schlagen; ein tapferer Mann könne ebensogut den Schild wegwerfen, den Rücken kehren und beliebig wohin davon laufen. Indessen ein feiger Mensch sein, oder widerrechtlich leben, das bedeutet doch nicht solche Handlungen begehen, oder bedeutet es doch nur als beiläufige Folge; sondern es bedeutet so handeln auf Grund einer bestimmten Gesinnung, wie auch Arzt sein und gesund machen nicht heißt schneiden oder nicht schneiden, Arzenei verordnen oder nicht verordnen, sondern diese bestimmte Beschaffenheit haben.

Recht gibt es für solche Wesen, die an den Dingen teilhaben, die an und für sich Güter bedeuten, und die davon zuviel oder zuwenig haben können. Denn es gibt Wesen, bei denen ein Zuviel nicht denkbar ist, wie es doch sicherlich bei den Göttern der Fall ist, und andere, denen auch der kleinste Teil davon nicht zuträglich, sondern denen alles schädlich ist, wie den unheilbar Bösen, und wieder andere, denen es bis zu einem gewissen Maße frommt. Unter Menschen also gilt deshalb das Recht.

g) Billigkeit

Das Erörterte fordert seine Ergänzung in einer Ausführung über den Begriff der *Billigkeit* und des *Billigen* und über das Verhältnis der Billigkeit zur Gerechtigkeit und des Billigen zum Gerechten. Genauere Erwägung zeigt, daß das Billige weder schlechthin dasselbe ist wie das Gerechte, noch der Gattung nach davon verschieden ist. Zuweilen gewinnt das Billige und der billiggesinnte Mann unsere Zustimmung, so daß wir den Begriff mit unserem Beifall auch auf andere Gebiete übertragen und es als das Gute über haupt fassen und das in höherem Grade der Billigkeit Entsprechende als das Bessere anerkennen. Zuweilen aber erscheint es, indem man sich streng an das Wort hält, unstatthaft, daß das Billige Zustimmung verdienen soll, wenn es doch wider das Gerechte ist. Entweder sei das Gerechte nichts wert, oder das Billige sei nicht gerecht, wenn es ein anderes ist als das Gerechte; oder wenn beide wertvoll seien, so seien sie dasselbe. Das etwa sind die Erwägungen, aus denen sich die Bedenken, die das Billige erregt, ergeben. Indessen, wenngleich das alles in gewissem Sinne richtig ist, es ist doch kein eigentlicher Gegensatz zwischen beiden. Das Billige, indem es besser ist als eine gewisse Art des Gerechten, ist selbst ein Gerechtes; es ist nicht, als gehörte es einer anderen Gattung an, besser als das Gerechte. Es ist also Gerechtes und Billiges dasselbe, und während beide wertvoll sind, ist das Billige das Höherstehende von beiden.

Was die Schwierigkeit dabei ausmacht, ist dies, daß das Billige wohl ein Gerechtes ist, aber nicht das Gerechte im Sinne des positiven Gesetzes, sondern im Sinne einer Verbesserung des nach dem Gesetze Gerechten. Der Grund liegt darin, daß jedes Gesetz eine allgemeine Bestimmung ist, manche Fälle aber nicht nach einer solchen allgemeinen Bestimmung richtig behandelt werden können. In solchen Fällen nun, wo man eine allgemeine Bestimmung festsetzen muß und eine solche doch nicht zutreffend abzugeben vermag, erfaßt das Gesetz den Durchschnitt der Fälle, wohl wissend, was darin für ein Fehler begangen wird. Und doch verfährt es deshalb nicht weniger richtig. Denn der Fehler liegt nicht am Gesetz, auch nicht am Gesetzgeber, sondern in der Natur der Sache. Das Material für alles praktische Verhalten ist nun einmal von dieser Beschaffenheit. Wenn also das Gesetz eine allgemeine Bestimmung trifft, ein einzelner Fall aber vorkommt, auf den die allgemeine Bestimmung nicht paßt, dann ist es ganz angemessen, da wo der Gesetzgeber versagt und mit der allgemeinen Bestimmung dieser Art den besonderen Fall nicht getroffen hat, das von ihm Übersehene zu ergänzen durch einen Spruch, wie ihn der Gesetzgeber selbst fallen würde, wenn er zugegen wäre, und wie er die Bestimmung getroffen haben würde, wenn er den Fall vorausgesehen hätte. Daher ist das Billige ein Gerechtes und besser als eine gewisse Art des Gerechten, nicht als das Gerechte schlechthin, sondern als das die Sache nicht Treffende, was in der Allgemeinheit der Bestimmung seinen Grund hat.

Das also ist das Wesen des Billigen, eine Ergänzung des Gesetzes zu bilden, wo es wegen seines Charakters als allgemeiner Bestimmung unzulänglich ist. Darin liegt der Grund auch dafür, daß nicht alles durch Gesetz festgelegt ist. Es gibt manches, was durch ein Gesetz zu treffen unmöglich ist, so daß es einer Spezialbestimmung bedarf. Denn für die Behandlung des Unbestimmten ist auch der Maßstab unbestimmt, wie bei der auf Lesbos üblichen Bauweise auch das Richtscheit, das von Blei ist. Wie dieses sich der Form des Steines anschmiegt und nicht starr verharrt, ebenso macht es ein Spezialgesetz mit den realen Verhältnissen.

Man sieht also, was das Wesen des Billigen ist, und daß es ein Gerechtes und besser ist als ein Gerechtes von gewisser Art. Daraus geht denn auch hervor, wer ein billig gesinnter Mann ist. Billigkeit liebt, wer jenes Billige mit Vorsatz anstrebt und ausübt, wer nicht in pedantischer Strenge den Rechtssatz zum Schlimmeren auslegt, sondern ihn zu mildern geneigt ist auch da wo er das Gesetz auf seiner Seite hätte. Diese Gesinnung nennt man Billigkeit. Sie ist eine Art der Gerechtigkeit, und nicht eine von dieser verschiedene Denkungsart.

Aus unseren Erörterungen ergibt sich nun auch die Antwort auf die Frage, ob es möglich ist sich selbst Unrecht zu tun oder nicht. Was dem Gebiete des Gerechten angehört, wird bezeichnet durch das was das Gesetz in bezug auf jeden Zweig sittlicher Lebensführung anordnet, z.B. das Gesetz gebietet nicht, sich selbst zu töten, und was es nicht zu töten gebietet, das zu töten verbietet es. Ferner, wenn jemand widerrechtlich einen anderen mit freiem Willen schädigt und damit nicht bloß erlittene Verletzung vergilt, so tut er Unrecht; mit freiem Willen aber tut es, wer die Person, die er trifft, und das Werkzeug kennt. Wer nun in leidenschaftlicher Aufregung sich tötet, der tut wollend wider die gesunde Einsicht, was das Gesetz nicht zuläßt; also fügt er Unrecht zu. Aber wem? doch wohl dem Staate, nicht sich selber. Denn er erleidet es mit seinem Willen; niemand aber erleidet mit seinem Willen Unrecht. Darum setzt auch der Staat eine Strafe darauf. Wer Hand an sich legt, der wird für ehrlos erklärt als ein Mann, der sich gegen den Staat widerrechtlich vergangen hat.

Zweitens aber, versteht man unter einem ungerechten Menschen einen solchen, der bloß widerrechtlich handelt, ohne doch sonst eine widerrechtliche Gesinnung zu haben, so ist es auch in diesem Sinne nicht möglich sich selbst Unrecht zu tun. Hier liegt die Sache anders als vorher. Der Ungerechte ist etwa in dem Sinne ein schlechter Mensch wie es der Feigling ist, nicht als hätte er alle möglichen Arten von Schlechtigkeit an sich; also tut er auch nicht in diesem Sinne sich selbst Unrecht. Denn dann müßte immer einem und demselben Menschen ein und dasselbe zugleich weggenommen und zuerteilt werden können. Das aber hat keinen Sinn; sondern wo von gerechter und ungerechter Zuerteilung die Rede sein soll, da muß sie notwendig immer unter einer Mehrheit von Personen stattfinden. Es muß ferner die Handlung frei gewollt, vorsätzlich und ohne Herausforderung geschehen sein. Denn wer tätig wird aus dem Grunde, weil er Unrecht erfahren hat, und in der Absicht dieses zu vergelten, der, meint man, tut kein Unrecht. Wer aber sich selbst Unrecht täte, würde in einer und derselben Person dasselbe Unrecht, was er zufügt, auch erleiden. Weiter aber müßte es dann auch möglich sein, mit Willen Unrecht zu erleiden. Außerdem, niemand fügt Unrecht zu, ohne daß seine Handlung eine besondere Art von rechtswidrigen Handlungen darstellte; es treibt aber niemand Ehebruch mit seiner eigenen Frau oder bricht in sein eigenes Haus ein oder bestiehlt sich selbst. Überhaupt, auch die Frage, ob jemand sich selbst Unrecht tun kann, findet ihre Beantwortung auf Grund der Entscheidung darüber, ob jemand mit seinem Willen Unrecht erleiden kann.

Augenscheinlich nun ist beides übel, Unrecht leiden und Unrecht zufügen. Das eine bedeutet so viel wie weniger, das andere wie mehr empfangen als die rechte Mitte gebietet; dieser rechten Mitte entspricht das was in der Heilkunst der gesunde, in der Gymnastik der kräftige Körper bedeutet. Aber Unrecht zufügen ist doch das Schlimmere. Denn Unrecht zufügen beweist einen sittlichen Mangel und erregt Mißbilligung; dieser sittliche Mangel ist entweder ein vollständiger und uneingeschränkter, oder er grenzt doch daran; denn nicht alles mit Willen begangene Unrecht deutet auf eine rechtswidrige Gesinnung. Dagegen beweist Unrecht leiden keinen sittlichen Mangel noch rechtswidrige Gesinnung. An und für sich ist also Unrecht leiden das geringere Übel; doch hindert nichts, daß begleitende Umstände es zum größeren Übel machen. Indessen, das geht die wissenschaftliche Behandlung des Gegenstandes nichts an. Diese erklärt eine Lungenentzündung für eine schwerere Erkrankung als eine Verletzung durch einen Stoß; gleichwohl kann dieser durch zufällige Komplikation zum schlimmeren Übel werden; es kann sich etwa treffen, daß einer durch den Stoß zu Falle kommt und infolgedessen von den Feinden gefangen genommen oder getötet wird.

Nur in übertragenem Sinne, nur im Sinne der Analogie kann die Rede davon sein, daß jemand gegen sich selbst gerecht sei. Nicht er selber ist gerecht gegen sich selbst, er ist es vielmehr nur gegen gewisse Seiten seiner Persönlichkeit, und gerecht auch so nicht in jeder Bedeutung, sondern gerecht nur wie ein Herr gegen den Sklaven oder wie ein Hausvater gegen seine Kinder. Bei Überlegungen von dieser Art unterscheidet man in der Seele den vernünftigen Teil von dem vernunftlosen, und wenn man die Sache so ansieht, dann läßt sich allerdings verstehen, wie es ein Unrecht geben kann gegen die eigne Person. Denn dann gibt es eine Möglichkeit, daß diese verschiedenen Seelenteile der eine etwas von dem anderen erleiden, was ihrem eigenen Antriebe widerspricht. So gebe es also, sagt man, ein Gerechtes auch für diese, wie es ein Gerechtes gibt im gegenseitigen Verhältnis zwischen dem Herrschenden und dem Beherrschten.

So mag denn die Frage nach der Gerechtigkeit und den anderen Formen sittlicher Willensrichtung auf diese Weise ihre Beantwortung gefunden haben.

II. Teil. Das sittliche Subjekt

I. Verstandesbildung

1. Der Intellekt und seine Vermögen

Wir haben oben auseinandergesetzt, daß die sittliche Aufgabe darin besteht, die rechte Mitte innezuhalten und ebenso das Zuviel wie das Zuwenig zu meiden, daß aber diese Mitte zu finden Sache rechten Denkens ist. Wir haben mithin jetzt dieses letztere genauer zu bestimmen. In allen den Formen sittlicher Willensbestimmtheit, von denen die Rede gewesen ist, gibt es gerade so wie auch bei anderen Eigenschaften ein Ziel, auf das hinblickend das Subjekt vermittels des Vermögens der Vernunft seine Kräfte anspannt oder nachläßt. Und so gibt es denn auch eine begriffliche Bestimmung für jeden Fall der richtigen Mitte, die, wie wir gesehen haben, indem sie der rechten Vernunft entspricht, zwischen dem Zuviel und dem Zuwenig liegt, indessen, wenn die Fassung des Satzes auch an sich zutreffend ist, so hat sie doch keineswegs schon ein hinlängliches Maß von Genauigkeit. Auch auf anderen Gebieten menschlicher Tätigkeit, für die es eine wissenschaftliche Regel gibt, ist es ganz ebenso die gültige Wahrheit, daß man in der Anwendung seiner Kräfte wie in der Zerstreuung weder zuviel noch zuwenig tun, sondern das Mittelmaß innehalten soll, so wie es der rechten Vernunft entspricht. Wenn aber einer bloß diesen Satz innehätte, so wäre er deshalb um nichts klüger; er wäre in derselben Lage, wie wenn einer auf die Frage, was man seinem Leibe zugute tun müsse, die Antwort erhielte: alles was die ärztliche Kunst und was der Mann, der diese Kunst besitzt, verordnet. Es ist darum zu fordern, daß auch hier, wo es sich um die geistigen Beschaffenheiten handelt, das was man vorbringt nicht bloß richtig sei, sondern daß es auch begrifflich völlig bestimmt bezeichnet werde, was denn nun die rechte Vernunft ist und was ihre begriffliche Bestimmung enthält.

Als wir von den verschiedenen Formen rechter geistiger Beschaffenheit handelten, da haben wir solche unterschieden, die die Willensbeschaffenheit, und solche, die den Intellekt betreffen. Diejenigen, die die Willensbeschaffenheit betreffen haben wir durchgegangen; von den übrigen wollen wir im folgenden handeln, aber zuvor einige Bemerkungen über die Seele überhaupt vorausschicken.

Wir haben oben bemerkt, daß es in der Seele zwei Gebiete gibt, das eine, das mit Vernunft ausgestattet ist, und das andere, von dem dies nicht gilt. Jetzt müssen wir in gleicher Weise das mit Vernunft ausgestattete Gebiet weiter einteilen. Als Grundlage mag uns gelten, daß es in diesem vernunftbegabten Teil zwei Unterteile gibt, einen, vermittels dessen wir diejenigen Arten der Gegenstände betrachten, deren Prinzipien kein Anderssein zulassen, und eines, vermittels dessen wir das erfassen was auch anders sein könnte. Das Objekt, das seiner ganzen Art nach ein anderes ist, das wird auch von einem seiner Art nach anderen Vermögen der Seele erfaßt werden müssen, das seiner Natur nach auf das eine der beiden Gebiete angelegt ist, wenn doch Erkenntnis im Sinne einer Angleichung und einer Verwandtschaft zwischen beiden verstanden wird. So mag denn das eine von diesen Vermögen das Erkenntnisvermögen, das andere das Reflexionsvermögen genannt werden. Denn sich etwas überlegen und über etwas reflektieren bedeutet dasselbe, niemand aber stellt Überlegungen an über das was gar nicht anders sein kann. Mithin ist das Vermögen zu reflektierender eine Bestandteil des mit Vernunft ausgestatteten Seelenteils. Die Aufgabe ist demnach die, zu bestimmen, welches die beste Verfassung eines jeden dieser beiden Seelenvermögen ist. Denn das würde seine rechte Beschaffenheit bedeuten; die rechte Beschaffenheit eines Gegenstandes aber wird sich nach dem richten, was die eigentümliche Funktion und Bestimmung desselben ausmacht.

2. Überlegung und Vorsatz

In der Seele nun gibt es drei Vermögen, die das Handeln wie die Wahrheitserkenntnis beherrschen: die sinnliche Wahrnehmung, das Denken und das Wollen. Unter diesen dreien enthält die sinnliche Wahrnehmung kein Prinzip für irgendwelche Tätigkeit. Das sieht man schon daran, daß die Tiere wohl sinnliche Wahrnehmung, aber keinen Anteil am praktischen Verhalten haben. *Was nun im Denken die Bejahung und die Verneinung ist, das ist im Wollen das Begehren und das Meiden.* Da also die sittliche Willensbeschaffenheit die befestigte Richtung auf die Bildung von Vorsätzen bestimmter Art, diese befestigte Richtung aber ein auf denkende Überlegung begründetes Wollen ist, so muß eben deshalb der dadurch gewonnene Satz ein wahrer und das Wollen ein richtig gebildetes sein, falls der Vorsatz billigenswert sein soll, und *das was das Urteil aussagt und das was der Wille anstrebt muß identisch sein.* Diese denkende Reflexion und die von ihr gefundene Wahrheit ist also von praktischer Art. Das was sich im rein theoretischen Denken, sofern es weder ein Handeln noch ein Gestalten bezweckt, aus dem richtigen und aus dem verfehlten Verfahren ergibt, das ist das Wahre und das Falsche; denn das ist die Funktion alles gedanklichen Verfahrens. Wo es sich aber um ein auf praktisches Verhalten gerichtetes Nachdenken handelt, da entspricht die Wahrheit dem richtigen Begehren. Der Ausgangspunkt für das Handeln nun ist der Vorsatz; er ist es als Anstoß der Bewegung, nicht als Zweck. Der Ausgangspunkt für die Bildung des Vorsatzes aber ist das Begehren und die durch den Zweck bestimmte Überlegung. Daher gibt es keine Vorsatzbildung ohne reflektierendes Denken einerseits und ohne befestigte Richtung in sittlicher Beziehung andererseits; es gibt so wenig eine richtige wie eine entgegengesetzte Handlungsweise ohne diese beiden Momente, die Reflexion und die Charakterbestimmtheit. Dagegen gibt die Reflexion als solche noch keinen Grund der Bewegung ab, sondern erst die durch den Zweck und die Beziehung auf das Handeln geleitete Reflexion. Diese nun beherrscht auch die *gestaltende Tätigkeit.* Denn wer etwas gestaltet, der tut es jedesmal im Hinblick auf einen Zweck, und nicht ein Zweck ohne weiteres, sondern erst der Zweck als bezogen auf etwas Bestimmtes und als Gestaltung von etwas Bestimmtem, liefert den Inhalt des Gestaltens. Beim *Handeln* dagegen leistet es der Zweck ohne weiteres. Denn das Ziel ist hier das richtige Handeln selber, nicht die Herstellung eines Objekts, und darauf ist das Streben gerichtet. *Darum ist ein Vorsatz entweder ein begehrendes Denken oder ein gedankliches Begehren, und der Urheber eines Handelns von diesem Charakter ist der Mensch.*

Was nun den Inhalt eines Vorsatzes bildet, ist niemals ein Vergangenes. So nimmt sich niemand vor, Ilium zerstört zu haben. Was vergangen ist, überlegt man sich nicht, sondern was zukünftig ist und was möglicherweise eintreten kann; denn das Vergangene schließt die Möglichkeit aus nicht eingetreten zu sein. So sagt Agathon mit Recht:

> Denn dies allein, selbst einem Gotte bleibt's versagt;
> Geschehne Dinge ungeschehn macht auch kein Gott.

So ist denn die Wahrheitserkenntnis die Funktion beider Teile des Vernunftvermögens, und die eigentliche Vollkommenheit beider besteht in der befestigten Beschaffenheit, vermöge deren jede derselben die Wahrheit zu treffen imstande ist.

3. Die Formen intellektueller Betätigung

Wir setzen nunmehr bei entlegeneren Gesichtspunkten ein, um über diese Dinge aufs neue zu verhandeln. Es mag also als ausgemacht angenommen werden, daß es der Zahl nach diese fünf Tätigkeitsformen gebe, durch die der Geist sich im bejahenden oder verneinenden Urteil der Wahrheit bemächtigt: *Kunstfertigkeit (technê), wissenschaftliche Erkenntnis (epistêmê), praktische Einsicht (phronêsis), ideale Geisteskultur (sophia)* und *intuitive Vernunft (nous)*. Denn woran man sonst noch denken könnte, bloßes Vorstellen und Meinen, läßt immer die Möglichkeit des Irrtums offen.

Was nun *wissenschaftliche Erkenntnis* bedeutet, wird, wenn es doch geboten ist sich in begrifflicher Strenge zu bewegen und nicht bloßen Analogien nachzugehen, aus folgendem klar werden. Unser aller gemeinsame Überzeugung ist doch dies, daß das was Gegenstand wissenschaftlicher Erkenntnis ist, die Möglichkeit ausschließt, daß sich die Sache auch anders verhalten könnte. Von dem was sich möglicherweise auch anders verhalten kann, läßt sich, sofern der Gegenstand nicht der unmittelbaren Beobachtung untersteht, nicht ausmachen, ob es ist oder nicht. Was den Inhalt eines Wissens bildet, ist also ein Notwendiges und mithin ein Ewiges; denn was ohne weitere Bedingung ein Notwendiges ist, das ist alles auch ein Ewiges, und vom Ewigen gibt es kein Entstehen und kein Vergehen. Zweitens ist es die allgemeine Meinung, daß alles wirkliche Wissen gelehrt und der Inhalt der Wissenschaft erlernt werden kann. Nun vollzieht sich alles Lernen auf Grund schon vorhandener Kenntnis, wie wir es auch in unseren Schriften zur Logik nachweisen, teils auf dem Wege der Induktion, teils in syllogistischem Verfahren. Die Induktion also ist das Prinzip auch für das Allgemeine; das syllogistische Verfahren dagegen geht vom Allgemeinen aus. Es gibt mithin Prinzipien, aus denen der Syllogismus fließt, die nicht auf syllogistischem Wege gewonnen werden; dafür also gibt es eine Induktion. Wissenschaftliche Erkenntnis trägt demnach den Charakter eigentlicher Beweisbarkeit, und dazu kommt dann weiter, was wir sonst noch alles zur Bestimmung ihres Begriffes in unseren Schriften zur Logik beigebracht haben. Wissenschaft hat einer, soweit er irgendwie zu voller Gewißheit gelangt ist und die Kenntnis der Prinzipien besitzt. Denn sind ihm diese nicht in höherem Maße bekannt als die Konklusion des Schlusses, so hat er ein Wissen nur von uneigentlicher Art. Damit mag der Charakter der wissenschaftlichen Erkenntnis gekennzeichnet sein.

Von dem nun was möglicherweise auch anders sein kann, ist das eine Gegenstand der *gestaltenden Tätigkeit*, das andere Gegenstand des *Handelns*. Dieses beides, gestaltende Tätigkeit und Handeln, ist zweierlei; was diesen Unterschied anbetrifft, dafür berufen wir uns auch auf die geläufige Literatur. Und so ist denn auch das befestigte Vermögen vernünftigen Handelns ein anderes als das Vermögen vernünftigen Bildens und Gestaltens. Darum ist keines der beiden in dem anderen mitenthalten; das Handeln ist kein Gestalten, das Gestalten kein Handeln. Nun gibt es eine Kunst des Baumeisters, und diese ist eine Art des mit vernünftiger Überlegung verbundenen gestaltenden Vermögens; es gibt überhaupt so wenig eine Geschicklichkeit, die nicht ein mit vernünftiger Überlegung verbundenes gestaltendes Vermögen wäre, wie es ein solches Vermögen gibt, das nicht eine Geschicklichkeit bedeutete. Und so ist denn künstlerische Geschicklichkeit und das Vermögen des Gestaltens im Bunde mit vernünftiger, die Wahrheit treffender Überlegung eins und dasselbe. Nun ist alle Kunst darauf gerichtet, daß aus ihr ein Gegenstand hervorgeht; sie ist die Betätigung der Geschicklichkeit und das Betrachten, wie wohl ein solches, was möglicherweise sein und auch nicht sein kann, und wofür die Urheberschaft in der gestaltenden Person, nicht in der gestalteten Sache selbst liegt, zum Dasein gelangen kann. Denn die Kunst befaßt sich nicht mit solchem was notwendig ist oder geschieht, und auch nicht mit solchem was sich der Natur gemäß vollzieht; denn dergleichen hat seinen Grund in sich selbst. Ist nun gestaltende Tätigkeit und Handeln zweierlei, so gehört die Kunst notwendig der gestaltenden Tätigkeit und nicht dem Handeln an. In gewissem Sinne läuft der Zufall und die Kunst auf die Hervorbringung derselben Gegenstände hinaus. So sagt schon Agathon:

Kunst liebt den Zufall, und der Zufall liebt die Kunst.

Die Kunst also ist, wie wir dargelegt haben, ein befestigtes Vermögen des Gestaltens im Bunde mit das Wahre treffender Überlegung; das Fehlen der Kunst ist im Gegensatze dazu ein gestaltendes Vermögen in Verbindung mit einer im Falschen sich bewegenden Überlegung; beide aber haben die Richtung gemeinsam auf das, was die Möglichkeit hat sich auch anders zu verhalten.

Was weiter die *praktische Einsicht* anbetrifft, so werden wir uns darüber in der Weise verständigen, daß wir ins Auge fassen, welche Menschen man *einsichtsvoll* nennt. Als Kennzeichen des einsichtigen Mannes gilt dies, daß er das Vermögen hat, über das was für ihn gut ist und ihm frommt zutreffende Überlegungen anzustellen, nicht über spezielle Gegenstände, wie z.B. über die Frage, was der Gesundheit, oder was der Körperstärke zuträglich ist, sondern überhaupt über das was zu einem recht geführten Leben dient. Ein Beweis dafür ist dies, daß wir auch diejenigen, die sich mit einem speziellen Fach beschäftigen, einsichtig nennen, wenn sie zu einem wertvollen Zweck richtige Überlegungen da anstellen, wo es sich nicht um eine besondere Kunstfertigkeit handelt. Demnach wäre ein einsichtiger Mann überhaupt ein Mann, der richtige Überlegungen anstellt. Kein Mann aber überlegt sich solche Dinge, die sich gar nicht anders verhalten können, und ebenso wenig solche, die zu bewerkstelligen sich ihm keinerlei Möglichkeit bietet. Ist also Wissenschaft auf Beweis gerichtet und gibt es keinen Beweis für Dinge, deren Prinzipien sich auch anders verhalten können, denn dann gehören auch die daraus gefolgerten Dinge zu dem, was sich auch anders verhalten kann, läßt sich ferner keine Überlegung anstellen über das was notwendig ist: so ergibt sich, daß Einsicht weder wissenschaftliche Erkenntnis noch Kunstfertigkeit ist; jenes nicht, weil, was Gegenstand des Handelns ist, sich auch anders verhalten kann; und nicht Kunstfertigkeit, weil das Gebiet auf dem sich das Handeln bewegt ein anderes ist als dasjenige, auf dem das Gestalten sich betätigt. Es bleibt also nur übrig, daß sie *die Fertigkeit ist, im Bunde mit vernünftigem Denken richtig urteilend tätig zu sein in bezug auf das, was für den Menschen ein Gut oder ein Übel ist.* Die gestaltende Tätigkeit hat ihr Ziel außerhalb ihrer; so ist es beim Handeln nicht. Denn bei diesem ist das Ziel das richtige Handeln selber.

Unter diesem Gesichtspunkt halten wir einen Perikles und seinesgleichen für einsichtige Männer, weil sie das was für sie und das was für die Menschen ein Gut ist, im Geiste zu erfassen vermögen. Für Menschen von solcher Art halten wir diejenigen, die sich in wirtschaftlicher und politischer Tätigkeit bewähren. Aus diesem Grunde wenden wir diesen Ausdruck auch auf die Besonnenheit (*sôphrosynê*) an, sofern sie sich die Einsicht bewahrt (*hôs sôzousan tên phronêsin*); was sie bewahrt, ist eben ein solches einsichtiges Urteil. Es wird nämlich nicht jedes Urteil durch die Rücksicht auf das was Lust oder Unlust bereitet verderbt oder verkehrt, z.B. nicht das Urteil, daß die Winkelsumme im Dreieck 2 Rechten gleich oder nicht gleich sei, sondern nur solche Urteile, die für das praktische Verhalten von Bedeutung sind. Denn die Gründe für das praktische Verhalten bilden die Zwecke, die durch das Handeln erreicht werden sollen. Demjenigen aber, der sich durch die Rücksicht auf Lust und Unlust in den Irrtum verführen läßt, steht gleich auch die Maxime des Handelns nicht klar vor Augen, auch nicht der Gedanke, daß man für diesen Zweck, und auch nicht daß man um seinetwillen alle seine Vorsätze und Handlungen einrichten soll. Die Schlechtigkeit des Charakters pflegt auch die Maxime des Handelns zu verfälschen. So ist es das notwendige Ergebnis, daß die Einsicht die Fertigkeit ist, mit vernünftigem Denken richtig urteilend das was für Menschen ein Gut ist handelnd zu verwirklichen.

Nun gibt es aber wohl eine höhere oder geringere Durchbildung bei der Kunstfertigkeit, dagegen gibt es sie nicht bei der Einsicht. Ferner, wo es sich um Kunstfertigkeit handelt, da steht unter denen die einen Fehler begehen derjenige höher, der ihn mit Absicht begeht: bei der Einsicht gilt das nicht so, wie es auch bei den anderen Arten von Vollkommenheiten nicht gilt. Offenbar bedeutet also die Einsicht eine Art innerer Vollkommenheit, und nicht eine bloße Kunstfertigkeit. Und da es zwei Vermögen der Seele gibt, die mit Vernunft ausgestattet sind, so wäre sie demnach die Vollkommenheit des einen der beiden, nämlich des Vermögens der Ansichtsbildung. Denn die Ansichtsbildung hat zum Gegenstande das, was sich auch anders verhalten kann, und die praktische Einsicht ebenso. Andererseits ist die Einsicht auch nicht eine bloße Fertigkeit im Bunde mit dem Gedanken. Das sieht man schon daran, daß eine Fertigkeit dieser Art auch durch Vergessen abhanden kommen kann, die Einsicht aber nicht.

Wissenschaftliche Erkenntnis sahen wir, ist gedankliche Auffassung des Allgemeinen und des Notwendigen. Für alles nun was Gegenstand eines Beweises ist, und mithin für alle Wissenschaft, gibt es Prinzipien, aus denen es stammt; denn Wissenschaft stützt sich auf Gründe. Der letzte Grund für das was Objekt der Wissenschaft ist, kann also weder der Wissenschaft selber noch der Kunstfertigkeit noch der praktischen Einsicht zugehören. Denn was Objekt der Wissenschaft ist, das muß sich beweisen lassen; die beiden anderen aber haben es mit dem zu tun, was sich auch anders verhalten kann. Aber auch in der idealen Geisteskultur haben jene letzten Gründe nicht ihren Platz. Denn es bezeichnet gerade den hochgebildeten Mann, daß es so manches gibt, wofür er imstande ist einen Beweis zu führen. Wenn es nun viererlei ist, wodurch wir über das was möglicherweise sich auch anders verhalten kann oder nicht kann, die Wahrheit erlangen und niemals in Irrtum geraten: wissenschaftliche Erkenntnis, Einsicht, Geisteskultur und Vernunft, und wenn von den drei ersten darunter also praktische Einsicht, wissenschaftliche Erkenntnis und Geisteskultur keines es leisten kann, so bleibt nur übrig, *daß es die Vernunft ist, die die Prinzipien erfaßt.*

Ideale Geisteskultur schreiben wir im Gebiete der Kunstfertigkeiten denjenigen zu, die in der Ausübung derselben die vollendetsten Meister sind; so nennen wir Pheidias einen hochgebildeten Bildhauer in Stein und Polykleitos einen ebensolchen Bildner in Erz, und damit wollen wir von solcher Geisteskultur gar nichts anderes aussagen, als daß sie vollendete Meisterschaft in der Kunst bedeutet. Manchen aber schreiben wir Geisteskultur überhaupt und nicht bloß auf einem speziellen Gebiete oder in irgendeiner besonderen Beziehung zu. So heißt es bei Homer im Margites:

> Diesen machten die Götter zum Ackrer nicht, auch nicht zum Pflüger,
> Oder in sonst was gebildet.

Man sieht daraus, daß Geisteskultur die vollendetste Form von Bildung überhaupt bedeutet. Ein geistig gebildeter Mann muß also nicht nur das wissen, was aus den Prinzipien folgt, sondern auch betreffs der Prinzipien selber im Besitze wahrer Erkenntnis sein. Geistesbildung ist mithin intuitive Vernunft vereint mit wissenschaftlicher Erkenntnis, die auch die höchsten Objekte gleichsam als den Gipfel alles Erkennbaren zu eigen hat. Denn das hätte keinen Sinn, wenn jemand die Staatskunst oder die praktische Einsicht überhaupt für das wertvoll Höchste halten wollte; es müßte denn der Mensch für das höchststehende Wesen unter allen in der Welt vorhandenen gelten. Wenn für die Menschen etwas anderes gesund und gut ist als für die Fische, das Weiße und das Gerade aber immer dasselbe ist, so werden geistige Bildung alle als immer dasselbe, praktische Einsicht aber als immer anderes bezeichnen. Denn einsichtsvoll wird man es nennen, das Verständnis zu haben für den günstigen Fortgang in den einem obliegenden Einzelheiten, und dem Einsichtigen wird man denn auch die Sorge dafür übertragen. So nennt man ja auch manche Tiere klug, die augenscheinlich das Vermögen haben, für ihren eigenen Lebensunterhalt vorzusorgen. Damit aber ist auch das offenbar, daß Geisteskultur und Staatskunst nicht dasselbe ist. Wollte man Geisteskultur die Kenntnis dessen nennen, was jedesmal dem der sie hat frommt, so gäbe es viele Arten von Geisteskultur. Denn es gibt nicht *eine* Kenntnis, die das was allen Arten von lebenden Wesen gut ist umfaßte, sondern für jede Gattung ist es eine andere; es müßte sonst auch die Heilkunst eine einzige sein für alles was existiert. Beruft man sich aber darauf, daß der Mensch das höchststehende unter allen lebenden Wesen sei, so ändert das nichts an der Sache. Denn es gibt auch dann noch andere Wesen, die von Natur viel göttlicher sind als der Mensch, so mindestens die Wesen, die am meisten in die Augen fallen, die Himmelskörper, aus denen das Universum besteht.

4. Praktische Einsicht

Aus dem Dargelegten geht hervor, daß Geisteskultur Erkenntnis und intuitives Erfassen der ihrer Natur nach höchststehenden Gegenstände ist. Darum schreibt man Männern wie Anaxagoras, Thales und ihresgleichen wohl hohe Geisteskultur, aber nicht auch praktische Einsicht zu, in der Erwägung, daß sie ihre persönlichen Interessen nicht wahrzunehmen wußten. Man sagt von solchen, daß ihre Kenntnisse überschwänglich, die Gegenstände derselben bewundernswert, schwierig und göttlich, aber nichts fürs Leben Brauchbares seien, weil ihr Forschen nicht auf das gerichtet ist, was der menschlichen Natur dienlich ist.

Dagegen hat die *praktische Einsicht* die menschlichen Dinge, dasjenige worüber sich eine Überlegung anstellen läßt, zum Gegenstande. Denn dem praktisch Einsichtigen schreiben wir am allermeisten dies als seine Leistung zu, daß er richtige Überlegungen anstellt. Es überlegt sich aber niemand dasjenige, was sich nicht anders verhalten kann, oder was kein Ziel und keinen Zweck hat; Ziel und Zweck aber ist das durch Handeln zu bewirkende Gute. Zu rechter Überlegung befähigt schlechthin ist also der Mann, der auf Grund vernünftigen Nachdenkens auf dasjenige als sein Ziel gerichtet ist, was unter dem durch Handeln zu Verwirklichenden für den Menschen das allerdienlichste ist.

Praktische Einsicht hat zum Gegenstande nicht bloß das Allgemeine, sondern es wird von ihr gefordert, daß sie auch über das Einzelne Bescheid wisse. Denn sie bezieht sich auf das Praktische, alle Praxis aber bewegt sich in der Einzelheit. Daher kommt es, daß manche Leute ohne ein Wissen zu besitzen, zu praktischer Ausübung auch auf anderen Gebieten doch tüchtiger sind als andere Leute mit solchem Wissen: es sind das die erfahrenen Leute. Kennt einer den Satz, daß Fleisch, wenn es leicht ist, auch leicht zu verdauen und gesund ist, weiß aber nicht, welche Art von Fleisch leicht ist: so wird er die Gesundheit herzustellen nicht imstande sein. Der dagegen, der weiß, daß das Fleisch von Geflügel leicht und gesund ist, der wird es eher bewirken können. Die Einsicht geht aufs Praktische; sie muß also beides haben, das Wissen und die Erfahrung vom Einzelnen, ja letzteres noch dringlicher. Aber es gibt auch innerhalb ihrer eine werkmeisterliche, eine leitende Kunst.

So ist denn auch die *Kunst des Staatsmanns* und *praktische Einsicht* eine und dieselbe Eigenschaft, ohne daß sie doch ihrem Begriffe nach zusammenfielen. Der eine Zweig der Staatskunst ist als werkmeisterliche, leitende Kunst die Kunst der Gesetzgebung: der andere, der die Einzelfälle behandelt, führt den allgemeinen Namen Politik in engerer Bedeutung. Diese ist praktische Geschicklichkeit und auf Beratung gegründet; denn ein einzelner Beschluß hat zum Inhalt ein zu tuendes als den Schlußsatz eines Syllogismus. Darum sagt man allein von diesen Männern, daß sie Politik treiben; denn sie allein üben eine praktische Beschäftigung wie die gewöhnlichen Arbeiter. Man hält aber auch dafür, daß die Einsicht am meisten den Handelnden selbst und den Einzelnen ins Rüge faßt, und so verstanden führt sie den allgemeinen Namen Einsicht. Dahin gehört aber auch Haushaltung, Gesetzgebung und Politik, und diese letztere ist teils beratende Tätigkeit, teils Rechtspflege. Das Wissen von dem was einem selber gut ist, ist demnach eine Art der Einsicht; indessen es liegt dazwischen doch ein gewaltiger Unterschied. Wer sich auf seine eigenen Interessen versteht und sich damit beschäftigt, gilt für einsichtig; die Politiker aber heißen vielgeschäftige und vielgeplagte Leute. So sagt Euripides:

> Ich wäre einsichtsvoll, der fern von Müh und Not,
> Zur Meng' im Heere zählend und ihr gleichgestellt,
> Das gleiche könnt' erlangen [mit dem Weisesten?
> Denn nichts ward je so Glänzendes wie solch ein Mann.]
> Die weit vorragen und ein Mehr von Leistung tun,
> [Die ehrt man, schätzt als Häupter sie im Staat.]

Die Menschen sorgen für ihr eigenes Interesse und meinen, das ins Werk zu setzen sei ihre Aufgabe, und aus dieser Ansicht also stammt es, daß ihnen diese Leute als die Einsichtigen gelten. Und doch ist es schwerlich möglich das eigene Wohl zu schaffen, ohne für das Hauswesen und ohne für das Staatswesen mit bedacht zu sein. Überdies, wie man sein eigenes Wohl besorgen soll, ist keineswegs an sich klar und bedarf der Untersuchung.

Ein Beweis für unsere Ausführungen liegt auch darin, daß junge Leute wohl Geometrie lernen und geschickte Mathematiker werden und in dergleichen Gegenständen sich hohe Bildung erwerben, daß aber ein junger Mensch nicht wohl einsichtsvoll werden mag. Der Grund ist der, daß praktische Einsicht auch die Einzelfälle zum Gegenstande hat, die man durch Erfahrung kennen lernt, ein junger Mensch aber keine Erfahrung hat. Denn Erfahrung wird durch die Länge der Zeit bedingt. Weiter aber ist auch das eine Frage, weshalb ein Knabe wohl ein Mathematiker zu wer den, aber nicht sich allgemeine Bildung oder Naturerkenntnis zu erwerben vermag. Doch wohl weil jenes durch Abstraktion, die Prinzipien dieser letzteren aber durch Erfahrung zum Verständnis gelangen. Junge Leute haben davon keine selbsterworbene Gewißheit, sondern reden nur anderen nach, während ihnen die Grundbegriffe jener mathematischen Gegenstände nicht unzugänglich sind.

Der Fehler sodann, den man in der Überlegung begeht, kann entweder in dem Allgemeinen oder in der Einzelheit liegen: so z.B. in dem Satze, daß alles Wasser was schwer von Gewicht ist, verdorben ist, oder darin daß dieses bestimmte Wasser schwer von Gewicht ist. Daß aber Einsicht keine wissenschaftliche Erkenntnis ist, ist offenbar. Denn ihren Inhalt bildet das Einzelne als die Konklusion im Schluß, wie wir gesehen haben, und was Gegenstand der Praxis ist, ist von letzterer Art. So steht es im Gegensatze zum reinen Denken. Denn das reine Denken hat zum Inhalt die obersten Prinzipien, für die es keinen Beweis gibt; praktische Einsicht aber beschäftigt sich mit dem Letzten, dem Einzelnen, was nicht mehr Gegenstand wissenschaftlicher Erkenntnis, sondern der Wahrnehmung ist, nicht der spezifischen Wahrnehmung eines einzelnen Sinnes, sondern ähnlich derjenigen, durch welche wir gewahr werden, daß die elementarste Figur unter den Objekten der Mathematik das Dreieck ist; denn auch da ist ein letzter Abschluß gegeben. Aber hier handelt es sich noch eher um Anschauung als um praktische Einsicht; diese ist zwar auch Anschauung, aber von anderer Art.

Etwas suchen ist nicht dasselbe wie sich etwas überlegen; dieses letztere ist eine Art des Suchens. Auch vom Überlegen müssen wir ausmachen, was es seinem Wesen nach ist, ob es Wissenschaft, ob es bloße Meinungsbildung, ob es ein geschicktes Erraten ist oder unter welche Gattung es sonst fällt. Nun ist es zunächst nicht Wissenschaft, denn man sucht nicht was man schon weiß: richtige Überlegung aber ist ein sich Beraten, und wer berät, der sucht nach etwas und denkt darüber nach. Aber auch ein Erraten ist es nicht. Denn man errät ohne bewußte Gründe und im Augenblick; zum Überlegen dagegen bedarf es längerer Zeit, und so heißt es: man müsse im Ausführen dessen, was man sich überlegt hat, schnell, im Überlegen aber langsam sein. Zudem, Scharfsinn ist etwas anderes als richtige Überlegung, und Scharfsinn ist eine Art das Rechte zu treffen. Aber auch eine Meinungsbildung ist das richtige Überlegen in keinem Sinne. Sofern der schlecht Überlegende irre geht, der gut Überlegende das Rechte trifft, ist die rechte Überlegung offenbar ein Treffen des Richtigen, aber des Richtigen weder in wissenschaftlicher Erkenntnis noch in bloßer Meinung. Denn in der Wissenschaft gibt es kein Treffen des Richtigen, sowenig wie ein Verfehlen des Richtigen; Richtigkeit der Meinung aber bedeutet soviel wie Wahrheit. Zugleich aber ist der Gegenstand, über den man sich eine Meinung bildet, immer bereits begrifflich bestimmt; rechte Überlegung aber findet nicht statt, ohne Erwägung von Gründen. Es bleibt also nur übrig, daß sie Richtigkeit der Reflexion bedeutet; denn diese ist als solche noch kein festgestellter Satz, während eine Meinung nicht mehr ein Suchen, sondern bereits ein solcher Satz ist. Wer sich aber etwas überlegt, gleichviel ob er schlecht oder richtig überlegt, der sucht noch erst etwas und denkt über etwas nach.

Ist aber die richtige Überlegung das Treffen des rechten Weges, so ist nun zuerst die Frage, was dieser rechte Weg und was seine Bedeutung ist. Richtigkeit hat selbst wieder mehrere Bedeutungen, und es kann sich nicht um Richtigkeit in jedem Sinne handeln. Ein willensschwacher und ein niedriggesinnter Mensch wird durch seine Reflexion das Resultat erreichen, das er zu erreichen sich vorgesetzt hat; er wird also ganz richtig überlegt und doch damit nur ein großes Übel ergriffen haben. Recht überlegt zu haben gilt aber als ein Gutes; denn eine solche Richtigkeit im Resultat der Überlegung bedeutet rechte Überlegung, und diese verhilft zu etwas Gutem. Zu solchem Resultat kann man aber auch durch einen falschen Schluß gelangen; man kann richtig treffen, was zu tun geboten ist, und doch den rechten Weg verfehlen, der zu solchem Treffen führt, indem man einen falschen Mittelbegriff verwendet. Also wird eine rechte Überlegung noch nicht dadurch bezeichnet, daß man durch sie zum richtigen Ergebnis gelangt, sofern man nicht auch auf dem rechten Wege dazu gelangt. Ferner ist es möglich das Rechte zu treffen, indem man lange Zeit, aber es ist auch möglich, indem man schnell überlegt; also ist auch darin noch kein Merkmal der richtigen Überlegung zu finden. Eine solche ist erst diejenige, die das Richtige trifft als das was frommt, und zwar dem Zwecke nach, der Art und Weise nach und der Zeit nach. Man kann ferner eine richtige Überlegung schlechthin oder zu einem bestimmten Zwecke angestellt haben. Die richtige Überlegung schlechthin ist diejenige, die zu dem schlechthin gültigen Zwecke, die andere ist diejenige, die zu einem bestimmten Sonderzwecke das Rechte trifft. Ist nun richtig überlegt zu haben das Kennzeichen derjenigen, die praktische Einsicht haben, so ist unter richtiger Überlegung die Richtigkeit in dem Sinne zu verstehen, daß das Mittel zu dem Zwecke dienlich ist, den die praktische Einsicht in richtigem Urteil erfaßt hat.

Verstand ferner und *Verständigkeit*, d.h. die Eigenschaften, auf Grund deren man jemanden verständig und verständnisvoll nennt, bedeutet keineswegs durchaus dasselbe wie wissenschaftliche Erkenntnis oder wie eine bloße Meinung, denn dann würden alle verständig sein; aber auch nicht eine besondere Art von Spezialwissenschaft; so wie die medizinische Wissenschaft die Wissenschaft von dem Gesunden oder die Mathematik die von den Größen ist. Denn den Gegenstand, an dem der Verstand sich Bewährt, bildet weder das was ewig und unbewegt ist, noch sonst jedes Beliebige, dem ein Werden zukommt, sondern vielmehr das was Schwierigkeiten und Bedenken macht und was zu einer Überlegung Anlaß gibt. Darum kommen hier dieselben Gegenstände in Betracht, die auch der praktischen Einsicht unterstellt sind, aber doch nicht so, daß Verstand und praktische Einsicht dasselbe wäre. Denn die Einsicht übt das Amt des Gebietens; was man zu tun oder zu lassen hat, das zu bestimmen ist ihr Beruf. Der Verstand dagegen hat nur das Amt des Urteilens. So bedeutet denn Verstand und Verständigkeit, verständig und verständnisvoll dasselbe. Der Verstand besteht weder darin daß man praktische Klugheit besitzt, noch darin, daß man sie erlangt, sondern wie das Lernen ein Verstehen bedeutet, sofern dabei das reine Erkenntnisvermögen zur Anwendung gelangt, so tritt der Verstand in Wirksamkeit, wenn man sich eine Ansicht bildet, um ein Urteil zu gewinnen über das, was der praktischen Einsicht obliegt. Es gilt, wenn ein anderer redet, darüber das richtige Urteil zu fallen; denn richtiges und zutreffendes Urteil bedeutet dasselbe. Daher nun ist der Ausdruck Verstand genommen, wonach jemand als verständig bezeichnet wird, nämlich von dem Verstehen beim Lernen. Denn häufig bezeichnet man das Lernen als ein Verstehen.

Was man ferner *wohlmeinende Gesinnung* nennt, wonach wir von jemand sagen, er sei ein wohldenkender, ein einsichtiger Mann, das bedeutet ein richtiges Urteil in Fragen der Billigkeit. Ein Beweis dafür ist der, daß man wohlmeinend am ehesten den nennt, der billig urteilt, und billig sein heißt manche Dinge wohlmeinend mit Nachsicht beurteilen. Solche nachsichtige Beurteilung ist eine mit richtigem Urteil über das Billige verbundene Denkweise, und richtig heißt das Urteil, das das in Wahrheit Billige trifft.

Alle diese Beschaffenheiten des Intellekts nun haben, so darf man wohl sagen, dieselbe Bestimmung. Man spricht von Denkweise, Verständigkeit, Einsicht, Vernünftigkeit, indem man sie von denselben Personen aussagt, denen man Wohlmeinung und sogar Vernünftigkeit zuschreibt, die man einsichtsvoll und verständig nennt. Alle diese Vermögen haben es mit den letzten Einzelfällen des Lebens zu tun. Sofern man ein richtiges Urteil hat über die Fragen der praktischen Klugheit, ist man verständig und wohlmeinend oder nachsichtig. Denn billig zu urteilen ist das gemeinsame Kennzeichen aller guten Menschen, wo es sich um das Verhältnis zu anderen handelt. Alles praktische Verhalten aber bewegt sich um die letzten Einzelfälle. Diese muß der Einsichtige denkend erkennen; Verstand und Wohlmeinung aber haben sie praktisch zu behandeln, und immer handelt es sich dabei um die Einzelfälle des Lebens als um das schlechthin Einzelne. Auch die intuitive Vernunft erfaßt das Letzte und zwar nach beiden Richtungen, als das Oberste und das Unterste. Denn die obersten Bestimmungen und die letzte Einzelheit, beides ist Gegenstand der Vernunft in unmittelbarem Ergreifen, nicht in vermitteltem Denken. Die Vernunft erfaßt, wo es sich um das Beweisverfahren handelt, die unveränderlichen obersten Begriffe, und andererseits wo es sich um das praktische Verhalten handelt, die letzte Einzelheit, das was auch anders sein kann, und den Untersatz des Schlusses; denn das sind die Prinzipien für alle Absichtsbildung. Aus dem Einzelnen wird das Allgemeine gewonnen. Dieses muß man unmittelbar wie durch Wahrnehmung ergreifen, und das leistet die Vernunft. Darum gilt es auch, daß dies Naturgabe ist. Geisteskultur hat von Natur kein Mensch, wohl aber kommt Einsicht, Wohlmeinung und Vernunft durch natürliche Entwicklung. Der Beweis ist, daß man diese Eigenschaften als mit dem Lebensalter zusammenhängend betrachtet, und dieses bestimmte Lebensalter Vernunft und Urteilskraft mit sich bringt; die Natur also ist der Grund. Darum ist die Vernunft der Anfang und das Ende; denn aus dem Obersten ergeben sich die Beweise, und um das Unterste drehen sie sich. Man muß deshalb die Aussprüche und Ansichten der Erfahrenen und Älteren oder Einsichtigen schätzen, auch wenn sie ohne Beweis sind, gerade so wie Beweise; denn weil sie ein durch Erfahrung geschärftes Auge haben, so sehen sie richtig.

Was Einsicht, was Geistesbildung ist und welches die Objekte jeder von beiden sind, haben wir so dargelegt und gesehen, daß jedes von beiden die rechte Beschaffenheit einer anderen Seite der Geistestätigkeit bedeutet.

5. Intellektuelle Bildung und Sittlichkeit

Mancher könnte nun dabei die Frage aufwerfen, was wir denn eigentlich von alledem haben. Die ideale Geisteskultur zunächst befaßt sich mit nichts von dem, was auf das Glück eines Menschen Bezug hat; denn nichts von dem, was bloß ein Werden ist, fällt in ihren Gesichtskreis. Praktische Einsicht aber beschäftigt sich zwar mit dem letzteren; aber wozu bedarf es ihrer, wenn die Einsicht das, was für den Menschen das Gerechte, das Edle und Gute ist, zum Gegenstande hat, dieses aber eben das ist, was handelnd zu betätigen das Kennzeichen eines guten Menschen bildet? Werden wir doch dadurch, daß wir dieses wissen und kennen, keineswegs geeigneter, es auch praktisch auszuüben, und die sittlichen Willensrichtungen sind ja vielmehr befestigte Eigenschaften. Es ist damit wie mit Gesundheit oder guter Körperkonstitution, überhaupt mit allem was seinen Namen nicht davon hat, daß es selbst etwas hervorbringt, sondern vielmehr davon, daß es aus einer bestimmten Beschaffenheit entspringt. Denn dadurch daß wir die Heilkunst oder die Gymnastik inne haben, werden wir um nichts geeigneter, wirklich gesund oder kräftig zu werden. Wenn man nun annehmen muß, daß man der Einsicht nicht um dessen willen bedarf, was Folge einer Beschaffenheit ist, sondern vielmehr um eine bestimmte Beschaffenheit erst zu erlangen, so würde die Einsicht denen die bereits sittlich tüchtig sind zu nichts dienlich, andererseits aber auch für die die es nicht sind, ohne Nutzen sein. Denn ob einer die Einsicht selbst besitzt oder ob er die Vorschriften eines anderen befolgt, der die Einsicht besitzt, das macht keinen Unterschied; man kann sich ganz wohl am letzteren genügen lassen, wie wir es betreffs der Gesundheit auch wirklich machen. Denn gesund zu sein wünschen wir alle, aber wir studieren deshalb doch nicht Medizin. Überdies könnte es einem höchst sonderbar vorkommen, wenn die praktische Einsicht, die doch an Wert der Geistesbildung nachsteht, von höherer Bedeutung sein soll als diese; denn was in den Einzelheiten des Lebens das Gestaltende ist, das hat die herrschende und gebietende Stellung. Darüber also müssen wir nun noch handeln; denn im bisherigen sind nur erst die Schwierigkeiten die darin liegen aufgezeigt worden.

Zuerst also wollen wir bemerken, daß jene Eigenschaften, weil sie die rechte Beschaffenheit, eine jede von einem Gebiete geistiger Tätigkeit, darstellen, auch dann um ihrer selbst willen notwendig anzustreben sind, wenn keine von beiden irgendwelchen Nutzen gewährt. Zweitens aber, sie gewähren in der Tat solchen Nutzen, freilich nicht so wie die Heilkunde die Gesundheit bewirkt; vielmehr wie die Gesundheit leiblich, so bewirkt die Geistesbildung geistig die Glückseligkeit. Denn indem sie ein Zweig der ganzen Vollkommenheit ist, so macht sie glückselig dadurch daß man sie besitzt und daß sie wirksam wird.

Aber weiter: damit der Mensch seine Bestimmung erfülle, ist beides nötig. Einsicht und sittliche Tüchtigkeit. Denn sittliche Tüchtigkeit bewirkt, daß das Ziel das man sich steckt, das rechte ist, und die Einsicht bewirkt, daß die Mittel die man zum Ziele anwendet, die rechten sind. Für das vierte Seelenvermögen, das vegetative, gibt es eine solche Vollkommenheit nicht; denn in seiner Macht steht weder etwas zu tun noch etwas zu unterlassen. Was aber das anbetrifft, daß man durch die Einsicht keineswegs geeigneter werde, das Gute und Gerechte handelnd zu verwirklichen, so müssen wir etwas weiter ausholen und folgendes zum Ausgangspunkte nehmen. Wie wir sagen, daß einer deshalb noch nicht gerecht sei weil er gerechte Handlungen vollbringt, wie z.B. diejenigen es tun, die die gesetzlichen Anordnungen, sei es wider ihren Willen, sei es aus Irrtum oder sonst aus einem Motiv, nur nicht um ihrer selbst willen befolgen, und sie handeln doch der Pflicht gemäß und tun was einem Ehrenmann geziemt, ebenso, scheint es, ist es möglich daß einer auf Grund seiner Beschaffenheit jede Handlung so vollzieht, daß er ein wirklich guter Mensch ist; ich meine damit, daß er sie mit Vorsatz und um der Sache selbst willen vollzieht. Das nun bewirkt die sittliche Gesinnung, daß der Vorsatz der richtige ist; daß aber das was der Natur der Sache nach zum Behufe jenes Vorsatzes zu geschehen hat, auch das Richtige sei, das zu bewirken ist nicht die Leistung der sittlichen Gesinnung, sondern dazu bedarf es eines anderen geistigen Vermögens.

Indessen der Gegenstand verdient es, daß wir unsere besondere Aufmerksamkeit darauf richten und noch eingehender darüber handeln.

Es gibt ein Vermögen, das man als Geschicklichkeit bezeichnet. Ihr wesentliches Merkmal ist dies, daß sie das, was zu einem gegebenen Ziele hinführt, ins Werk zu setzen und richtig zu treffen vermag. Ist nun das Ziel edel, so verdient diese Geschicklichkeit Hochachtung; ist das Ziel niedrig, so heißt sie Verschlagenheit. Deshalb sagt man wohl von einsichtigen Leuten, sie seien geschickt, und sagt es auch von verschlagenen Leuten. Nun ist die Einsicht allerdings nicht dieses Vermögen, aber sie ist nicht ohne dieses Vermögen. Die befestigte Fertigkeit der Einsicht aber erwächst dem Auge des Geistes nicht ohne vollendete Bildung, wie wir dargelegt haben und wie von selber klar ist. Denn die Schlüsse, die für alles tätige Handeln das Prinzip enthalten, nehmen diesen Gang: da dieses das Ziel und das Beste ist im übrigen mag es sein was es will; irgendein beliebiges kann als Beispiel dienen, so usw. Was aber dieses ist, das stellt sich nur dem dar, der ein guter Mensch ist. Denn niedrige Gesinnung verfälscht jedem das Urteil darüber und bewirkt, daß man die Prinzipien des tätigen Verhaltens von vornherein in falschem Lichte sieht. Offenbar also ist es unmöglich, ein Mann von praktischer Einsicht zu sein, wenn man nicht auch ein Mann von gutem Charakter ist.

Wir müssen also wiederum unsere Untersuchung auch über die Anforderung an den Charakter erstrecken. Die Charakterbeschaffenheit nämlich verhält sich nahezu so wie die praktische Einsicht. Wie diese sich zur Geschicklichkeit verhält, sie ist nicht mit ihr identisch, aber ihr doch ähnlich, so verhält sich auch die auf Naturausstattung beruhende Trefflichkeit zu eigentlicher sittlicher Trefflichkeit. Jede einzelne Charaktereigenschaft, darf man sagen, ist bei allen irgendwie schon von Natur angelegt. Wir sind gerecht, zur Besonnenheit geneigt, energisch, wir haben die anderen Eigenschaften, alles gleich von der Geburt an. Aber gleichwohl suchen wir nach etwas anderem, was erst das Gute im eigentlichen Sinne ist, und begehren daß diese Eigenschaften noch in anderem Sinne vorhanden seien. Als natürliche Ausstattung kommen diese Eigenschaften auch den Kindern und den Tieren zu, aber ohne die denkende Vernunft erweisen sie sich als verderblich. Wenigstens soviel scheint die Erfahrung zu lehren, daß wie es bei einem kräftigen Körper, der sich bewegt ohne Sehkraft zu haben, wohl begegnet, daß er hart anstößt, weil ihm die Sehkraft mangelt, das gleiche hier auch geschieht. Wenn aber die denkende Vernunft hinzutritt, dann tun sich in der praktischen Betätigung jene Trefflichkeiten hervor; dann wird die Eigenschaft, die mit sittlicher Tüchtigkeit bloß Ähnlichkeit besaß, zu wirklicher Sittlichkeit im eigentlichen Sinne. Wie es im Gebiete der Ansichtsbildung zwei Arten gibt, Geschicklichkeit und praktische Einsicht, so gibt es auch auf dem Gebiete der sittlichen Charakterbildung zwei Arten, die eine die Trefflichkeit durch Naturausstattung, die andere die sittliche Trefflichkeit im eigentlichen Sinne, und von diesen beiden bildet sich die eigentliche Trefflichkeit nicht ohne praktische Einsicht heraus. Das ist auch der Grund, weshalb manche behaupten, alle Arten sittlicher Willensrichtung seien Formen der Verstandesbildung, und Sokrates hat in dem einen Sinne wohl das Rechte getroffen, während er es im anderen Sinne verfehlte. Darin daß er meinte, alle Arten sittlicher Trefflichkeit seien Arten der Verstandesbildung, hat er geirrt; dagegen hat er mit Recht gesagt, daß sie nicht ohne Verstandesbildung zustande kämen. Der Beweis dafür ist der: auch die Heutigen machen sämtlich, wenn sie sittliche Trefflichkeit begrifflich bestimmen wollen, den Zusatz, nachdem sie zuvor die befestigte Willensrichtung und das Gebiet, auf das sie sich bezieht, angegeben haben, sie sei die dem richtigen Denken entsprechende Willensrichtung; richtiges Denken aber heißt das durch praktische Einsicht geleitete Denken. Damit machen sie sämtlich den Eindruck, als ob ihnen irgendwie die Vermutung aufgegangen wäre, daß eine derartige Charakterbeschaffenheit, die praktischer Einsicht entspricht, sittliche Trefflichkeit ist. Wir müssen aber noch einen Schritt weitergehen. Sittliche Trefflichkeit ist eine Willensrichtung, die nicht nur dem richtigen Denken entspricht, sondern die sich ausdrücklich mit dem richtigen Denken verbündet; richtiges Denken über dergleichen Dinge ist aber praktische Einsicht. Sokrates war der Meinung, die Arten sittlicher Trefflichkeit seien Formen der gedanklichen Bildung, denn sie seien insgesamt Erkenntnisse; wir dagegen sagen: sie stehen mit gedanklicher Bildung im Bunde.

Aus dem was wir ausgeführt haben geht hervor, daß es ebensowenig möglich ist ein sittlicher Mensch im eigentlichen Sinne zu sein ohne intellektuelle Bildung, wie praktische Einsicht zu haben ohne sittliche Trefflichkeit. Auf diese Weise mag sich auch der dialektische Einwand heben lassen, der darauf beruht, daß die einzelnen Richtungen des sittlichen Willens getrennt vorkommen. Ein und derselbe Mensch hat nämlich nicht zu allen die gleiche natürliche Anlage, und so geschieht es, daß er, während er die eine sich schon angeeignet hat, die andere noch nicht besitzt. Das kann wohl der Fall sein bei den auf Naturausstattung beruhenden Vorzügen; aber es kann nicht stattfinden bei den Eigenschaften, um derentwillen jemand ein guter Mensch ohne weiteres genannt wird. Denn mit der intellektuellen Bildung, die nur eine ist, stellen sie sich sämtlich zugleich ein.

Aber gesetzt selbst, diese Bildung wäre für das praktische Verhalten nicht von Bedeutung, so bedürfte man ihrer offenbar dennoch, weil sie die rechte Beschaffenheit des einen geistigen Vermögens ist, und weil die Bildung von Vorsätzen ebensowenig da die richtige sein kann, wo die intellektuelle Bildung, wie da, wo die sittliche Willensrichtung fehlt. Bewirkt die eine, daß man sich das Ziel richtig setzt, so bewirkt die andere, daß man den rechten Weg zum Ziele einschlägt. Aber allerdings, diese intellektuelle Bildung ist nicht die Herrin über die ideale Geisteskultur noch über das edlere Geistesvermögen, sowenig wie die Heilkunde die Herrin ist über die Gesundheit; sie verwendet sie nicht in ihrem Dienste, sondern sorgt nur dafür, daß sie zustande kommt, und wenn sie ihre Vorschriften macht, so macht sie sie nicht ihr, sondern um ihretwillen. Es wäre ebenso, wenn jemand sagen wollte, die Staatskunst übe die Herrschaft über die Götter, weil sie betreffs alles dessen was zum Staatsleben gehört ihre Anordnungen trifft.

II. Willensbildung

1. Sittlicher und unsittlicher Wille

Wir treten nunmehr, unter einem neuen Gesichtspunkte, in eine weitere Untersuchung ein. *Es gibt, wo es sich um den sittlichen Charakter handelt, drei Arten von solchem, was demselben feindlich gegenübersteht: böser Wille, Genußsucht und tierische Roheit.* Die Gegensätze dazu liegen bei zweien von ihnen klar vor Augen: den einen nennt man edle Gesinnung, den anderen Selbstbeherrschung. Als den Gegensatz zur tierischen Roheit würde man am passendsten diejenige Hoheit des Wesens bezeichnen, die als heroische oder göttliche über die gewöhnliche menschliche Natur weit hinausliegt. So läßt Homer den Priamos von Hektor sagen, um seine hervorragende Tüchtigkeit zu bezeichnen:

Und er schien nicht
Wie einem sterblichen Mann, nein, wie einem Gotte entsprossen.

Wenn daher, wie die Rede geht, Menschen durch den höchsten Grad der Trefflichkeit zu Göttern werden, so würde offenbar eine derartige Trefflichkeit diejenige sein, die zu dem Zustande tierischer Gefühlsroheit den strikten Gegensatz bildet. Denn wie bei einem Tier nicht von Tugend noch von Laster die Rede sein kann, so auch nicht bei Gott. Hier findet sich was höher steht als alle Tugend, dort hat Schlechtigkeit eine andere Bedeutung. Da es aber etwas Seltenes ist, »ein göttlicher Mann« zu sein, wie die Lakedämonier jemand zu benennen pflegen, wenn sie ihn sehr hoch stellen wollen sie sagen dann »ein göttlicher Mann«, so ist auch tierische Roheit bei Menschen eine seltene Erscheinung. Am häufigsten kommt sie noch bei auswärtigen, nichthellenischen Völkern vor; doch nehmen die Menschen zuweilen auch infolge von Krankheiten und von Entartung solche Eigenschaften an. Mit diesem schimpflichen Ausdruck belegen wir Menschen, die durch einen besonders hohen Grad von Bosheit es anderen zuvortun. Indessen, über diese Art von innerer Beschaffenheit müssen wir nachher noch einiges bemerken: über die niedrige Gesinnung haben wir oben gehandelt; jetzt ist es unsere Aufgabe, über Genußsucht, Verweichlichung, Liederlichkeit, und andererseits über Selbstbeherrschung und Willensstärke zu sprechen.

Diese beiden Reihen darf man nicht ohne weiteres den Gesinnungen zuzählen, die die Sittlichkeit und Unsittlichkeit ausmachen: aber man darf sie andererseits auch nicht als etwas betrachten, was auf ganz anderem Gebiete läge. Auch bei diesen Gegenständen haben wir wie auch sonst dasjenige festzustellen, was an Auffassungen offen vorliegt, dann zunächst die Schwierigkeiten durchzugehen die darin liegen, und auf diesem Wege möglichst über alles das, was die Leute im allgemeinen von diesen Charakterformen urteilen, oder wenn nicht über alles, so doch über das meiste und das wichtigste davon uns Klarheit zu verschaffen. Denn wenn die Schwierigkeiten gehoben werden und das bestehen bleibt, was allen einleuchtet, so darf der Gegenstand als ausreichend aufgehellt gelten.

Nach der allgemeinen Ansicht also gehört Selbstbeherrschung und Willensstärke zu den guten und lobenswerten, Genußsucht und Willensschwäche dagegen zu den schlechten und tadelnswerten Eigenschaften; ebenso gilt der Charaktervolle zugleich als derselbe, der der vernünftigen Überlegung treue Folge leistet, ebenso wie der Genußsüchtige als der gilt, der dazu neigt, ihr abtrünnig zu werden. Der Genußsüchtige handelt von seinem Triebe hingerissen wissentlich schlecht; der Charaktervolle dagegen gibt sich auf grund vernünftiger Überlegung seinen Begierden nicht hin, weil er weiß daß sie verwerflich sind. Dem über niedere Triebe erhabenen Mann schreibt man Selbstbeherrschung und Willensstärke zu, und zwar halten die einen den der diese Eigenschaften besitzt für in allen Beziehungen über das Niedere erhaben, die anderen nicht; den zügellos Ausschweifenden wirft man mit dem seiner nicht Mächtigen, den seiner nicht Mächtigen mit dem Zügellosen zusammen, während andere diese beiden für verschieden halten. Vom einsichtigen Mann behauptet man bald, es könne ihm die Selbstbeherrschung nicht abgehen, während andere behaupten, es gebe manche ganz einsichtige und gescheite Leute, die doch ihren Gelüsten folgten. Mangel an Selbstbeherrschung wird auch mit Bezug auf Heftigkeit ausgesagt wie mit Bezug auf Ruhmsucht und Gewinnsucht. Das etwa ist es, was von geläufigen Ansichten anzuführen wäre.

2. Wille und Intellekt

a) Die Schwierigkeiten der Frage

Da drängt sich nun die Frage auf, wie jemand richtige Ansichten haben und doch der Selbstbeherrschung ermangeln kann. Bei begrifflicher Erkenntnis behaupten manche sei es unmöglich. Denn daß trotz des Besitzes begrifflicher Erkenntnis etwas anderes im Menschen die Herrschaft haben und solche Erkenntnis wie einen Sklaven hinter sich herschleppen sollte, das hielt Sokrates für etwas Ungeheuerliches. Sokrates bestritt demgemäß diese Ansicht durchaus. Solchen Mangel an Willensstärke gebe es nicht; denn wenn jemand im Handeln wider das was ihm am meisten fromme verstoße, so geschehe es niemals wissentlich, sondern immer nur aus Mißverstand. Indessen eine solche Ansicht widerspricht augenscheinlich den Tatsachen, und jedenfalls bedurfte es, wenn Mißverstand der Grund sein soll, erst noch einer Untersuchung dieses Seelenzustandes, in welchem Sinne dabei von Mißverstand gesprochen wird. Denn offenbar hegt der seiner Begierden nicht Mächtige seine falsche Ansicht nicht schon vorher, ehe er sich in der leidenschaftlichen Erregung befindet.

Manche nun geben dem Sokrates wohl in der einen Beziehung recht, in der anderen nicht. Daß nichts größere Macht hat als begriffliche Erkenntnis, das geben sie zu; aber sie stimmen mit ihm darin nicht überein, daß niemand wider das handle, was ihm als das Bessere erschienen ist, und behaupten deshalb, der Genußsüchtige werde von seinen Gelüsten eben deshalb beherrscht, weil er keine begriffliche Einsicht besitze, sondern eine bloße Meinung. Ist es aber eine bloße Meinung und keine begriffliche Erkenntnis, und ist es keine gesicherte, sondern nur eine unbefestigte Meinung, die den Gelüsten sich entgegenstellt, wie bei solchen, die noch im Zweifel hin und her schwanken, so ist da, wo jemand starken Begierden gegenüber seiner Denkweise nicht treu bleibt, ein nachsichtiges Urteil wohl am Platze. Grundsätzliche Unsittlichkeit dagegen hat keinen Anspruch auf Nachsicht, ebenso wenig wie jede andere Art von Verwerflichkeit. Das wäre also etwa dann der Fall, wenn sie trotz des Widerstrebens der praktischen Einsicht geübt würde; hat diese doch die stärkste Kraft. Indessen das wäre ungereimt. Denn das hieße, daß ein und derselbe Mensch zugleich einsichtig und den Lüsten ergeben wäre; kein Mensch aber wird behaupten, daß es die Art eines einsichtigen Menschen sei, willentlich die niedrigsten Handlungen zu begehen. Außerdem haben wir oben gezeigt, daß der Einsichtige sich auch im Handeln bewähre, denn auf das schlechthin Einzelne geht seine Einsicht, und daß er auch die anderen sittlichen Vorzüge besitzt.

Ferner, wenn es ein Merkmal der Selbstbeherrschung ist, starke Begierden, und zwar solche von niederer Art zu empfinden, so ergibt sich, daß der über die Begierden Erhabene nicht der sich Beherrschende, und der sich Beherrschende nicht der über die Begierden Erhabene sein kann. Denn das Kennzeichen eines Mannes von solcher Fassung ist eben das, daß er weder heftig begehrt noch Niederes begehrt; und doch ist solches Begehren die Bedingung dafür, daß von Selbstbeherrschung überhaupt die Rede sein kann. Denn sind die Begierden von edler Art, so ist diejenige Gesinnung, die es verhindert, daß man ihnen nachgibt, gerade nichts wert, und mithin wäre die Herrschaft über die Begierden keineswegs immer etwas Rühmliches. Sind sie aber schwach, ohne von niedriger Art zu sein, so wäre daran nichts, was einem Respekt einzuflößen vermöchte. Und sind sie zwar von niedriger Art, aber zugleich schwach, so wäre wieder ihnen zu widerstehen nichts Besonderes.

Aber weiter, wenn Festigkeit des Willens bewirkt, daß man jedesmal bei seiner Meinung beharrt, so ist sie in dem Falle bedenklich, wo einer auch auf einer falschen Meinung beharrt. Wenn aber Willensschwäche bewirkt, daß man von jeder Ansicht auch wieder abweicht, so wird es eine Willensschwäche geben, die zum Ruhme gereicht, wie es bei Neoptolemos in Sophokles' »Philoktet« der Fall ist. Denn daß er bei dem, wozu ihn Odysseus überredet hat nicht verharrt, weil es ihm leid wird, die Unwahrheit zu sagen, das verdient doch nur unseren Beifall.

Eine weitere Schwierigkeit bietet ein Trugschluß, der uns bei den Sophisten begegnet. Diese nämlich gefallen sich darin, Schlüsse von einer solchen Art zu bilden, mit der sie die Menschen verblüffen, um sich, wenn sie ihr Ziel erreichen, als besonders gewandt zu erweisen; und so wird der Schluß wie sie ihn bilden zu einem Fangschluß. Denn der Verstand fühlt sich wie in Banden, wenn er einerseits bei dem Schlußsatz nicht stehen bleiben will, weil dieser ihn nicht befriedigt, aber auch nicht von ihm loszukommen imstande ist, weil er dem Beweisgang sich nicht zu entziehen vermag. Aus einem ihrer Beweisgänge also ergibt sich der Satz, daß Gedankenlosigkeit in Verbindung mit Willenlosigkeit eine Tugend ist. Es tut einer auf Grund seines Mangels an Selbstbeherrschung das Gegenteil von dem was er für recht hält; was er für recht hält aber ist dies, daß das Gute schlecht und zu unterlassen sei, und infolgedessen tut er nun das Gute und nicht das Böse.

Ferner könnte man meinen, ein Mensch, der aus Überzeugung tut und anstrebt was Lust bereitet, und danach seine Vorsätze einrichtet, sei mehr wert als einer, der nicht auf Grund seiner Denkungsart, sondern seiner Genußsucht so verfährt; denn er ist einer Heilung eher zugänglich, weil es möglich bleibt, daß man ihm eine andere Überzeugung beibringe. Dagegen ist ein Mensch der bloß seinen Begierden nachlebt, ein Beleg für das Sprichwort: Wenn das Wasser würgt, was soll man nachtrinken? Wäre er von der Richtigkeit seiner Handlungsweise überzeugt, so würde er sie, eines Besseren überzeugt, aufgeben: so aber bleibt sein Handeln, auch wenn man ihn überzeugt, deshalb nicht weniger im Widerspruch zu seiner Überzeugung.

Außerdem: wenn Knechtschaft unter den Begierden und Herrschaft über die Begierden auf allen Gebieten vorkommt, wer ist der Knecht der Begierde schlechthin? Kommen doch bei keinem Menschen alle Arten von Ausschweifung zugleich vor, und dennoch nennen wir manche Leute ausschweifend ohne weiteres.

Das etwa sind die Schwierigkeiten die sich ergeben. Da muß man das eine aus dem Wege räumen, das andere stehen lassen, denn die Schwierigkeit heben heißt das Positive finden.

b) Die Art des Wissens

Die erste Frage, die wir zu beantworten haben, ist die, ob es sich um ein wissentliches Tun handelt oder nicht, und was unter dem Wissen dabei zu verstehen ist. Zweitens ist die Frage, auf welchen Gebieten man den suchen soll, der seinen Begierden frönt und den der sie beherrscht; das heißt ob jede Lust und jede Unlust, oder nur gewisse genau bestimmte dabei in Betracht kommen, sowie was den Herrn über seine Begierden und den Willensstarken anbetrifft, ob beides dasselbe oder ob es verschiedenes bedeutet. Ebenso haben wir auch über die anderen Fragen zu handeln, die mit dieser Untersuchung in näherem Zusammenhange stehen.

Den Ausgangspunkt der Betrachtung bildet die Frage, was den Unterschied zwischen dem Herrn seiner Begierde und dem Knecht derselben ausmacht, ob der Gegenstand oder die Art und Weise des Verhaltens zum Gegenstande; das will sagen: ob einer ein Knecht der Begierde dadurch ist, daß er dieses Bestimmte begehrt, oder ob er es nicht dadurch ist, sondern durch die Art und Weise seines Begehrens, oder vielleicht auch nicht allein dadurch, sondern aus beiden Gründen zusammen. Sodann, ob Knechtschaft unter der Begierde oder Herrschaft über sie sich auf alles erstreckt oder nicht. Wer unenthaltsam ist ohne weiteren Zusatz, der ist es nicht allen Genüssen gegenüber, sondern eben denen gegenüber, denen ein zügelloser Mensch ergeben ist, und er ist es nicht einfach deshalb, weil seine Begierde darauf gerichtet ist, denn dann würde sein Verhalten soviel bedeuten wie Zügellosigkeit, sondern deshalb weil er sich in bestimmter Weise darauf richtet. Jener, der Zügellose, wird durch einen ausdrücklichen Vorsatz getrieben, weil es seine Ansicht ist, daß man jedesmal dem augenblicklichen Genuß nachzutrachten hat; dieser hat solche Ansicht nicht und trachtet gleichwohl danach.

Die Unterscheidung nun, daß es eine richtige Meinung und nicht begriffliche Erkenntnis sei, wogegen man im Dienste der Begierde verstößt, hat für unsere Untersuchung keinerlei Bedeutung. Kommt es doch vor, daß Leute in ihren Meinungen gar nicht schwanken, sondern sich fest einbilden, sie besäßen ein sicheres Wissen. Wenn also Leute mit bloßen Meinungen, weil ihr Glaube wenig befestigt ist, in höherem Grade als die Menschen mit begrifflicher Erkenntnis in ihrem Handeln wider die Ansicht verstoßen, die sie selber hegen, so wird sich zeigen, daß begriffliche Erkenntnis darin vor bloßer Meinung gar nichts voraus hat. Denn so mancher glaubt nicht weniger fest an das was seine Meinung ist, als andere an das was sie in begrifflicher Form wissen. Das zeigt schon Heraklit.

Dagegen kommt mehreres andere wohl in Betracht. Wir sprechen erstens von begrifflichem Wissen in doppelter Weise. Man schreibt ebensowohl dem ein Wissen zu, der von dem Wissen das er hat doch keinen wirklichen Gebrauch macht, wie dem der es tätig anwendet. Es wird also einen Unterschied ausmachen, ob einer zwar ganz wohl weiß was wider die Pflicht ist, aber es sich nicht gegenwärtig hält, oder ob einer es weiß und es sich auch vergegenwärtigt. Denn das letztere erscheint in der Tat ungeheuerlich; aber nicht so, wenn er sein Wissen nicht ausdrücklich gegenwärtig hat.

Es kommt zweitens hinzu, daß es zwei Arten von Vordersätzen gibt, Obersatz und Untersatz. So hindert denn nichts, daß einer der beide innehat gegen seine Erkenntnis handele, indem er wohl den allgemeinen, den Obersatz, anwendet, aber nicht den partikularen, den Untersatz. Denn Gegenstand des Handelns ist das Einzelne. Aber auch in dem allgemeinen Satz finden sich unterschiedene Bestimmungen enthalten. Dies Allgemeine betrifft teils die Person, teils die Sache; so z.B. der Satz, daß jedem Menschen das Trockene zuträglich ist, er selbst aber ein Mensch ist; und daß ein Ding dieser Art von trockener Beschaffenheit ist. Ob aber dieser bestimmte Gegenstand diese Beschaffenheit hat, davon hat man dadurch entweder noch keine Kenntnis, oder diese Kenntnis wird doch nicht wirksam. Es wird außerordentlich viel darauf ankommen, welche von diesen Arten des Wissens einer hat. So erscheint es keineswegs fremdartig, daß einer sich im Handeln wider sein eigenes besseres Wissen vergißt, wenn er ein Wissen in diesem Sinne hat; dagegen würde es höchst verwunderlich sein, wenn sein Wissen ein Wissen in der anderen Bedeutung wäre.

Drittens aber nimmt das begriffliche Wissen bei den Menschen noch in anderer Weise verschiedene Gestalten an, als in der, wovon bisher die Rede war. Wir sehen nämlich in Fällen, wo jemand die Erkenntnis inne hat, sie aber nicht anwendet, daß der geistige Zustand des Innehabens hier eine ganz andere Bedeutung hat; es ist ein Haben, das im Grunde zugleich ein Nichthaben ist, wie bei einem der schläft oder der von Sinnen oder betrunken ist. Nun sind aber diejenigen die von heftigen Gefühlen aufgeregt sind in ganz ähnlicher Verfassung. Heftige Aufregung, geschlechtliche Begierde und manches Ähnliche zieht augenscheinlich auch den Leib in Mitleidenschaft; bei manchen bringt es geradezu Geistesstörung hervor. Offenbar also muß man sagen, daß es um diejenigen die ihrer Begierden nicht mächtig sind, ganz ähnlich steht wie um diese Leute. Daß sie die Sätze die sich aus ihrer Erkenntnis ergeben, im Munde führen, beweist gar nichts. Denn Leute in solcher Gefühlsaufregung wiederholen auch Beweisgänge und Aussprüche des Empedokles; sieht man doch auch diejenigen die etwas eben erst gelernt haben, wohl die Sätze hintereinander aufsagen, ohne daß sie doch schon ein wirkliches Wissen hätten. Denn wirkliches Wissen muß mit dem Menschen verwachsen sein; dazu aber bedarf es der Zeit. Man muß sich also vorstellen, die Reden von solchen Leuten die sich nicht zu zügeln vermögen, seien ebenso aufzufassen, wie die von Schauspielern.

Viertens läßt sich der Grund auch unter dem Gesichtspunkte der Natur der Seele wohl einsehen. Da ist nämlich erstens eine Meinung als allgemeiner Satz, zweitens eine Annahme die das Einzelne betrifft, und darüber entscheidet nunmehr die sinnliche Erfahrung. Wird nun aus beiden *ein* Satz gewonnen, so ergibt sich für das Bewußtsein die Notwendigkeit, das eine Mal diesen Satz bloß auszusagen; aber wo es sich um das handelt was zu tun ist, die Sache auch gleich zur Ausführung zu bringen. Z.B. gilt der Satz: alles was süß ist soll man genießen, und ist nun dieser einzelne Gegenstand hier süß, so ist man genötigt, wenn man das Vermögen dazu hat und kein Hindernis vorliegt, danach auch sogleich zu verfahren. Gesetzt nun, man hege im Gemüte den allgemeinen Satz, der den Genuß verbietet, zugleich aber den Satz, daß alles Süße Lust bereitet, und daß dies hier süß ist, und dies macht den allgemeinen Satz erst wirksam; ist dann im Gemüte zugleich die Begierde rege: so rät auf der einen Seite jener Satz, sich der Sache zu enthalten, andererseits lockt und treibt die Begierde; denn sie vermag jedes unserer Organe in Bewegung zu setzen. Das Ergebnis ist, daß man unenthaltsam ist auf Grund sozusagen von Vernunft und Meinung, die nicht an und für sich, sondern nur unter besonderen Umständen zueinander im Gegensätze stehen. Denn den wirklichen Gegensatz zum rechten Grundsatz bildet die Begierde und nicht die Meinung. Schon aus diesem Grunde darf man ein Tier nicht unenthaltsam schelten; denn es ist nicht fähig das Allgemeine zu denken, sondern vermag nur von sinnlich Einzelnem Eindrücke zu empfangen und festzuhalten. Wie aber die Abweichung vom Denken sich aufhebt und der seiner nicht Mächtige wieder zur rechten Vernunft zurückkehrt, das ist derselbe Vorgang wie beim Betrunkenen und beim Schlafenden und nichts diesem Gebiete Eigentümliches. Darüber also muß man sich bei den Biologen befragen.

Da aber der Untersatz im Schlusse eine Meinung über einen Gegenstand sinnlicher Wahrnehmung bedeutet und diese das Handeln bestimmt, so hat ihn wer in der Gefühlserregung befangen ist entweder gar nicht, oder er hat ihn in der Weise, daß solches Haben wie wir oben sagten nicht ein Wissen bedeutet, sondern ein bloßes Reden gleich dem eines Trunkenen, der Aussprüche von Empedokles hersagt. Und da der Untersatz nicht allgemein ist, noch wie das Allgemeine den Charakter begrifflicher Erkenntnis an sich trägt, so macht es den Eindruck, als ob die Frage die Sokrates aufwarf, wirklich darin ihren guten Grund habe. Denn die Gefühlserregung erwacht nicht, solange dasjenige was im eigentlichen Sinne als Erkenntnis gilt in der Innerlichkeit gegenwärtig ist, und also ist es auch nicht diese Erkenntnis, die durch die Gefühlserregung mit fortgerissen wird; sondern die Erregung entsteht, wenn die Erkenntnis eine nur sinnliche ist.

Das Ausgeführte mag genügen, um die Frage zu entscheiden, ob das Handeln dessen der seiner Begierde unterliegt, möglicherweise ein wissentliches sein kann oder nicht, und wenn ja, in welchem Sinne es das sein kann.

3. Der Wille im Verhältnis zu Affekten und Begierden

a) Arten von Lust und Unlust

Damit hängt die Frage zusammen, ob es einen schlechthin seines Willens nicht mächtigen Menschen gibt, oder ob alle es nur in besonderer Beziehung sind, und wenn letzteres, in welcher Beziehung sie es sind.

Ausgemacht ist, daß es die *Lust und* die *Unlust* ist, der gegenüber man sich enthaltsam oder willensstark und andererseits unenthaltsam und willensschwach zeigt. Von dem nun was Lust bereitet ist das eine notwendig, das andere an und für sich begehrenswert, aber so daß es ein Übermaß zuläßt. Notwendig ist was der Leib fordert; dahin gehört derartiges, wie das was die Ernährung und den geschlechtlichen Trieb angeht, und ferner solche leiblichen Genüsse, in bezug auf welche wir von Zügellosigkeit und von Erhabensein über dieselben gesprochen haben. Unter dem was nicht notwendig, aber doch an und für sich begehrenswert ist, verstehe ich solches wie Sieg, Ruhm, Reichtum und anderes Ähnliche, was wertvoll ist und Freude macht. Von denen nun, die sich auf dergleichen wider die rechte Vernunft, die ihnen doch innewohnt, im Obermaß richten, sagen wir nicht schlechthin, daß sie ihrer Begierden nicht mächtig seien, sondern mit dem Zusatz: sie seien ihrer Geld-, Gewinn-, Ruhmsucht oder ihrer Aufwallung nicht mächtig. Wir gebrauchen die Bezeichnung also nicht schlechthin, weil wir meinen, sie seien doch eigentlich anders geartet und würden nur nach Analogie so benannt, etwa so, wie man einen Mann namens »Mensch« näher als »den Mensch der in Olympia gesiegt hat« bezeichnet. Hier war der Unterschied zwischen der allgemeinen Bezeichnung »Mensch« und dem Namen für das Individuum gering, und gleichwohl war er vorhanden. So ersieht man dort den Unterschied daraus: die Genußsucht unterliegt dem Tadel nicht bloß als eine Verirrung, sondern geradezu als ein unsittliches Verhalten, entweder schlechthin oder in besonderer Beziehung; das aber gilt von keiner der oben bezeichneten Eigenschaften.

Was das Verhältnis zu den leiblichen Genüssen anbetrifft, auf Grund dessen wir von einem darüber Erhaben- und einem ihnen zügellos Ergebensein sprechen, so heißt der, der nicht mit ausdrücklichem Vorsatz, vielmehr seinem Vorsatz und seiner Denkweise zuwider, dem Genuß im Übermaß nachjagt und der Unlust im Übermaß widerstrebt, etwa bei Hunger, Durst, Hitze, Frost und allen Affektionen des Tastsinns und des Geschmackssinnes: ein solcher also heißt willensschwach, und heißt so nicht mit einem besonderen Zusatz, in bestimmter Beziehung, wie in Beziehung etwa auf den Zorn, sondern ohne weiteres. Ein Zeichen, daß es sich dabei um eine bloße Analogie handelt, ist dies: auf Grund dieses letzteren Verhaltens wird einer willensschwach genannt, aber nicht mit Bezug auf irgendeine von den oben genannten Verhaltungsweisen. Das ist denn auch der Grund, weshalb man den Genußsüchtigen mit dem zügellos Ausschweifenden unter den gleichen Gesichtspunkt stellt und ebenso andererseits den der seiner mächtig ist und den der über die Begierden erhaben ist, aber keinen von denen, deren Begehren auf die vorher bezeichneten Dinge gerichtet ist, weil es sich bei den vorher genannten Klassen von Menschen im Grunde um dieselben Arten der Lust und Unlust handelt, nur daß, wenn auch die Gegenstände dieselben sind, doch die Art und Weise ihres Verhaltens zu den Gegenständen nicht dieselbe ist. Bei den einen ist das Verhalten ein grundsätzlich gewolltes, bei den andern nicht. Man wird also demjenigen einen höheren Grad zügelloser Gesinnung zuschreiben dürfen, der ohne von Begierden oder doch ohne von heftigen Begierden dazu getrieben zu werden, den Lüsten im Übermaß nachtrachtet und Unlust, auch mäßige, meidet, als denjenigen der es auf Grund allzu heftiger Triebe tut. Denn wie würde jener sich erst benehmen, wenn ihn jugendliche Leidenschaft ergriffe oder heftiger Schmerz über die Entbehrung des Unentbehrlichen ihn fortrisse!

Nach unserer obigen Einteilung gibt es nun auch solche Begierden und solche Genüsse, die unter der Gattung des Edlen und Wertvollen einzureihen sind. Denn das was Lust bereitet ist zum Teil auf Grund der menschlichen Natur Gegenstand des Begehrens, während anderes dazu im Gegensatz steht, wieder anderes, wie Geld, Gewinn, Sieg und Ruhm, eine mittlere Stelle einnimmt. Wo es sich um die erstgenannte und um die dritte, die mittlere Klasse handelt, da erfährt man keine Mißbilligung bloß aus dem Grunde, weil man von dergleichen affiziert wird, es begehrt und liebt, sondern nur wegen der Art und Weise wie man es begehrt und wegen des Übermaßes darin. Es kann jemand einem seiner Natur nach edlen und wertvollen Gegenstande gegenüber die Selbstbeherrschung verlieren oder ihm nachtrachten wider das Gebot der Vernunft; er kann z.B. mehr als recht ist sich dem Streben nach Ruhm hingeben oder seine Kinder, seine Eltern im Übermaß lieben. Denn auch diese zählen zu den Gütern, und wer sich um sie angelegentlich bemüht, gewinnt sich Beifall, und dennoch gibt es ein Übermaß auch darin, wenn z. B, jemand wie Niobe sich mit den Göttern selbst in den Wettstreit einläßt, oder wenn er es macht wie Satyros, der von seiner Liebe zu seinem Vater seinen Beinamen erhielt, und die Liebe zum Vater übertreibt; denn Satyros ging doch, so meinte man, darin allzuweit bis zu wirklicher Torheit. In alledem nun kommt sicher niedrige Gesinnung nicht zur Erscheinung, und zwar aus dem angegebenen Grunde, weil jeder dieser Gegenstände an und für sich genommen und seiner Natur nach zu dem gehört was ein würdiges Ziel des Strebens bedeutet, und nur die Übertreibung als Verirrung verwerflich und zu meiden ist. Aus dem gleichen Grunde kann man hier also auch nicht von Mangel an Selbstbeherrschung sprechen. Denn solcher Mangel ist nicht nur etwas was man meiden soll: er ist geradezu verwerflich. Nur weil die Empfindungsweise eine gewisse Verwandtschaft zeigt, spricht man hier von Mangel an Selbstbeherrschung, aber mit einem Zusatz, der ausdrückt, daß es sich um ein bestimmtes einzelnes Gebiet des Verhaltens handelt. Es ist das gerade so wie man einen auch einen schlechten Arzt oder einen schlechten Schauspieler nennt, den man doch nicht ohne weiteres einen schlechten Menschen nennen würde. Wie wir nun hier den Ausdruck schlecht nicht im eigentlichen Sinne meinen, weil es sich nicht um eine schlechte Charaktereigenschaft, sondern nur um eine Ähnlichkeit des Verhältnisses handelt, so muß man offenbar auch dort annehmen, daß Mangel an Selbstbeherrschung und andererseits Willensfestigkeit in Wirklichkeit allein da zur Erscheinung kommt, wo es sich um dieselben Gegenstände handelt wie bei der Erhabenheit über die Lüste und bei der sinnlichen Zügellosigkeit, daß aber da, wo es sich bloß um eine lebhafte Aufwallung handelt, das Wort nur eine Ähnlichkeit des Verhältnisses bezeichnet. Und darum drückt man sich auch so aus, daß man hinzusetzt: Mangel an Selbstbeherrschung gegenüber der lebhaften Aufwallung wie der Ruhmsucht und Gewinnsucht.

Es gibt also Lustempfindung, die in der Natur der empfindenden Wesen begründet ist, darunter teils solche die es schlechthin, teils solche die es nur für bestimmte Arten von Tieren und von Menschen ist. Es gibt aber auch solche, die nicht natürlich, sondern nur auf Grund von krankhafter Entartung oder von Angewöhnung oder schlimmer Naturanlage sich herausbildet. Auch in bezug auf jede dieser Erscheinungen kann man ein entsprechendes Verhalten beobachten. Ich denke dabei an solche nahezu bestialischen Neigungen, wie bei jener Megäre, die die Schwangeren aufgeschlitzt und die Kinder gefressen haben soll, oder wie bei manchen unter den verwilderten Völkerstämmen am Schwärzen Meere, die mit Vergnügen rohes Fleisch oder auch Menschenfleisch fressen, oder die sich gegenseitig die Kinder zum Schmause schenken, oder an das, was man sich von Phalaris erzählt. Dergleichen ist tierisch brutal; es kommt aber auch vor als Folgeerscheinung von Krankheiten, zuweilen auch von Wahnsinn, wie bei dem Menschen, der seine Mutter als Opfer schlachtete und aufaß, oder bei dem anderen, der die Leber seines Mitsklaven verschlang. Oder es sind krankhafte oder aus Angewöhnung stammende Ausartungen, wie wenn man sich die Haare ausrupft und an den Nägeln kaut oder Kohlen und Erde verschluckt, oder auch, wie der Geschlechtsverkehr zwischen Männern. Das sind solche Dinge, die teils aus Naturanlage, teils aus Angewöhnung abzuleiten sind, wie bei denen die schon in jungen Jahren geschlechtlich mißbraucht worden sind.

Wo nun der Grund in der Naturanlage liegt, da wird niemand von mangelnder Selbstbeherrschung sprechen, so wenig wie man es den Weibern vorwirft, daß sie sich im geschlechtlichen Verkehr nicht aktiv sondern passiv verhalten. Es ist nicht anders zu urteilen, wo die krankhafte Haltung durch Angewöhnung entstanden ist. Daß einer solche einzelnen Züge an sich hat, liegt außerhalb des Gebietes, wo von Unsittlichkeit gesprochen wird, und ebenso auch die tierische

Entartung, und wenn einer sie an sich hat, so ist seine Beherrschung derselben oder seine Unterwürfigkeit unter dieselbe nicht eine Sache bloßer Willenskraft, sondern bildet zu dieser nur eine verwandte Erscheinung, gerade so wie jemand, der lebhaften Aufwallungen gegenüber eine solche Heftigkeit der Erregung zeigt, Mangel an Selbstbeherrschung wohl in dieser Beziehung zugeschrieben werden kann, aber nicht Mangel an Selbstbeherrschung schlechthin. Denn jedes Übermaß von Gedankenlosigkeit, Feigheit, zügelloser Sinnlichkeit, verdrießlichem Wesen beruht das eine Mal auf Roheit, das andere Mal auf Krankhaftigkeit. Wer von Natur so geartet ist, daß er sich vor allem fürchtet, auch vor dem Rascheln einer Maus, dessen Feigheit ist tierischer Art, bei einem anderen der sich vor einer Katze fürchtete, war es krankhaft. Unter den Geistesschwachen sind die von Natur schwach Begabten und bloß in sinnlichen Empfindungen Lebenden tierähnlich, wie manche Stämme von Barbaren in fernen Ländern; andere sind es infolge von Krankheiten. So sind krankhaft die infolge von Epilepsie oder von Wahnsinn geistesschwach Gewordenen. Es kommt auch vor, daß einer nur zeitweise daran leidet, ohne davon ganz beherrscht zu werden; ich denke dabei z.B. an Phalaris, wenn er die Begierde ein Kind zu fressen oder wenn er widernatürlichen Geschlechtstrieb bemeisterte. Es kommt aber auch vor, daß einer völlig davon beherrscht wird, nicht bloß dergleichen an sich hat. Wie man nun diejenige Schlechtigkeit, die noch menschliche Art an sich trägt, einfach als Schlechtigkeit, die andere mit einer näheren Bestimmung als tierische oder krankhafte, nicht als Schlechtigkeit schlechthin bezeichnet, so gibt es offenbar in demselben Sinne auch einen Mangel an Selbstbeherrschung, der tierisch, und einen der krankhaft ist; ein solcher Mangel schlechthin ist aber allein derjenige, der der zügellosen Sinnlichkeit wie sie bei Menschen vorkommt entspricht.

Es wird dadurch so viel klar geworden sein, daß Selbstbeherrschung und das Fehlen derselben nur da vorkommt, wo es sich um eben den Inhalt handelt, auf den sich die Erhabenheit über die Begierden und die zügellose Genußsucht bezieht, und daß das Fehlen der Selbstbeherrschung da wo es sich um anderes handelt, eine ganz andere Art bildet, so daß dann das Wort nur in übertragenem Sinne und nicht eigentlich gebraucht wird.

b) Leidenschaft und Lust

Daß ferner der Mangel an Selbstbeherrschung da weniger verwerflich ist, wo es sich um leidenschaftliche Aufwallung, als wo es sich um sinnliche Lüste handelt, das wollen wir jetzt zeigen. Man darf sagen: leidenschaftliche Aufwallung vernimmt wohl die Stimme der Vernunft, vernimmt sie aber nicht recht, gleichwie ein voreiliger Diener, der, bevor er noch den Auftrag recht vernommen hat, forteilt und dann den Auftrag falsch ausführt, oder gleichwie ein Hund, der anschlägt, sobald er ein Geräusch hört, bevor er noch zusieht, ob es auch nicht ein Freund ist. So stürmt die leidenschaftliche Aufwallung, von natürlicher Hitze und Raschheit getrieben, zur Vergeltung, nachdem sie zwar gehört hat, aber nicht das Befohlene gehört hat. Verstand oder subjektiver Eindruck hat einem kundgetan, daß ihm eine Verletzung oder Beleidigung widerfahren ist; er aber zieht nun gleichsam den Schluß, daß man dergleichen entgegentreten muß, und sogleich schreitet er zur Abwehr. Das Gelüsten andererseits stürmt fort zum Genuß, sobald nur Überlegung oder Empfindung lehrt, daß der Gegenstand Lust verheißt. Leidenschaftliche Aufwallung also folgt irgendwie der Überlegung, das Gelüsten nicht: darum ist dieses verwerflicher. Wer den Zorn nicht bemeistern kann, wird irgendwie von Überlegung beherrscht, der andere von seinem Begehren und nicht von seiner Überlegung.

Zweitens ist es eher verzeihlich, wenn einer den natürlichen Regungen nachgibt, oder auch wenn einer von solchen Begierden getrieben wird, die allen Menschen gemeinsam und sofern sie gemeinsam sind. Nun liegt Heftigkeit und Unwille mehr in der menschlichen Natur als die Lüste, die sich auf ein Übermaß und auf das richten was nicht zur Notdurft gehört. So sagte jener Mensch, um sich zu entschuldigen, daß er seinen Vater schlage: Er hat seinen Vater auch geschlagen und dieser den seinigen; und auf seinen kleinen Sohn weisend: Dieser wird wieder mich schlagen, wenn er ein Mann geworden ist; das ist einmal so in unserem Hause. Ein anderer mahnte seinen Sohn, als dieser ihn fortschleifte, er solle ihn nicht weiter als bis zur Tür schleifen; denn er selber habe seinen Vater auch nur so weit geschleift.

Drittens wächst die Größe des Unrechts mit dem Grade der Hinterhältigkeit. Wen nun leidenschaftliche Aufwallung treibt, der verfährt nicht hinterhältig, und ebenso wenig sucht sich die Aufwallung zu verstecken, sondern geht offen vor; wohl aber gebraucht die Begierde List. Darum heißt Aphrodite: »die ränkesüchtige Tochter Cyperns«, und an ihrem gestickten Gürtel besingt Homer: »Liebesgeflüster, das auch des Verständigsten Sinne betörte«. Wenn also der Mangel an Selbstbeherrschung gegenüber der Begierde als Unrecht schwerer ins Gewicht fällt und verwerflicher ist als der gleiche Mangel gegenüber der Aufwallung, so bedeutet sie den Mangel an Herrschaft über sich schlechthin und ist im eigentlichen Sinne Unsittlichkeit.

Viertens: von niemand der eine Kränkung erfahren hat, gilt es, daß er den anderen mutwillig verletze. Wer im Zorn handelt, tut es immer auf Grund einer erfahrenen Kränkung, dagegen wer mutwillig verletzt, auf den Antrieb böser Lust. Wenn nun dasjenige das größere Unrecht ist, worüber Unwillen zu empfinden am meisten gerechtfertigt ist, so ist auch der Mangel an Selbstbeherrschung gegenüber der Begierde das größere Unrecht. Denn im Zorn liegt kein Antrieb zu mutwilliger Verletzung.

Was wir damit erwiesen haben ist dies, daß der Mangel an Selbstbeherrschung, wenn er sich den Lüsten gegenüber zeigt, schimpflicher ist, als wenn er der Heftigkeit gegenüber hervortritt, und daß Selbstbeherrschung und das Fehlen derselben sich gerade gegenüber den Begierden und den sinnlichen Lustempfindungen betätigt. Es gilt nunmehr, die Unterschiede innerhalb der letzteren aufzuzeigen.

Wie wir gleich im Anfang dargelegt haben, sind sie ihrer Art und Größe nach teils menschlich und natürlich, teils tierisch brutal, teils Folge von Entartung oder Erkrankung. Was die ersten anbetrifft, so zeigt sich allein ihnen gegenüber eine über die Lüste erhabene Gesinnung und die zügellose Hingebung an dieselben. Darum schreibt man auch den Tieren weder die eine noch die andere Eigenschaft oder doch nur in übertragenem Sinne zu; so wenn eine Art von Tieren im allgemeinen sich vor den anderen durch Wildheit, Üppigkeit und Gefräßigkeit hervortut. Denn Tiere bilden keine Vorsätze und stellen keine Überlegungen an; sie geraten nur aus dem regelmäßigen Geleise wie dem Wahnsinn verfallene Menschen. Tierische Roheit ist ein geringerer Grad von Bosheit als ein böser Wille, aber allerdings noch mehr zu fürchten. Es ist doch bei tierischer Roheit das Edelste nicht entartet, wie bei einem Menschen, sondern es ist gar nicht vorhanden. Ein Vergleich zwischen tierischer Roheit und bösem Willen ist ganz ähnlich, wie wenn man einen Vergleichanstellen wollte zwischen einem lebendigen und einem leblosen Wesen, um zu sehen, welches von beiden das schlimmere ist. Denn jedesmal ist die Verderbnis desjenigen Wesens minder unheilvoll, das nicht nach einer Maxime handelt; Maxime aber ist die Vernunft. Nahe verwandt damit ist es auch, wenn man einen Vergleich zieht zwischen der Ungerechtigkeit und einem ungerechten Menschen. Jedes von beiden kann in seiner Weise das Schlimmere sein. Ein schlechter Mensch vermag zehntausendmal mehr Böses zu tun als ein Tier.

c) Grade der Willensstärke

Von Lust und Unlust, von Begehren und Meiden auf Grund des Tastsinnes und des Geschmackssinnes, dem Äußerungsgebiete zügelloser Ausschweifung wie des Erhabenseins über solche Regungen, haben wir vorher eingehend gehandelt. Man kann sich dabei so verhalten, daß man demjenigen unterliegt, was den meisten nichts anhat; man kann sich aber auch da stark erweisen, wo die meisten unterliegen. So ist denn unter diesen der eine der Lust gegenüber unenthaltsam, der andere enthaltsam, der Unlust gegenüber der eine weichlich, der andere willensstark. Die Beschaffenheit der meisten Menschen liegt in der Mitte dazwischen, allerdings mit größerer Neigung nach der Seite des Schlimmeren hin. Nun sind unter den Arten der Lust manche ein notwendiges Bedürfnis, andere nicht: manche sind es nur bis zu einem gewissen Grade, und nicht mehr wo sie darüber hinausgehen oder darunter bleiben. Ganz ähnlich verhält es sich auch mit dem Begehren und mit der Unlust. Wer dem was Lust bereitet im Übermaß nachjagt, nicht aus übermäßiger Begierde, sondern mit ausdrücklichem Vorsatz, und dabei kein anderes Ziel als nur die Lust selbst im Auge hat, der ist ein unverbesserlicher Wüstling. Denn die notwendige Folge ist, daß ein solcher Mensch nicht dazu gelangt Reue zu empfinden, und daß er deshalb unverbesserlich ist. Denn wo keine Reue, da auch keine Besserung. Den Gegensatz zu ihm bildet der, der hinter dem Maß zurückbleibt; der die rechte Mitte einhält, ist der über die Lüste Erhabene, ihm gleicht derjenige, der körperlichen Schmerz nicht aus Schwachheit, sondern mit überlegtem Entschluß meidet.

Unter denen, die ihr Verhalten nicht nach Grundsätzen regeln, wird der eine von der Lust getrieben, der andere von der Scheu vor der aus dem Begehren entspringenden Unlust. Man sieht, es ist ein Unterschied zwischen dem Wüstling aus Grundsatz und diesen letzteren. Nun urteilt jedermann, daß es schlimmer ist verwerflich zu handeln, wenn man von Begierden gar nicht oder nur in geringem Grade getrieben wird, als wenn man unter dem Antrieb heftiger Begierden steht, und daß es schlimmer ist einen anderen zu mißhandeln wenn man gar nicht zornig ist, als wenn man es im Zorne tut. Denn was würde jener erst tun, wenn er in Zorn geriete! Mithin ist auch der Wüstling schlimmer als einer der seiner Begierde unterliegt.

Von den oben bezeichneten Verhaltungsweisen ist also die eine mehr eine Form der Willensschwäche, die andere bezeichnet den Wüstling. Zu dem seiner Begierde nicht Mächtigen bildet den Gegensatz der seine Begierden Beherrschende, zum Willensschwachen der Willensstarke. Willensstark sein heißt standhalten, Herr seiner Begierde sein heißt überlegen bleiben. Standhalten aber ist etwas ganz anderes als überlegen sein, wie nicht unterliegen etwas anderes ist als den Sieg davontragen. Darum ist es ein höheres Ziel, Herr seiner Begierden zu sein, als ihnen bloß Widerstand zu leisten.

Wer da sich schwach zeigt, wo die meisten widerstehen und sich kraftvoll bewähren, der ist weichlich und entnervt, denn auch Mangel an Nerv ist eine Art der Verweichlichung. Wer sein Gewand auf dem Boden schleppen läßt bloß weil er für die Beschwerde es aufzunehmen zu bequem ist, und wer sich geberdet wie ein Leidender, der hält sich nicht für elend, und ist doch einem Elenden ganz ähnlich. Mit der Herrschaft über die Begierden und der Dienstbarkeit unter ihnen ist es ebenso. Denn wenn einer starken und übergroßen Reizungen in Lust oder Unlust unterliegt, so ist es kein Wunder, und geschieht es trotz seines Widerstrebens, so verdient es Verzeihung. Beispiele sind Philoktet beim Theodektes, der unter den Folgen eines Schlangenbisses leidet, oder Kerkyon in der »Alope« des Karkinos, oder auch diejenigen, die sich das Lachen verbeißen möchten und auf einmal in schallendes Gelächter ausbrechen, wie es dem Xenophantos begegnete. Ganz anders wenn einer da wo die meisten zu widerstehen vermögen unterliegt und nicht standzuhalten vermag, nicht weil es so in der besonderen Natur seines Geschlechtes liegt, oder infolge einer Krankheit, wie bei den Königen der Skythen die Verweichlichung ihrem ganzen Geschlechte eignet, oder wie das weibliche Geschlecht gegen das männliche zurücksteht. Auch der immer nur auf Scherze Bedachte macht den Eindruck eines ausgelassenen Menschen, er ist aber bloß ein willensschwacher Mensch. Denn das Scherzen ist eine Erholung so weit als es ein Ausruhen bedeutet, zu denen aber die es bis zur Übertreibung lieben, gehört der, der immer nur Spaß treibt.

Mangel an Herrschaft über die Begierde kann ungestümes Drauflosgehen, kann aber auch einfache Schwäche sein. Manche überlegen erst, aber die Leidenschaft gestattet ihnen nicht, ihrem Entschluß treu zu bleiben; andere lassen sich von ihrer Leidenschaft treiben, weil sie gar nicht zum Überlegen gekommen sind. Denn manche sind in der Lage desjenigen, der dem Kitzel entgeht, weil er den Kitzel vorweggenommen hat. Weil sie zum voraus wahrgenommen, zum voraus sich umgesehen und sich und ihre Überlegung wach gehalten haben, unterliegen sie dem erregten Gefühle nicht, ebensowenig dem angenehmen wie dem schmerzlichen. Am meisten sind es die Leute von heftiger und hitziger Gemütsart, die in ungestümer Hingerissenheit die Herrschaft über sich verlieren. Die einen lassen sich wegen des schnellen Aufflammens, die anderen wegen der Heftigkeit ihrer Gefühle nicht Zeit zum Überlegen, weil sie immer geneigt sind, sich den empfangenen Eindrücken hinzugeben.

d) Böser Wille und schwacher Wille

Wir haben oben gesehen, daß ein zügelloser Mensch Reue zu empfinden nicht geeignet ist; denn er beharrt bei seinem Grundsatz. Dagegen ist der von seinen Begierden fortgerissene immer der Reue zugänglich. Daher verhält es sich nicht wirklich so, wie wir oben bei der Erwägung der Schwierigkeiten angedeutet haben; sondern der eine kann sich bessern, der andere nicht. Die Verderbtheit des Willens macht den Eindruck einer Krankheit wie Wassersucht oder Schwindsucht, der Mangel an Selbstbeherrschung den von Krämpfen. Jene ist ein chronisches, dieser ein akutes Übel. Mangel an Selbstbeherrschung und böser Wille sind zwei völlig verschiedene Gattungen. Von seiner Bosheit hat man kein Bewußtsein, aber wohl von seinem Mangel an Selbstbeherrschung. Von diesen letzteren, den Leuten ohne Selbstbeherrschung, stehen diejenigen die ganz außer sich geraten höher als diejenigen die erst überlegen und doch nicht ihrer Überlegung gemäß handeln; denn die Erregung der sie unterliegen ist von geringerer Stärke, und sie erliegen nicht wie die anderen ohne zur Überlegung gekommen zu sein. Der Mensch ohne Selbstbeherrschung ist ganz ähnlich solchen die schnell trunken werden, schon von einem geringen Maß Wein und von einem geringeren als die meisten anderen. Augenscheinlich also, daß Mangel an Selbstbeherrschung nicht böser Wille ist; aber allerdings, irgendwie ist er doch mit ihm verwandt. Der eine handelt wider sein grundsätzliches Vornehmen, der andere seinem Grundsatz gemäß; und doch, im wirklichen Handeln kommt beides auf das gleiche hinaus. Man wird an den Ausspruch des Demodokos über die Bewohner von Milet erinnert: »Die Einwohner von Milet sind nicht unverständig; aber was sie tun sieht gerade so aus, wie das, was die Unverständigen tun.« Menschen, die sich nicht zu beherrschen wissen, sind nicht von Gesinnung ungerecht, aber ihre Handlungen sind ungerecht. Der eine ist von der Art, daß er den übermäßigen, den der rechten Vernunft widersprechenden sinnlichen Lüsten nicht aus Grundsatz nachjagt; der andere tut es aus Grundsatz, weil es in seiner Art liegt diesen Lüsten nachzujagen. Jenen kann man eines Besseren belehren, diesen nicht. Denn sittliche Gesinnung hält das Prinzip aufrecht, unsittliche Gesinnung stürzt es um; im Handeln aber bildet der Zweck das Prinzip, wie in der Mathematik die Voraussetzungen. Daher gibt es so wenig dort wie hier eine theoretische Begründung für die Prinzipien; sondern innere Tüchtigkeit, entstamme sie nun dem natürlichen Temperament oder der Gewöhnung, hat zur Folge, daß man über die Prinzipien richtig denkt. Wer von Charakter so beschaffen ist, der ist über niedere Begierden erhaben; den Gegensatz zu ihm bildet der grundsätzlich seinen Lüsten Nachlebende. Es kommt vor, daß einer infolge leidenschaftlicher Erregung von der richtigen Einsicht abzufallen geneigt ist; ihn überwältigt die leidenschaftliche Erregung so weit, daß sein Handeln der rechten Einsicht widerspricht, aber doch nicht so weit, daß es bei ihm zur Charaktereigenschaft würde und er sich zum Grundsatz machte, solchen Lüsten rücksichtslos nachzujagen. Diesem geschieht es wohl, daß er sich vergißt; aber er steht immerhin höher als der grundsätzlich Zügellose, und er ist nicht ohne weiteres ein Mensch von schlechtem Charakter. Denn bei alledem bleibt das Wertvollste, das Prinzip, gewahrt. Im Gegensatze zu ihm steht der andere, der an dem Prinzip festhält und sich auch durch die leidenschaftliche Erregung nicht darin erschüttern läßt. Man ersieht daraus, daß die letztere Gesinnung die sittliche, die andere demgegenüber die niedere ist.

Wie nun? Bedeutet Selbstbeherrschung, daß man an jeder beliebigen Ansicht und jedem beliebigen Grundsatz, oder daß man an dem richtigen festhält? Und bedeutet Mangel an Selbstbeherrschung, daß man von irgendeinem beliebigen Grundsatz und einer beliebigen Ansicht abfällt, oder von einer Ansicht, die nicht falsch, und von einem Vorsatz, der vernünftig ist? eine Frage, die wir schon oben aufgeworfen haben. Oder sollte es sich vielmehr so verhalten, daß der eine nur gelegentlich auf einer beliebigen, im wesentlichen aber auf der wahren Ansicht und dem richtigen Grundsatz verharrt, und der andere nicht? Die Sache liegt so: wenn jemand dieses Bestimmte um dieses bestimmten Zweckes willen sich vorsetzt oder erstrebt, so erstrebt er und setzt er sich eigentlich dieses letztere vor, und jenes nur abgeleiteterweise. »Eigentlich«, damit meinen wir als solches und an und für sich. So kann es geschehen, daß der eine einer beliebigen Meinung treu bleibt, der andere einer beliebigen abtrünnig wird, während es sich in der Tat um Treue oder Untreue gegen die richtige Meinung handelt.

Dagegen gibt es Menschen, die stets bei ihrer Meinung bleiben; man nennt sie starrköpfig. Sie sind schwer zu belehren und lassen sich nicht umstimmen; sie haben eine gewisse Verwandtschaft mit dem Willensstarken, etwa wie ein Verschwender sie hat mit dem in Geldsachen vornehm Denkenden und der Verwegene mit dem Kühnen; im Grunde sind sie doch in vielen Stücken ganz verschieden geartet. Denn jener, der Willensstarke, wechselt seine Haltung zwar nicht infolge leidenschaftlicher Erregung und Begierde, aber er läßt sich unter Umständen wohl umstimmen; dem anderen, dem von seiner Begierde Beherrschten, haben Gründe nichts an: die Mehrzahl ist den Begierden zugänglich und wird von ihren Lüsten getrieben. Starrköpfig sind die Eigenwilligen, die Unbelehrbaren und Ungebildeten, und zwar die Eigenwilligen unter der Macht von Lust und Unlust. Sie freuen sich ihres Sieges, wenn man sie nicht umzustimmen vermag, und empfinden es schmerzlich, wenn es ihrer Ansicht ergeht wie einem Volksbeschluß, der sich als null und nichtig erweist. Und so haben sie größere Ähnlichkeit mit dem, der sich nicht zu beherrschen vermag, als mit dem der seiner Herr bleibt. Dagegen kommt es auch vor, daß jemand an seinen Ansichten nicht festhält und doch nicht aus Mangel an Selbstbeherrschung. Das ist der Fall des Neoptolemos in Sophokles' »Philoktet«. Gewiß war das Motiv weshalb er nicht beharrte, seine Neigung, aber es war eine Neigung zum Edlen. Denn ihm galt es als etwas Edles, bei der Wahrheit zu bleiben, und Odysseus hatte ihn überredet die Unwahrheit zu sagen. *Nicht immer also ist wer unter dem Antrieb der Neigung handelt, deshalb zügellos oder niedrig gesinnt oder willensschwach, sondern nur dann wenn die Neigung, durch die er sich bestimmen läßt, eine verwerfliche ist.*

Nun gibt es andererseits auch Charaktere, die an den das leibliche Leben betreffenden Dingen geringeres Interesse nehmen als geboten wäre, und die sich infolgedessen den Anforderungen der Vernunft nicht fügen. Zwischen diesen und denen, die sich nicht in ihrer Gewalt haben, bezeichnet der, der sich zu beherrschen weiß, die rechte Mitte. Wenn der Unenthaltsame sich nicht an die vernünftige Vorschrift hält, so geschieht es infolge eines zu starken, bei jenen geschieht es infolge eines zu schwachen Triebes; der Enthaltsame dagegen hält an ihr fest und läßt sich durch keines von beiden davon abbringen. Bedeutet nun Enthaltsamkeit eine sittliche Eigenschaft, so folgt notwendig, daß die ihr entgegengesetzten Gesinnungen beide zu verwerfen sind, und in der Tat, so stellen sie sich dar. Aber weil die eine von beiden bei wenigen Menschen und in wenigen Fällen zur Erscheinung kommt, so macht es den Eindruck, als bilde, wie allein die Erhabenheit über die Lüste der zügellosen Hingebung an die Lüste gegenübersteht, ebenso auch die Enthaltsamkeit allein den Gegensatz zur Unenthaltsamkeit.

Wie es nun auch sonst bei vielen Ausdrücken der Fall ist, daß sie verwandt werden, um einen bloß ähnlichen Begriff zu bezeichnen, so hat sich hier der Sprachgebrauch herausgebildet, daß man im Sinne solcher Ähnlichkeit von Selbstbeherrschung auch bei dem spricht, der über die Lüste erhaben ist. Der Enthaltsame nämlich hat gerade so wie der über die Lüste Erhabene die Eigenschaft, nichts unter dem Antrieb sinnlicher Lüste wider das Vernunftgebot zu tun; aber der eine ist niederen Begierden noch zugänglich, den anderen fechten sie gar nicht mehr an;

der eine ist so geartet, daß er zu einem Genüsse der wider das Vernunftgebot wäre gar keinen Trieb mehr verspürt, der andere so, daß er für solchen Trieb wohl empfänglich ist, sich aber nicht von ihm bestimmen läßt. So besteht eine Ähnlichkeit ja gewiß auch zwischen dem, dem es an Selbstbeherrschung fehlt, und dem Wüstling; aber sie sind doch von Wesen verschieden. Beide sind den sinnlichen Lüsten ergeben; aber der eine, weil er es grundsätzlich für das Rechte hält, der andere ohne solche grundsätzliche Gesinnung.

Die Möglichkeit ferner, daß bei einem und demselben Menschen Einsicht mit Mangel an Selbstbeherrschung verbunden sei, ist ausgeschlossen; denn wie wir oben dargelegt haben, der Mann von Einsicht ist auch der Mann von sittlichem Charakter. Einsichtig ist man außerdem nicht bloß durch das Wissen, das man besitzt, sondern durch die Fähigkeit, das Wissen auch im Handeln zu betätigen; wem es aber an Selbstbeherrschung fehlt, der ist zu solcher Betätigung im Handeln nicht geschickt. Dagegen steht nichts im Wege, daß ein Mann, dem bloß große Gewandtheit eignet, Mangel an Selbstbeherrschung zeige. Deshalb kann es wohl geschehen, daß haltlose Menschen doch den Eindruck von einsichtigen Menschen machen, weil die Gewandtheit sich in der Weise, die wir an früherer Stelle erörtert haben, von der Einsicht unterscheidet, und zwar was das verständige Urteil anbetrifft ihr nahe steht, was aber den im Handeln befolgten Grundsatz anbetrifft von ihr verschieden ist. Mithin verhält sich wer sich nicht beherrscht nicht wie ein Wissender und ruhig Erwägender, sondern wie ein Schlafender oder Betrunkener. Er handelt mit Willen, in gewisser Weise auch mit Wissen um das was er tut, und um den Zweck, zu dem er es tut, und dennoch ist er kein schlechter Mensch, denn seine grundsätzliche Gesinnung ist anständig und ehrbar, und so ist er nur in halbschlechter Verfassung. Auch ein ungerechter Mensch ist er nicht; denn er will keinem übel. Es gibt darunter solche, die an wohlüberlegten Entschließungen nicht festzuhalten vermögen, während andere Leute von heftigem Temperament überhaupt nicht zu einer Überlegung gelangen. So gleicht denn ein Mensch ohne Selbstbeherrschung einem Staatswesen, das lauter Beschlüsse faßt wie es sich gebührt und vortreffliche Gesetze besitzt, aber sie bloß nicht in Anwendung bringt, nach des Anaxandrides spöttischer Bemerkung:

> So wollt's die Stadt, die auf Gesetze doch nichts gibt.

Ein schlechter Mensch gleicht dagegen einem Staatswesen, das zwar die Gesetze in Anwendung bringt; es sind aber schlechte Gesetze.

Selbstbeherrschung und Mangel daran kommt zur Erscheinung in dem, was über die Gesinnungsweise der Menge hinausragt. Der eine entwickelt größere, der andere geringere Festigkeit, als die Masse aufzubringen vermag. Leichter zu bessern ist der Mangel an Selbstbeherrschung bei Menschen von heftiger Gemütsart, als bei denen, die sich die Sache zwar überlegen, aber nachher an ihren Entschließungen nicht festhalten, leichter auch bei denen, die infolge übler Gewöhnung als bei denen die infolge natürlicher Anlage an diesem Fehler leiden. Denn es ist immer noch leichter die Gewöhnung umzubilden als die Naturanlage; ist doch auch der Grund, weshalb die Gewöhnung schwer zu ändern ist, eben der, daß sie zur zweiten Natur geworden ist. So sagt auch Euenos:

> Freund, langdauernder Übung bedarf's, so sag' ich; sie wird dann
> Sich als zweite Natur der Menschen schließlich erweisen.

Damit hätten wir denn die Frage nach dem Wesen der Selbstbeherrschung und der Dienstbarkeit unter der Begierde, der Willensstarke und der Willensschwache, und nach dem gegenseitigen Verhältnis dieser Charaktereigenschaften beantwortet.

III. Gefühlsbildung

Wer den Menschen im Zusammenhange des staatlichen Lebens betrachtet, muß die Bedeutung der Lust- und Unlustgefühle zu ermessen verstehen. Denn seine Aufgabe ist es, den Zweck in großen Zügen festzustellen, im Hinblick auf welchen man jegliches einzelne als ein Übel oder als ein Gut ohne weiteres bezeichnet. Aber auch sonst gehört es zu den notwendigen Aufgaben, darüber ins Klare zu kommen. Denn wir haben das sittlich Gute und das sittlich Schlechte als ein Verhalten zu Lust und Unlust gekennzeichnet, und die meisten Menschen sehen die Glückseligkeit als mit Lustgefühlen eng verbunden an. Darum ist auch der Ausdruck für den Glückseligen (*makarios*) abgeleitet von der Lustempfindung (*chairein*).

1. Kritik herrschender Ansichten

Nun sind manche der Meinung, keine Art von Lustgefühl sei ein Gut; sie sei es weder an sich noch unter besonderen Umständen; denn ein Gut sein und Quelle der Lust sein sei nicht dasselbe. Andere meinen, es gebe zwar Lustgefühle die schätzbar seien; die meisten aber seien nichts wert. Eine dritte Ansicht kommt dazu, wonach, mögen auch alle Lustgefühle etwas Gutes sein, die Lust gleichwohl unmöglich das höchste Gut sein kann.

Den Satz, daß die Lust überhaupt nicht ein Gut sein könne, beweist man damit, daß alle Lust kein Sein und Bestehen hat, sondern ein bloßes Werden ist, ein Vorgang in der Empfindung, der zu einem naturgemäßen Zustand hinführt; kein bloßes Werden aber gehört derselben Gattung an, wie der Zweck, zu dem es führt, ebensowenig wie das Bauen und das Gebäude derselben Gattung angehöre. Zweitens, ein hochgesinnter Mann meidet die Lustempfindungen. Drittens, ein Mann von Einsicht strebt nach Freiheit von Unlust, nicht nach Lust. Viertens, Lustgefühle behindern das Denken, und das umsomehr, je intensiver das Gefühl ist; so beim Geschlechtsgenuß, wobei niemand seines Gedankens mächtig sei. Fünftens, es gibt keine Kunst des Lustgefühls, während doch alles was wirklich ein Gut ist durch Kunst erzeugt wird. Sechstens, Kinder und Tiere jagen der Lust nach.

Der Beweis aber für die Ansicht, wonach nicht alle Lust wertvoll ist, wird darin gefunden, daß es auch verwerfliche und schimpfliche Lustgefühle gibt, die obendrein noch verderblich sind; denn manches was Lust bereitet ist geradezu gesundheitswidrig.

Die Ansicht endlich, wonach die Lust nicht das höchste Gut ist, wird dadurch bewiesen, daß sie nicht der Zweck, sondern ein bloßes Werden, ein Vorgang sei. Das etwa ist es was man vorzubringen weiß.

Indessen, daß die Lust kein Gut oder daß sie nicht das höchste Gut sei, wird durch die vorgebrachten Gründe nicht erwiesen. Das wird durch folgende Überlegungen klar werden. Zunächst, man spricht vom Guten im doppelten Sinne. Es ist etwas gut schlechthin oder es ist für jemand gut. Der gleiche Unterschied wird sich darum auch wohl bei den inneren Anlagen und den Verhaltungsweisen wiederfinden, und infolgedessen auch bei den inneren Regungen und Vorgängen. Diejenigen von ihnen, die sich als unwert darstellen, werden teils unwert an sich und ohne weiteres sein, während sie deshalb doch nicht wertlos für einen bestimmten einzelnen zu sein brauchen, sondern für diesen begehrenswert sein können; teils werden sie auch nicht einmal für das bestimmte Individuum, sondern höchstens im Augenblick und für kurze Zeit begehrenswert sein, aber nicht begehrenswert ohne weiteres; teils sind sie gar keine wirklichen, sondern nur scheinbare Lustgefühle, sofern sie von Unlust begleitet sind oder auch nur zum Zweck der Heilung dienen, wie bei den Kranken.

Zweitens muß man das Gute als Tätigkeit und als Zustand auseinanderhalten. So sind diejenigen Vorgänge die den naturgemäßen Zustand herzustellen dienen, beiläufig auch Quellen der Lust, und es liegt solche Wirksamkeit schon in den Begierden des Teils an uns, der unverkümmerte Beschaffenheit und Naturanlage ist. So gibt es Lustgefühle, wo keinerlei Unlust und Begierde sie bedingt, wie die Tätigkeit des Denkens, wo kein Bedürfnis der Natur der Antrieb ist. Ein Beweis dafür, daß es Lustgefühle von nur begleitender Art gibt, liegt in der Tatsache, daß die Menschen nicht an derselben Lustquelle ihre Freude haben, während ihr natürliches Bedürfnis seine Befriedigung erlangt und nachdem es seine Befriedigung gefunden hat. Ist die Befriedigung erfolgt, so erfreuen sie sich an solchem was schlechthin Lust bereitet: soll sie erst erfolgen, so erregt ihnen auch solches Lustgefühle, was geradezu entgegengesetzter Art ist, so das Scharfe und das Bittere, was doch keineswegs von Natur oder schlechthin Lust bereitet. Sie sind denn auch nicht Lustgefühle schlechthin. Denn der Unterschied, der zwischen den Lust bereitenden Gegenständen herrscht, findet sich ebenso wieder in den Lustgefühlen, die von ihnen stammen.

Drittens, es ist nicht notwendig, daß es ein anderes gebe, was wertvoller wäre als das Lustgefühl, so wie nach der Ansicht mancher das Endziel des Prozesses dem Prozesse selbst gegenüber das Wertvollere sein soll. Denn es sind gar nicht alle Lustempfindungen ein bloßes Werden ohne Sein oder von solchem Werden begleitet, sondern sie sind Tätigkeiten und bilden selbst das Endziel; sie ergeben sich auch nicht aus einem Werden, sondern aus einer Tätigkeit; das Endziel ist nicht bei allen von ihnen selbst verschieden, sondern das gilt nur von denen, die ihre Bedeutung in der Wiederherstellung des normalen Zustandes haben. Darum ist es auch nicht zutreffend, wenn man sagt, das Lustgefühl sei ein von bewußter Empfindung begleiteter Prozeß; man sollte es vielmehr bezeichnen als die Betätigung der naturgemäßen Verfassung, und statt »von bewußter Empfindung begleitet« sollte man sagen »ungehemmt«. Man hält sie für einen Werdevorgang gerade weil sie im eigentlichen Sinne ein Gut ist; denn man meint, Tätigkeit sei ein Werdevorgang; in Wahrheit ist sie etwas davon Verschiedenes.

Wenn man aber die Lustempfindung als etwas Niederes deshalb bezeichnet, weil manches was Lust bereitet eine gesundheitswidrige Wirkung übt, so ist das geradeso, wie wenn man das was gesund ist deshalb als schlecht bezeichnen wollte, weil es für den Gelderwerb hinderlich ist. In solcher einzelnen Beziehung mag beides schlecht sein, aber deshalb ist es noch nicht an sich schlecht; schädigt doch auch das Studieren zuweilen die Gesundheit. Auch wird weder das Nachdenken noch sonst irgendein geistiger Zustand durch die Lustempfindung gehindert, die sie begleitet, sondern allein durch solche, die anderswoher kommt. Denn die Lust, die das Studieren und das Lernen gewährt, fördert vielmehr das Studieren und Lernen.

Wenn es weiter heißt, keine Art von Lustempfindung sei das Erzeugnis einer Kunst, so ist das an sich eine ganz zutreffende Bemerkung, denn eine Kunst bedeutet auch sonst nicht schon tätige Wirksamkeit, sondern nur das Vermögen zu solcher Tätigkeit. Indessen darf man doch wohl die Kunst der Wohlgerüche und die Kochkunst als solche anführen, die der Lustempfindung dienen.

Daß endlich ein über die Lüste erhabener Sinn sie meidet, der Einsichtige bloß ein von Unlust freies Leben anstrebt, Kinder und Tiere aber der Lust nachlaufen, für alle diese erhobenen Bedenken gilt dieselbe Lösung. Wir haben bemerkt, in welchem Sinne alle Arten der Lustgut schlechthin, in welchem Sinne sie es nicht sind; Kinder und Tiere nun laufen den letzteren nach, der Einsichtige will ihnen gegenüber nur Freiheit von Unlust. Es handelt sich dabei um die Arten der Lust, die mit Begehren und Unlust verbunden sind, um die sinnlichen Lüste, denn diese tragen solchen Charakter, und um das Übermaß derselben, um das wodurch ein ausschweifender Mensch ausschweifend ist. Diese sind es, die ein hoher Sinn meidet, während es Lustgefühle ganz wohl auch für den Hochgesinnten gibt.

2. Die Gefühle und die Tätigkeit

Von der Unlust ist es jedenfalls allgemein anerkannt, daß sie ein Übel und daß sie zu meiden ist. Sie ist teils ein Übel schlechthin, oder sie bedeutet für irgend jemand irgendwie ein Hindernis. Was nun dem was man meiden soll, sofern es zu meiden und sofern es ein Übel ist, entgegengesetzt ist, das ist ein Gutes; also muß Lustempfindung notwendig etwas Gutes sein. Was Speusipp als Erwiderung vorbringt, daß wie das Größere zugleich dem Kleineren und dem Gleichen, so die Lust beiden, der Unlust und der Freiheit von Unlust gegenüberstehe, das trifft nicht die Sache. Denn er selber wird nicht behaupten wollen, daß das Lustgefühl eigentlich ein Übel sei.

Nichts hindert aber auch die Annahme, daß das höchste Gut selbst eine Art von Lustgefühl sei, wenn es gleich manche Lustgefühle von niederer Art gibt ebenso wie auch eine Art von wissenschaftlicher Erkenntnis das höchste Gut sein könnte, wenn manche Erkenntnisse von schlimmer Art wären. Vielmehr ergibt sich geradezu mit Notwendigkeit, daß, wenn es doch für jede Art von geistigen Tätigkeitsrichtungen Betätigungen ohne Hemmung gibt, mag nun die Betätigung aller insgesamt oder die einer einzelnen von ihnen die Glückseligkeit ausmachen, diese Betätigung, falls sie frei von Hemmung ist, das Begehrenswerteste ist. Das Gefühl solcher ungehemmten Tätigkeit aber ist das Lustgefühl. Damit wäre denn also eine Art des Lustgefühls das höchste Gut, ungeachtet die meisten Arten der Lust etwas Niedriges, und wenn man will etwas schlechthin Niedriges sind.

Darum ist es allgemeine Überzeugung, daß das glückselige Leben ein Zustand der Freude sei, und darum bringt man den Zustand der Freude in engste Verbindung mit der Glückseligkeit, und das mit gutem Grunde. Denn keine Tätigkeit ist vollkommen, wenn sie gehemmt ist; die Glückseligkeit aber trägt den Charakter des Vollkommenen. Darum bedarf der Glückselige auch der leiblichen wie der äußeren Güter und des äußeren Glückszustandes, um in diesen Beziehungen nicht gehemmt zu sein. Wer aber behauptet, ein Mensch auf der Folter oder inmitten schwerer Schicksalsschläge sei glückselig, wenn er nur ein tüchtiger Mensch sei, redet mit Willen oder wider Willen sinnloses Zeug.

Weil nun die Glückseligkeit auch der äußeren Glückslage bedarf, so halten manche Äußere Glückslage mit der Glückseligkeit für dasselbe. Das ist sie nun doch nicht. Ist sie übermäßig groß, so kann sie geradezu ein Hindernis bilden, und vielleicht ist es dann auch nicht mehr gerechtfertigt sie ein Glück zu nennen; denn nur in seiner Bedeutung für die Glückseligkeit liegt das entscheidende Merkmal des Glücks.

Wenn ferner alles, Tier und Mensch, die Lust begehrt, so ist das eine Art von Beweis, daß die Lust in gewissem Sinne das Beste ist:

Nicht wird völlig zunichte das Wort, das im Munde der vielen Massen lebt....

Da aber nicht für alle dieselbe Naturbeschaffenheit noch dieselbe geistige Haltung die beste ist oder allen als die beste erscheint, so begehren zwar nicht alle dieselbe Lust, aber Lustbegehren alle. Vielleicht suchen sie nicht die Lust, die sie zu suchen meinen, noch die, die sie zu suchen bekennen würden, und doch suchen sie alle dieselbe Lust. *Denn alle Wesen haben von Natur etwas Göttliches.* Wenn die sinnlichen Lustempfindungen den Namen der Lust als ihr besonderes Eigentum bekommen haben, so ist der Grund der, daß die Menschen so häufig ihnen zusteuern und alle an ihnen teilhaben. Weil sie mithin die einzigen sind, die die Menschen kennen, halten sie sie für die einzigen, die existieren.

Offenbar folgt aber auch das, daß wenn Lustgefühl und Tätigkeit kein Gut ist, das Leben der Glückseligen nicht ein Zustand der Freude sein könnte. Denn wozu bedürfte er ihrer, wenn sie doch kein Gut ist, und es möglich ist, daß er geradezu im Zustand des Schmerzes lebte? Gilt es von der Freude, daß sie weder ein Übel noch ein Gut ist, so gilt es auch vom Schmerz. Warum sollte er ihn also meiden? Es wäre mithin das Leben des Edelgesinnten gegenüber dem des Niedriggesinnten auch nicht das an Freuden reichere, wenn nicht auch seine Tätigkeiten die beglückenderen wären.

3. Edle und niedere Gefühle

Wenn man nun behauptet, daß es gewiß Lustgefühle gibt, die in hohem Grade begehrenswert sind, wie etwa die edlen, dagegen nicht die sinnlichen, nicht die mit denen sich der Ausschweifende befaßt, so hat man damit die Aufgabe, den Wert der sinnlichen Genüsse genauer zu untersuchen. Warum sind eigentlich die zu diesen Genüssen im Gegensatz stehenden Unlustgefühle dann etwas Schlechtes? Den Gegensatz zum Schlechten bildet doch das Gute. Oder sind die für das Leben nötigen Lustgefühle schon deshalb etwas Gutes, weil auch das was nichts Schlechtes ist, etwas Gutes ist? oder sind sie nur bis zu einer gewissen Grenze etwas Gutes? Denn bei den Beschaffenheiten und auch kein Übermaß des Lustgefühls; wo aber jenes Übertreiben möglich ist, Prozessen, bei denen es kein Hinausgehen über das Rechte gibt, gibt es da ist es auch für das Lustgefühl möglich. Nun gibt es bei dem was dem Körper gut ist ein Übermaß, und die niedrige Gesinnung besteht gerade darin, daß man dieses Übermaß und nicht bloß das Notwendige begehrt. Denn an Speise, Trank und Geschlechtsgenuß haben irgendwie alle ihre Lust, nur nicht alle im rechten Maß. Das Entgegengesetzte gilt vom Schmerz. Der niedrig Gesinnte meidet nicht das Übermaß, sondern den Schmerz überhaupt. Denn nicht zum Übermaß der Lust bildet der Schmerz den Gegensatz, es sei denn für den, der eben diesem Übermaß nachjagt.

Es ist aber nicht bloß geboten die Wahrheit hinzustellen, sondern auch den Grund des Irrtums aufzuzeigen. Denn das trägt dazu bei, Überzeugung zu bewirken. Wenn es verständlich gemacht wird, auf welchem Wege das was nicht wahr ist den Schein der Wahrheit erlangt, so erreicht man dadurch eher die Überzeugung von der Wahrheit. Wir müssen deshalb die Gründe angeben, weswegen die sinnlichen Lustgefühle sich als die begehrenswerteren darstellen.

Der erste Grund ist der, daß sie die Unlust austreiben. Wird man von Unlust im Übermaß heimgesucht, so sucht man Lustgefühle im Übermaß und sinnliche Lust überhaupt, weil man in ihr ein Heilmittel findet. Heilmittel nun müssen kräftig sein, und deshalb begehrt man sie, weil sie ihrem Gegenteil das Gleichgewicht zu halten scheinen. Dies sind die beiden Gründe, weshalb die Lust wie bemerkt als etwas nicht Edles erscheint, erstens weil manche Lustempfindungen Auswirkungen einer niedrig gearteten Natur sind, seien sie nun angeboren, wie bei den Tieren, oder angenommen, wie bei niedrig gesinnten Menschen; zweitens weil andere als Heilmittel dienen, also auf einen Mangel hindeuten, und weil in rechter Verfassung sich befinden besser ist als in die rechte Verfassung erst gelangen; ferner weil manche Lustempfindungen sich einstellen, indem wir zu einem befriedigenden Zustand zurückkehren, also wertvoll nur sind unter besonderen Umständen. Es sind ferner Menschen, die sich an anderen Arten der Lustempfindung nicht zu erfreuen vermögen, die ihnen nachjagen, weil sie besonders intensiv sind. So gibt es Menschen, die sich ausdrücklich ein Gefühl von Durst nach Genüssen zu verschaffen suchen. Ist solches Gefühl unschädlich, so ist dabei nichts Tadelnswertes; aber verwerflich ist es, wenn es schädlich wirkt. Solche Leute kennen nichts anderes, was ihnen Freude macht, und den meisten ist dem Gesetz der Natur gemäß ein solcher Zustand schmerzlich, wo sie weder Lust noch Unlust empfinden. Denn was lebt ist immer in Arbeit; behaupten doch die Biologen, daß schon das bloße Sehen und Hören Mühe bereitet, nur daß wir wie sie meinen daran gewöhnt sind. Ähnlich geht es in der Jugend zu, wo der Mensch infolge des Wachstums wie im Rausche sich befindet, und jung zu sein ist an sich schon eine Quelle der Freude. Dagegen bedürfen heftige Naturen beständig eines Heilmittels. Ihr Leib ist infolge ihres Temperaments unausgesetzt im Zustande der Reizung und beständig in übergroßer Erregung. Ein Lustgefühl nun verdrängt den Schmerz, ein dem Schmerz entgegengesetzes, aber auch jedes andere, wenn es nur stark genug ist; infolgedessen greifen die Menschen zu Ausschweifungen und nehmen ein niedriges Wesen an.

Lustgefühle ohne vorangegangenen Schmerz lassen ein Übermaß nicht zu; sie gehören zu dem, was von Natur und nicht bloß unter besonderen Bedingungen Lust bereitet. Unter dem was nur unter besonderen Bedingungen Lust bereitet verstehe ich das was als Heilmittel gegen die Unlust dient. Dergleichen gilt als Quelle von Lust, weil dadurch unter Mitwirkung dessen was am Organismus gesund geblieben ist die Heilung eintritt. Von Natur eine Quelle der Lust ist dagegen, was eine Tätigkeit einer solchen gesunden Naturanlage hervorruft.

Es ist aber nicht immer eins und dasselbe, was uns Freude bereitet; denn unsere Natur ist nicht einfach, und es ist noch ein zweites in uns vorhanden, was der Grund unserer Vergänglichkeit ist. Ist also das eine Element in uns tätig, so läuft es wider die Richtung des anderen Elements; sind sie aber beide im Gleichgewicht, so gewährt das Ergebnis weder Lust noch Unlust. Wäre dagegen die Natur eines Wesens einfach, so würde diesem eine und dieselbe Betätigung ewig die seligste sein. Darum besteht Gottes Seligkeit ewig in einer einzigen und einfachen Freude. Denn es gibt eine Betätigung nicht nur in der Bewegung, sondern auch in der Freiheit von Bewegung, und die Seligkeit liegt mehr in der Ruhe als in der Bewegung. Veränderung sagt der Dichter erfreut mehr als alles; das beruht auf einem Fehler in unserer Anlage. Wie ein schlechter Mensch die Veränderung liebt, so liebt sie auch die Naturanlage, die der Veränderung bedarf; denn sie ist nicht einfach und auch nicht, wie sie sein soll. / Wir schließen damit unsere Ausführungen über Selbstbeherrschung und Mangel derselben, über Lust und Unlust. Was jedes derselben ist, in welchem Sinne das eine darunter ein Gutes, das andere ein Schlechtes ist, haben wir dargelegt. Im folgenden bleibt uns noch über die Gemeinschaften der Menschen zu handeln.

III. Teil. Die menschlichen Gemeinschaften

1. Die Bestimmung des Menschen zur Gemeinschaft

An das bisher Ausgeführte wird sich passend die Betrachtung der menschlichen Gemeinschaften anschließen. Das Band, das die Menschen verbindet ist selber etwas Sittliches oder es erscheint doch im Gefolge der Sittlichkeit, und überdies gehört es zu den schlechthin unentbehrlichen Bedingungen des menschlichen Lebens. Niemand möchte sich, auch wenn er alle übrigen Güter sein nennte, zu leben wünschen ohne die liebevolle Teilnahme anderer. Ja, man darf sagen, daß gerade für diejenigen, die Reichtum, Herrschaft und Macht besitzen, das Bedürfnis solcher liebevollen Beziehungen zu anderen sich am dringlichsten erweist. Denn was hätten sie von ihrem ganzen Glückszustande, wenn sie nicht vermittels desselben die Möglichkeit hätten, anderen Freude zu bereiten? Dies aber ist solchen gegenüber, zu denen man in freundschaftlichen Beziehungen steht, am meisten am Platze und am verdienstlichsten. Oder wie ließe sich das Glück bewahren und aufrecht erhalten ohne die wohlwollende Gesinnung anderer? Ist es doch, je größer es ist, auch desto mehr gefährdet. In Armut und sonstigem Mißgeschick aber hält man sich an die Freunde als an die einzige Zuflucht. Jungen Leuten erwächst aus der Freundschaft Bewahrung vor Verfehlungen, älteren Leuten Hilfe und Pflege und Ersatz für das, was sie aus Mangel an Kräften selbst nicht mehr zu leisten vermögen, den auf des Lebens Höhe Stehenden Förderung bei jedem edlen Vornehmen. »Zwei auf dem Marsche vereint«, [heißt's bei Homer]; dadurch wird das Vermögen zu Rat und Tat gesteigert.

Sympathische Zuneigung findet man als natürliche Empfindung bei dem Erzeuger dem Erzeugten, wie bei dem Erzeugten dem Erzeuger gegenüber, und das nicht bloß bei Menschen, sondern auch bei Tieren, wie bei den Vögeln und der Mehrzahl der Säugetiere; man begegnet ihr bei Wesen, die gleicher Abstammung sind, und so am meisten bei den Menschen. Darum gilt es als ein Lob, für die Menschen Sympathie zu hegen. Wo einer in der Fremde weilt, da kann man recht erkennen, wie jeder schon als Mensch dem Menschen nahe steht und ihm empfohlen ist. Das Band welches die Sympathie stiftet, hält augenscheinlich auch die staatliche Gemeinschaft im Gange, und die Gesetzgeber legen auf dasselbe größeren Wert als selbst auf die Gerechtigkeit. Denn die Eintracht, die zu erhalten ihr dringendstes Anliegen ist, steht zu den Gefühlen der Sympathie in enger Verwandtschaft, und die Zwietracht, die auf Gefühlen der Abneigung beruht, suchen sie so weit wie möglich fern zu halten. Wo das Gefühl des Wohlwollens herrscht, da braucht man nicht die Gerechtigkeit anzurufen; dagegen wo der Sinn für das Recht vorhanden ist, da bedarf es immer noch der wohlwollenden Gesinnung, und die Gerechtigkeit im höchsten Sinne erscheint geradezu als Frucht wohlwollender Triebe. Aber nicht bloß als unentbehrliche Bedingung hat solches Wohlwollen seine Bedeutung; es ist auch sittlich wertvoll. Wir schätzen diejenigen hoch, die Liebe mit Liebe erwidern, und vielen wohlwollend gesinnt zu sein, gilt als eine der edlen Eigenschaften des Menschen. Überdies herrscht die Überzeugung, daß eben dieselben, die sonst brave Männer sind, auch einander befreundet sind.

Es ist nun die Zahl von Fragen nicht gering, die den hier berührten Gegenstand betreffen und zu einer Verschiedenheit der Ansichten Anlaß geben. Die einen führen das Gefühl der Zuneigung auf Gleichheit des Wesens zurück und meinen, Freunde seien solche, die einander von Wesen gleichen; daher das Wort: »Gleich zu gleich«, oder »Eine Krähe zur anderen Krähe«, und was dergleichen mehr ist. Andere sagen im Gegenteil, die Menschen verhielten sich sämtlich so zueinander, wie ein Kunstgewerbler zum andern, und suchen die Erklärung dafür in allgemeineren Beziehungen, auch in Erscheinungen der äußeren Natur. So sagt Euripides: »Es liebt das Land den Regen«, das ausgedörrte nämlich, und »Es liebt der hehre Himmel, wenn er regenschwer, zur Erde sich zu senken« und Heraklit spricht vom »Widerstrebenden, das zusammenhält«; er meint, aus der Verschiedenheit ergebe sich die schönste Harmonie, und alles erzeuge sich auf dem Wege des Streites. In den Gegensatz zu diesen stellt sich mit anderen auch Empedokles, nach dem das Gleiche dem Gleichen zustrebt. Wir nun wollen diese aus der Natur entnommenen Gleichnisse für die zu lösenden Fragen lieber beiseite lassen; / sie sind für das Gebiet unserer gegenwärtigen Untersuchung doch zu wenig bezeichnend; / und richten unsere Aufmerksamkeit vielmehr auf das, was den Menschen angeht, was seinen Charakter und seine

Gefühlsweise betrifft. Dahin gehört die Frage, ob Gefühle der Sympathie unter allen bestehen können, oder ob es nicht vielmehr bei schlechten Menschen unmöglich ist, daß sie für einander Zuneigung empfinden; ferner die Frage, ob es nur *eine* Art von freundschaftlicher Verbindung gibt oder mehrere. Diejenigen, welche nur eine Art annehmen, aus dem Grunde, weil sie ja ein Mehr oder Minder zulasse, stützen ihre Ansicht auf ein Kennzeichen, das man keineswegs als triftig anzuerkennen braucht. Denn ein Mehr oder Minder kommt auch da vor, wo sicher eine Verschiedenheit von Arten vorhanden ist. Wir haben darüber an anderer Stelle gehandelt.

2. Arten der Verbindung zwischen den Menschen

a) Gründe der Befreundung

Die Frage kann leicht zum Austrag gebracht werden, wenn man sich nur erst über das klar geworden ist, was für Menschen Gegenstand der Liebe zu werden vermag. Man darf doch wohl sagen, daß nicht jegliches sich Liebe gewinnt, sondern nur das, was dazu geeignet ist, und dazu wird erfordert, daß es *gut, angenehm* oder *nützlich* sei. Nun kann man nützlich nennen, woraus uns ein Gutes oder eine angenehme Empfindung zufließt; demnach wäre in letzter Instanz Gegenstand der Zuneigung das Gute und das Angenehme.

Gilt nun die Liebe der Menschen dem was gut ist, oder gilt sie dem, was für sie gut ist? Dies beides fällt doch bisweilen auseinander. Und ebenso steht es mit dem Angenehmen. Es scheint doch, daß jeder liebt, was ihm gut ist, und danach wäre Gegenstand der Liebe schlechthin das Gute, für den einzelnen aber das, was für ihn gut ist. Nun liebt aber der einzelne nicht, was für ihn gut *ist*, sondern was ihm das für ihn Gute zu sein *scheint*. Indessen, darauf kommt es hier nicht an; es bestimmt sich nur danach der Gegenstand der Liebe als das was gut zu sein *scheint*. Während nun die drei Gründe der Zuneigung auch leblosen Dingen gegenüber gelten, so gebraucht man den Ausdruck *Liebe* doch nicht von der Neigung zu diesen. Denn hier gibt es keine Erwiderung der Neigung; hier hat auch der Wille, dem Gegenstande Gutes zu erweisen, keinen Platz. Es wäre doch eine lächerliche Vorstellung, dem Weine etwas Gutes antun zu wollen; höchstens will man ihn doch nur aufbewahren, um ihn zur Verfügung zu haben. Dagegen heißt es, daß man dem, dem man freundlich gesinnt ist, alles Gute wünschen muß um seiner selbst willen. Diejenigen, die in dieser Weise anderen Gutes wünschen, nennt man wohlwollend, wenn ihnen von jenen nicht das gleiche zuteil wird; denn ist das Wohlwollen gegenseitig, so nimmt es den Namen der Freundschaft an. Oder muß man noch das weitere hinzufügen, daß die Gesinnung des anderen auch den beiden nicht unbekannt bleiben darf? Denn es kommt vor, daß man Wohlwollen für solche hegt, die man nie gesehen hat, die man aber für ehrenhafte oder für wertvolle Persönlichkeiten hält, und es kann auch das vorkommen, daß einer von diesen ganz dieselbe Gesinnung jenem gegenüber hegt, so daß augenscheinlich zwischen ihnen gegenseitiges Wohlwollen herrscht. Gleichwohl dürfte man diejenigen als befreundet bezeichnen, die von diesem ihrem gegenseitigen Verhältnis doch nichts wissen? Wenn es also doch erforderlich ist, daß sie einander aus einem der oben angegebenen Gründe wohlgesinnt seien und sich alles Gute wünschen, so gehört dazu auch dies, daß ihnen diese gegenseitige Gesinnung nicht verborgen bleibe.

b) Unterschiede in den Befreundungsverhältnissen

Wie nun die Gründe der Zuneigung der Art nach verschieden sind, so sind es infolgedessen die Zuneigung und die Freundschaft selbst. Es gibt demnach drei Arten der Befreundung, ebenso viele wie Arten ihrer Gründe. Für jede dieser Arten gilt es, daß eine Erwiderung stattfindet, die nicht verborgen bleibt, und daß diejenigen, die einander befreundet sind, einander alles Gute wünschen, und zwar Gutes in dem Sinne der Gründe, die die Befreundung bewirken. Diejenigen, bei denen die freundschaftliche Verbindung durch den Vorteil gestiftet ist, hegen solche freundliche Gesinnung nicht um der Persönlichkeit willen, sondern um des Guten willen, das ihnen wechselseitig vom anderen zufließt. Das gleiche gilt von denen, deren Zuneigung in dem Streben nach Annehmlichkeit wurzelt. So liebt man die guten Gesellschafter nicht um ihrer Persönlichkeit willen, sondern wegen des Vergnügens, das sie bereiten. Diejenigen, deren Zuneigung ihren Grund im Vorteil findet, lieben den anderen um des eigenen Vorteils willen, und diejenigen, bei denen sie auf der Aussicht auf Annehmlichkeit beruht, lieben ihn um ihres Vergnügens willen, also nicht weil der, dem sie ihre Neigung zuwenden, diese Person ist, sondern sofern er Vorteil oder Vergnügen gewährt. Solche Zuneigung also gründet sich auf Nebenrücksichten. Nicht deswegen, weil er ist der er ist, wird derjenige dem man seine Neigung zuwendet zum Gegenstande der Neigung, sondern weil er in einem Falle Vorteil, im anderen Falle Vergnügen bereitet.

Solche Verhältnisse sind denn auch leicht lösbar, wenn die Menschen nicht die gleichen bleiben. Bereiten sie kein Vergnügen oder keinen Vorteil mehr, so erlischt die Zuneigung zu ihnen. Vorteil aber erhält sich nicht dauernd, sondern ist zu verschiedenen Zeiten verschieden. Schwindet nun der Grund, aus dem man befreundet war, so schwindet auch die freundschaftliche Gesinnung, weil sie durch jenen bedingt war. Solche Freundschaftsverhältnisse kommen am meisten bei Leuten im höheren Lebensalter vor, / denn diese sind nicht auf das Vergnügen, sondern auf den Vorteil gerichtet, / unter den Leuten in den besten Jahren aber und unter den Jünglingen findet man sie, wo die Rücksicht auf das Nützliche vorwaltet. In solchen Verhältnissen pflegen denn auch die Leute keine Lebensgemeinschaft miteinander; in vielen Fällen ist ihnen der Umgang nicht einmal angenehm; sie empfinden also auch kein Bedürfnis nach solchem Umgang, außer sofern jene sich hilfreich erweisen. Denn nur soweit sind sie willkommen, als sie die Aussicht auf einen Vorteil gewähren. Auf gleiche Linie stellt man dann auch das gastfreundliche Verhältnis zu Auswärtigen.

Dagegen beruht bei jungen Leuten die Zuneigung auf dem Triebe zu dem was ihnen Vergnügen bereitet. Denn die Jugend lebt ihren Gefühlen nach und hat am meisten im Auge was vergnüglich ist und was der Augenblick bietet. Nimmt die Zahl der Jahre zu, so andern sich auch die Dinge, an denen man Vergnügen findet. Deshalb wird in der Jugend Freundschaft schnell geschlossen und auch schnell wieder gelöst; denn die Freundschaft schwindet wie die Freude, und die Veränderung in dem was Freude macht geht schnell vonstatten. Junge Leute sind ferner zu sinnlicher Liebe geneigt; sinnliche Liebe aber ist meistenteils leidenschaftlicher Art, und ihr Streben geht auf Lust. So verliebt man sich denn schnell und hört auch schnell wieder auf, zuweilen so, daß man noch an demselben Tage in seiner Liebe wechselt. Verliebte aber möchten mit dem Gegenstand ihrer Neigung am liebsten den ganzen Tag zusammen sein und gemeinsam leben; denn das ist der besondere Charakter, den bei ihnen das Verhältnis der Zuneigung annimmt.

Die vollkommenste Zuneigung aber ist die, die Menschen von edler Art und gleicher sittlicher Gesinnung verbindet. Diese wünschen einander als Menschen von edler Gesinnung gleichmäßig alles Gute, und von edler Gesinnung zu sein macht ihr Wesen aus. Das aber bezeichnet die innigste Freundschaft, den Freunden alles Gute zu wünschen rein um ihrer selbst willen; denn da gilt die Zuneigung der Persönlichkeit selbst abgesehen von Nebenrücksichten. Zwischen ihnen bleibt darum die Freundschaft bestehen, solange sie edel gesinnt sind; sittliche Gesinnung aber ist beständig. Da ist jeder von beiden edel an und für sich und edel gegen den Freund; denn edle Menschen, solche, die edel sind von Wesen, sind auch einander hilfreich, und im selben Maße sind sie einander lieb. Edle Menschen sind an und für sich ein Gegenstand des Wohlgefallens und sind es gegenseitig für einander. Denn jeder Mensch hat Freude an seiner eigenen Art zu handeln und an einer die ihr gleicht; edel Gesinnte aber haben dieselbe oder eine ähnliche Art zu handeln. Es ist wohl verständlich, daß Freundschaft von dieser Art beständig ist; trifft doch bei ihr alles zusammen, was bei eng verbundenen Gemütern vorhanden sein soll. Alle Freundschaft hat zum Ziele ein Gut oder ein Gefühl der Befriedigung, entweder schlechthin oder für den Befreundeten, und das im Sinne einer gewissen Verwandtschaft des Wesens. Hier ist alles Genannte im Wesen der Persönlichkeiten bei einander; hier sind sie einander wesensverwandt und was sonst noch dazu gehört, und das Gute schlechthin ist auch das was schlechthin Befriedigung gewährt. Dies aber ist das Liebenswerteste, und so waltet denn zwischen solchen Menschen das Band der Zuneigung und Freundschaft am meisten und am innigsten. Natürlich finden sich solche Freundschaften selten, denn Menschen von dieser Art gibt es wenige. Es bedarf dafür ferner der Zeit und der Gewohnheit des Zusammenlebens; denn dem Sprichwort zufolge lernt man einander nicht eher kennen, als bis man das bekannte Maß Salz zusammen verzehrt hat. Man kann nicht früher Gefallen an einander finden oder befreundet sein, bevor jeder vom Werte des andern völlig überzeugt ist und sein volles Vertrauen erlangt hat. Diejenigen, die schnell ein freundschaftliches Verhältnis zueinander eingehen, möchten gern Freunde sein; sie sind es aber nicht, wenn sie nicht zugleich liebenswert sind und dies auch einer vom andern wissen. Denn der Wunsch, Freundschaft zu schließen, stellt sich schnell ein, die Freundschaft nicht.

Dies also ist die Freundschaft, die in bezug auf die Zeitdauer wie in allen anderen Beziehungen die vollkommenste ist; hier empfängt jeder vom anderen in jedem Sinne dasselbe und das gleiche, so wie es zwischen Freunden sein soll. Die Freundschaft, die Annehmlichkeit und Vergnügen zum Ziele hat, hat Ähnlichkeit mit dieser; denn Freude machen einander auch die Edelgesinnten. Das gleiche gilt von der Freundschaft, die der Vorteil stiftet; denn auch Vorteil gewähren einander die edlen Menschen. Auch dauerhaft sind Freundschaftsverhältnisse von dieser Art, wenn beide Teile sich gegenseitig dasselbe, etwa Vergnügen, gewähren, und nicht bloß dasselbe, sondern auch aus derselben Quelle, wie es z.B. in der Freundschaft zwischen unterhaltenden Leuten der Fall ist, nicht dagegen in der Zuneigung zwischen Liebhaber und Geliebtem. Denn diese letzteren haben ihre Freude nicht an demselben; sondern der eine hat sie am Anblick des andern, dieser aber an den ihm vom Liebhaber erwiesenen Aufmerksamkeiten. Hört nun die Jugend auf, so hört in manchen Fällen auch das Band der Neigung auf; dem einen macht der Anblick keine Freude mehr, dem andern werden keine Freundlichkeiten mehr erwiesen. Dagegen dauern auch wieder manche solche Verhältnisse fort, wenn man am anderen infolge der Gewohnheit des Zusammenlebens seine ganze Gemütsverfassung auf Grund der Charaktergleichheit lieb gewonnen hat. Ist aber, was man in Liebesverhältnissen austauscht, nicht Befriedigung des Gefühls, sondern Vorteil, so ist die Zuneigung weniger eng und dauerhaft. Freundschaftsbande, die der Vorteil knüpft, lösen sich zugleich mit dem Vorteil; denn befreundet war man ja nicht der Person, sondern dem Nutzen, den sie gewährte.

Um sinnlicher Befriedigung und um des Vorteils willen können auch geringwertige Menschen miteinander befreundet sein, ebenso treffliche mit geringwertigen, und solche, die keines von beiden sind mit Menschen von beliebiger Beschaffenheit; dagegen sind offenbar bloß die edlen Naturen schon durch ihre Persönlichkeit Freunde. Denn schlechte Menschen haben aneinander keine Freude, wo nicht ein Nutzen dabei herauskommt. Auch gegen Klatsch und Verhetzung ist nur die Freundschaft zwischen Edelgesinnten geschützt; denn nicht leicht glaubt man irgendeinem dritten, wo man selbst in langer Zeit jemand bewährt gefunden hat. Bei ihnen herrscht das gegenseitige Vertrauen, die Gewißheit, daß keiner dem andern Unrecht tun wird, und alles sonst, was als Kennzeichen wahrer Freundschaft gewürdigt wird. Dagegen hindert in anderen Freundschaftsverhältnissen nichts, daß sie auf diesem Wege auseinander gebracht werden. Denn wenn die Menschen von Freundschaft auch da reden, wo es nur den Vorteil gilt, wie bei den Staaten, / denn die Bündnisse zwischen Staaten werden augenscheinlich nur um des Vorteils willen geschlossen, / und da, wo man sich um des Vergnügens willen gern hat, wie die Kinder, so werden dementsprechend auch wir von Freundschaft in solchen Verhältnissen sprechen dürfen und dann mehrere Arten von Freundschaft annehmen müssen. In erster Reihe und in eigentlichem Sinne werden wir Freundschaft nennen diejenige, die zwischen Edelgesinnten als solchen besteht, und nur in analogem Sinne werden wir auch die anderen Verhältnisse mit diesem Namen bezeichnen. Freundschaft besteht bei diesen nur, sofern es sich dabei um ein Gut und etwas einem Gute Ähnliches handelt; gilt doch auch sinnliche Befriedigung bei denen, deren Neigung auf sie gerichtet ist, als ein Gut. Indessen dies beides kommt nicht leicht zusammen vor; es befreunden sich nicht dieselben Menschen zugleich um des Vorteils und der sinnlichen Befriedigung willen. Denn was nur zufälliger Nebenerfolg ist, findet sich nicht häufig zusammen ein.

Sind nun dies die Arten, in die das Freundschaftsverhältnis zerfällt, so wird den Grund der Befreundung zwischen geringwertigen Menschen die Aussicht auf das Angenehme oder auf den Vorteil bilden, da sie in dem Streben danach einander verwandt sind; edle Menschen aber werden schon durch ihre Persönlichkeit Freunde sein, einfach auf Grund ihrer edlen Gesinnung. Die letzteren sind demnach Freunde an und für sich, jene sind es nur beiläufig, und das Verhältnis zwischen ihnen zeigt zu jenem nur eine Analogie.

Wie man nun auf Grund ihrer sittlichen Beschaffenheit bei den einen vom Adel des Wesens, bei den anderen von rühmlicher Wirksamkeit spricht, so geschieht es auch auf Grund des Freundschaftsverhältnisses. Die einen genießen das Glück des Zusammenlebens und tun sich gegenseitig alles Gute an; die andern mögen im Schlaf oder bei räumlicher Trennung nicht füreinander tätig sein: sie sind doch gegeneinander so gesinnt, daß sie sich im Sinne der Freundschaft zu betätigen herzlich gern bereit wären. Räumliche Entfernung steht also nicht der Freundesgesinnung an und für sich, sondern nur ihrer Betätigung im Wege. Dauert die Entfernung längere Zeit, so sieht man allerdings wohl eine Abschwächung der Freundschaftsgesinnung eintreten. Darum heißt es:

»Freundschaft lockert sich oft, wo Austausch fehlt des Gespräches.«

Es läßt sich ferner beobachten, daß weder Leute in höheren Jahren noch verdrießliche Leute zur Freundschaft geneigt sind. Denn das Interesse am Angenehmen kommt bei ihnen zu kurz, und niemand bringt es fertig, immerfort mit solchem zu leben was Verdruß oder was auch nur kein Vergnügen bereitet. Denn die Natur treibt augenscheinlich dazu, zu meiden, was Verdruß, und zu begehren, was Vergnügen macht. Das Verhältnis zwischen Leuten, die aneinander ein Wohlgefallen haben, aber nicht zusammenleben, trägt mehr die Züge des Wohlwollens als die der Freundschaft. Denn nichts ist Freunden so eigen, als miteinander zu leben. Beistand begehren diejenigen, die dessen bedürftig sind, Beisammensein auch die, die mit allem versehen sind. Vereinsamt zu sein, sagt gerade den letzteren am wenigsten zu. Man kann aber nicht Tag für Tag zusammen sein, wenn einer dem anderen kein Vergnügen macht und beide nicht an denselben Dingen ihre Freude haben; denn dies bildet den Grundzug aller kameradschaftlichen Gemeinschaft.

Freundschaft im höchsten Sinne ist also, wie wir wiederholt gesagt haben, die zwischen Edelgesinnten. Denn Gegenstand der Liebe und des Begehrens ist das, was an und für sich, und für den einzelnen das, was für ihn gut und erfreulich ist; für den Edelgesinnten ist es aus beiden Gründen der Edelgesinnte. Die persönliche Zuneigung trägt zunächst den Charakter des Gefühls, die Freundschaft den einer befestigten Gesinnung. Denn Neigung empfindet man ebensosehr für leblose Dinge; dagegen ist Erwiderung der Neigung Sache des Willens, und der Wille stammt aus befestigter Gesinnung. Denen, die man liebt, wünscht man alles Gute um ihrer selbst willen, nicht aus einem bloßen Gefühle, sondern aus einer Gesinnung heraus, und wer den Freund liebt, liebt, was für ihn selbst ein Gut ist; denn der Edle, den man zum Freunde gewonnen hat, wird ein Gut für den, dessen Freund er ist. So liebt denn jeder von beiden das, was für ihn ein Gut ist, und vergilt gleiches mit gleichem durch den Wunsch, den er hegt, wie durch das Glück, das er bereitet. Freundschaft bezeichnet man als Gleichheit, und dies gilt am meisten von der Freundschaft zwischen Edelgesinnten.

Bei verdrießlichen und bei bejahrten Leuten kommen Freundschaftsverhältnisse desto weniger zustande, je übler ihre Laune ist und je weniger sie Freude am Umgang mit anderen haben. Denn solche Freude am Umgang ist freundschaftlicher Verbindung am meisten förderlich und geeignet, solche Verbindung zu stiften. Daher kommt es, daß junge Leute sich schnell befreunden, bejahrte Leute nicht; denn man schließt nicht Freundschaft mit solchen, an denen man keine Freude hat. Das gleiche gilt von den verdrießlichen Leuten; doch können solche ganz gut für einander Wohlwollen hegen. Sie wünschen einander Gutes und leisten Beistand wo es nottut; aber Freunde sind sie doch nicht eigentlich, weil sie weder dauernd zusammenleben, noch aneinander Freude haben, was für die Freundschaft das dringendste Erfordernis ist.

Mit vielen Freundschaft zu pflegen im Sinne der vollkommensten Freundschaft geht nicht wohl an, wie man ja auch nicht zu vielen zugleich in einem Liebesverhältnis stehen kann; denn solche Freundschaft hat die Art eines höchsten Grades, und dergleichen kann eigentlich nur einem gegenüber statt haben. Andererseits ist es nicht leicht der Fall, daß einem mehrere zugleich in hohem Grade lieb sind, und es ist auch das nicht leicht, vielen Edlen zu begegnen. Man muß überdies Erfahrung haben und in langem Umgange beisammen sein, und das ist sehr schwierig. Dagegen ist es, wo es bloß Vergnügen und Vorteil gilt, wohl möglich, vielen zu gefallen. Denn Leute, die dergleichen gewähren, kommen häufiger vor, und diese Art von Leistungen bedarf auch nicht langer Zeit. Unter diesen beiden Verhältnissen nun hat dasjenige, das in der Aussicht auf Vergnügen wurzelt, zur Freundschaft größere Verwandtschaft, falls beide Teile einander wechselseitig das gleiche Vergnügen bereiten und es auch dieselben Dinge sind, durch die sie einander Freude machen.

Von dieser Art sind die Jugendfreundschaften. Bei ihnen kommt mehr eine ideale Gesinnung zum Ausdruck; Freundschaft, die der Vorteil stiftet, zeugt dagegen von Krämersinn. Wohlversehene Leute haben kein Bedürfnis nach solchen, die Vorteil, sondern nach solchen, die Vergnügen verheißen. Denn sie wünschen sich Gesellschaft; aber was verdrießlich stimmt, erträgt man wohl einige Zeit; auf die Dauer dagegen hält das kein Mensch aus, und wenn es auch die Idee des Guten selber wäre, die einen ärgert. Darum suchen sie sich lieber Freunde, die ihnen angenehme Empfindungen erwecken. Solche müssen natürlich mit dieser Eigenschaft auch eine edle Gesinnung verbinden und sich ihnen so bewähren; so erst werden sie alle Eigenschaften haben, die man bei Freunden sucht.

Leute in Macht- und Herrscherstellung sieht man zwischen Freunden und Freunden unterscheiden. Die einen sind ihnen brauchbar, die andere Klasse dient ihnen zur Unterhaltung; daß beides zusammenfällt, kommt nicht leicht vor. Sie suchen nach Leuten zu ihrer Ergetzung, / diese aber brauchen nicht solche von sittlicher Gesinnung zu sein, / und nach brauchbaren Leuten, / diese aber müssen nicht gerade zu edlen Zwecken dienen; sondern insofern sie es auf Ergetzung absehen, suchen sie unterhaltende geistreiche Leute, und andererseits solche, die gewandt sind, ein aufgetragenes Geschäft auszuführen; dies beides aber trifft nicht leicht in derselben Persönlichkeit zusammen.

Freude und Vorteil zugleich, haben wir gesagt, gewährt ein Mensch von ernstem sittlichen Charakter. Leider nur gewinnt sich der Mensch in überragender Stellung solche Leute nicht zu Freunden, wenn er sie nicht auch in sittlicher Gesinnung überragt. Ist das nicht der Fall, so ist zwischen dem Mann von edler Gesinnung und dem Manne von überragender Macht keine Gleichheit hergestellt; denn dazu müßte das Übergewicht an Macht dem Übergewicht an edlen Eigenschaften entsprechen. Es ist aber nicht gerade die Regel, daß Machthaber solche Charakterzüge an sich tragen.

Die Freundschaftsverhältnisse, von denen wir bisher gesprochen haben, beruhen auf Gleichheit. Beide Teile leisten und wünschen einander eins und dasselbe, oder sie tauschen miteinander das eine für das andere aus, etwa gewahrtes Vergnügen gegen empfangenen Vorteil. Daß diese letzteren Arten der Befreundung weniger eng und dauerhaft sind, haben wir bereits dargelegt. Man darf sagen: wegen der Ähnlichkeit und der Unähnlichkeit, die sie mit der wahren Freundschaft haben, sind sie einerseits Freundschaftsverhältnisse, und andererseits sind sie es

wieder nicht. Auf Grund ihrer Ähnlichkeit mit der auf sittlicher Gesinnung beruhenden Freundschaft stellen sie sich als Freundschaftsverhältnisse dar; das eine Mal gewähren sie Ergetzung,
das andere Mal Vorteil, wie ja beides auch bei jener der Fall ist. Dadurch aber daß die eine Art
nicht durch Verhetzung trennbar und daß sie dauerhaft ist, diese letzteren aber schnell vergehen,
und auch sonst durch eine Menge von Unterschieden, zeigen sie, daß sie doch keine rechten
Freundschaftsverhältnisse sind, und zwar um der Unähnlichkeit willen, die zwischen ihnen und
jenen obwaltet.

Nun gibt es aber weiter eine zweite Art von Verhältnissen der Befreundung, die sich durch die
Überlegenheit des einen Teils über den anderen kennzeichnet; das ist der Fall zwischen Vater
und Sohn und überhaupt zwischen dem Älteren und Jüngeren, zwischen Mann und Weib, und
allgemein zwischen dem Herrschenden und dem Untergebenen. Auch in diesen Verhältnissen
muß man aber noch weiter unterscheiden.

Es ist nicht dasselbe Verhältnis, das zwischen Eltern und Kindern, und das zwischen Herrschenden und Untergebenen; aber es ist auch das Verhältnis vom Vater zum Sohn nicht dasselbe
wie das des Sohnes zum Vater, das Verhältnis des Mannes zum Weibe nicht dasselbe wie das des
Weibes zum Manne. Denn bei jeder von dieser Persönlichkeiten ist die sittliche Beschaffenheit
und Aufgabe eine andere, und eine andere auch der Grund der Zuneigung, und danach gestalten
sich denn auch die Gefühle der Zuneigung und das Band zwischen ihnen anders. Es empfängt
daher nicht jeder vom andern dasselbe, noch darf er es verlangen. Wenn die Kinder den Eltern
erweisen was den Erzeugern gebührt, und die Eltern den Kindern was den Kindern gebührt,
so ist die Zuneigung in diesem Verhältnis dauerhaft und rechtschaffen. Ähnlich muß sich auch
in allen Verhältnissen der Befreundung, die auf der Überlegenheit des einen Teils beruhen, das
Gefühl der Zuneigung gestalten. So muß der höher Stehende mehr Freundlichkeit empfangen
als gewähren; das gleiche gilt für den der den größeren Beistand gewährt, und ebenso für jeden,
der irgendwie der Überlegene ist. Wo nämlich das Gefühl der Zuneigung sich nach der Würdigkeit richtet, da stellt sich gewissermaßen eine Gleichheit her, und in dieser erblickt man
allgemein den Grundzug der Befreundung.

Indessen, unter Gleichheit ist offenbar in Rechtsverhältnissen nicht ganz dasselbe zu verstehen wie in Freundschaftsverhältnissen. In Rechtsverhältnissen bedeutet das gleiche in erster
Linie das was nach der Würdigkeit bemessen ist, und erst in zweiter Linie einfache Gleichheit
der Größe nach; im Freundschaftsverhältnis steht umgekehrt das der Größe nach gleiche voran,
und die Abmessung nach der Würdigkeit kommt erst in zweiter Reihe. Das tritt klar hervor,
wenn der Abstand in sittlichem oder unsittlichem Charakter, in Wohlstand oder sonst etwas
anderem beträchtlich wird. Dann sind die so Verschiedenen gar nicht mehr Freunde, noch verlangen sie es zu sein. Am augenscheinlichsten wird dies den Göttern gegenüber; denn diese
sind durch jede Art von Gütern über allen Vergleich erhaben. Man sieht es aber auch bei den
Königen; denn Menschen, die in weit geringerer Stellung sind, lassen gar nicht den Gedanken
in sich aufkommen, ihre Freunde sein zu wollen, ebensowenig wie die ihres Unwertes sich Bewußten daran denken, Freunde der Edelsten und geistig Höchststehenden zu werden. Es gibt
für diese Dinge keine exakte Grenze, bis an die noch von Freunden geredet werden kann. Man
kann auf der einen Seite viel abziehen, und es kann immer noch Freundschaft bestehen; nicht
aber, wenn die Kluft allzuweit wird, wie die zwischen Mensch und Gott. Daher das Bedenken,
ob wohl Freunde den Freunden wirklich die größten Güter gönnen, z.B. das, Götter zu sein.
Denn dann würden sie selbst nicht mehr ihre Freunde sein, also auch nicht mehr für sie einen
wertvollen Besitz bedeuten; denn Freunde sind ein wertvoller Besitz. Ist nun der Satz richtig,
daß der Freund dem Freunde alles Gute um seiner selbst willen wünscht, so wäre demnach
erforderlich, daß dieser bleibe was er ist, und ihm als Menschen wird der Freund die größten
Güter wünschen. Allerdings nicht alle; denn jeder Mensch wünscht an erster Stelle alles Gute
sich selbst.

Wenn die meisten Menschen wünschen, Beweise freundlicher Gesinnung mehr entgegenzunehmen als solche zu gewähren, so nimmt man an, daß es Ehrsucht ist, was sie dazu treibt.
Darum haben die meisten die Schmeichler gern. Denn der Schmeichler ist ein gutmeinender

Mensch, der sich unterordnet, oder er gibt sich wenigstens so, und nimmt die Miene an, als ob er mehr Freundlichkeit zu erweisen als zu empfangen wünschte. Solche Beweise von Zuneigung zu empfangen macht beinahe denselben Eindruck, wie Beweise der Ehrerbietung zu empfangen, und das ist es gerade worauf die meisten sich spitzen. Indessen möchte man annehmen, als strebten die Menschen nach solcher Ehre nicht um dieser selbst, sondern um dessen willen was daran hängt. Wenn die meisten durch Auszeichnung, die ihnen von den Mächtigen widerfährt, beglückt sind, so ist der Grund die dadurch eröffnete Aussicht; sie meinen nämlich durch jene erlangen zu können was ihnen not tut, und freuen sich an der Auszeichnung als an einem Vorzeichen künftigen Wohlergehens. Diejenigen aber, die von charaktervollen und durch Geist hervorragenden Männern ausgezeichnet zu werden wünschen, sind von der Begierde beseelt, die eigene Meinung die sie von sich hegen durch jene sichergestellt zu sehen. Sie erwärmen sich also an dem Gedanken, Männer von Verdienst zu sein und sich auf das Urteil derjenigen die sie dafür erklären stützen zu können. Dagegen Beweise von freundlicher Gesinnung zu empfangen macht an und für sich Freude. Deshalb sollte man diese für wertvoller halten als erfahrene Auszeichnung, und freundschaftliche Zuneigung sollte um ihrer selbst willen für begehrenswert gelten.

Eigentlich aber liegt der Wert derselben doch mehr in der Liebe die man erweist, als in der die man erfährt. Einen Beweis dafür liefert das Mutterglück; dies besteht im Erweisen von Liebe. Es kommt vor, daß Mütter ihren Kindern die Nahrung von anderen reichen lassen und sie mit ausdrücklichem Bewußt sein lieb haben, ohne Gegenliebe zu verlangen, wenn beides nicht zusammen sein kann; sie sind ganz zufrieden, wenn sie nur sehen, daß es ihren Kindern gut geht, und sie haben sie lieb, auch wenn diese, weil sie ihre Mutter gar nicht kennen, ihr nichts von dem erweisen was einer Mutter zukommt. Ist aber bei dem Bande das die Menschen verbindet die Hauptsache die Liebe, die man erweist, und gewinnen sich diejenigen Beifall, die ihren Freunden Liebe erweisen, so darf man Liebeserweis als die Tugend des Freundes bezeichnen, und die Folge ist, daß wo solche Liebe in Hinblick auf den hohen Wert der Persönlichkeit erwiesen wird, die Freunde beständig sind und ihre Freundschaft festgefügt ist.

Auf diese Weise kann noch am ehesten Freundschaft ohne Gleichheit bestehen; denn so findet leicht eine Ausgleichung statt. Gleichheit und Ähnlichkeit aber macht Freundschaft, und am meisten die Ähnlichkeit der von sittlichem Streben Erfüllten. Diese bleiben, wie sie an und für sich beständig sind, auch einander treu; sie bedürfen nicht der Menschen von niederer Art, noch leisten sie sich gegenseitig bedenkliche Dienste, sondern eher noch darf man sagen, sie weisen sie ab. Denn das ist die Art edelgesinnter Gemüter, weder selbst falsche Wege zu gehen, noch es den Freunden zu gestatten. Auf charakterlose Menschen ist kein Verlaß. Sie bleiben nicht einmal sich selber treu und gleichförmig; nur für kurze Zeit befreunden sie sich, und nur für kurze Zeit ist dem einen die niedrige Gesinnung des andern willkommen. Demgegenüber sind diejenigen, die einander Nutzen oder Unterhaltung gewähren, immer noch beharrlicher; denn sie halten zusammen, solange sie einander Unterhaltung oder Vorteil gewähren.

Freundschaft, bei der es sich um den Vorteil handelt, möchte am ehesten zwischen solchen Menschen zustande kommen, die in entgegengesetzter Lage sich befinden, so zwischen einem Armen und einem Reichen, einem Ungebildeten und einem geistig Hochstehenden. Wer in die Lage gerät, etwas zu bedürfen, der sucht es zu erlangen dadurch, daß er dafür eine Gegenleistung gewährt. Hierfür darf man auch den Liebhaber und den Geliebten, den Schönen und den Häßlichen heranziehen. Liebhaber machen darum bisweilen einen lächerlichen Eindruck, wenn sie verlangen, ebenso heiß geliebt zu werden, wie sie lieben; da wäre doch wohl zu fordern, daß sie auch ebenso liebenswert seien, und haben sie von dieser Eigenschaft nichts an sich, so wird ihr Verlangen lächerlich. Im allgemeinen gilt der Satz, daß wenn Entgegengesetztes einander zustrebt, dies nicht an der Sache selbst, sondern an besonderen Umständen liegt. Das Streben geht auf das Mittlere zwischen den Gegensätzen; denn dieses Mittlere bezeichnet das Gute. So ist es für das Dürre gut, nicht daß es naß werde, sondern daß es in den mittleren Zustand gelange, und das gleiche gilt auch für das Warme und so fort. Indessen, darauf wollen wir uns hier nicht weiter einlassen; es liegt von unserm Gegenstande zu weit ab.

3. Freundschaftsverhältnis und Rechtsverhältnis

a) Allgemein

Wie wir gleich im Anfang bemerkt haben, darf man annehmen, daß es dasselbe Gebiet und dieselben Personen sind, die für das Freundschafts- wie für das Rechtsverhältnis in Betracht kommen. Überall wo Gemeinschaft ist, gibt es auch ein Rechtsverhältnis und ein Verhältnis der Befreundung. Man spricht als von seinen Freunden von den Genossen auf einer Seereise und von den Kriegskameraden, und ebenso in anderen Fällen der Gemeinschaft. Soweit wie die Gemeinschaft reicht, so weit reicht auch die Befreundung und so weit auch das Rechtsverhältnis. So hat denn auch das Sprichwort recht: Freundesgut, gemeinsames Gut; denn in der Gemeinschaft besteht die Freundschaft. Brüdern und Kameraden ist alles, den andern sind nur bestimmte Dinge gemeinsam, hier mehr, dort weniger, wie auch die Freundschaftsverhältnisse hier enger, dort lockerer sind. Der gleiche Unterschied zeigt sich auch in den Rechtsverhältnissen. Es ist nicht dasselbe Recht im Verhältnis von Eltern zu Kindern wie in dem von Brüdern untereinander oder zwischen Kameraden oder zwischen Mitbürgern, und ebenso verschieden geht es in den anderen Verbänden zu. Demgemäß bedeutet denn auch das Unrecht in jedem dieser Verhältnisse etwas anderes; es wird um so größer, je enger das Band mit denen ist, gegen die es sich wendet. So ist es schlimmer, einen Kameraden seines Vermögens zu berauben, als einen sonstigen Mitbürger, schlimmer, dem eigenen Bruder Hilfe zu versagen, als einem Fremden, den eigenen Vater zu mißhandeln, als einen beliebigen anderen Menschen. Andererseits entspricht es der Natur der Sache, daß gleichmäßig mit der Enge der Verbindung auch das Rechtsverhältnis an Stärke zunimmt; handelt es sich doch um dieselben Personen und erstreckt es sich doch über dasselbe Gebiet.

Sämtliche Gemeinschaftsverhältnisse sind als Bestandteile der Staatsgemeinschaft dieser untergeordnet. Sie haben zum Inhalt die Gemeinschaft der Arbeit für einen nützlichen Zweck und der Fürsorge für eines der Lebensbedürfnisse. Ruch die Staatsgemeinschaft selber ist doch wohl bestimmt durch die Rücksicht auf das Nützliche in ihrer Entstehung, wie in ihrem Fortbestände. Das ergibt das Ziel, das die Gesetzgebung im Auge hat; gerecht heißt das, was das gemeine Wohl fördert. Die anderen Arten der Gemeinschaft haben statt dessen einzelne besondere Nützlichkeiten zum Zweck, so die Genossen einer Seefahrt das was für die zum Gelderwerb oder zu einem sonstigen Zweck unternommene Reise nötig ist, Kriegskameraden das was dem Kriegszweck dient, sei es, daß die Absicht auf Geld, auf Sieg oder auf Eroberung gerichtet ist. Das gleiche ist der Fall bei Bezirks- und Gaugenossen, Alle diese fallen unter die Staatsgemeinschaft: denn diese hat nicht bloß den Nutzen des Augenblicks, sondern den für das ganze Leben zum Ziel.

Es gibt aber auch solche Gemeinschaften, als deren Zweck man die Belustigung bezeichnen darf, Opfer- und Schmausgesellschaften, wo es auf Opferfeste und Geselligkeit hinausläuft. Man begeht eine Opferfeier und hält Zusammenkünfte zu diesem Zweck; man erweist den Göttern eine Ehrung und verschafft damit zugleich sich eine erfreuliche Erholung. Diese uralten Opferfeiern und Zusammenkünfte werden tatsächlich nach dem Einbringen der Früchte als Erstlinge veranstaltet; in solchen Zeiten hatte man eben am meisten Muße. Die Gemeinschaften sämtlich erweisen sich also als Glieder der Staatsgemeinschaft; der besonderen Art dieser Gemeinschaften aber wird auch die Art der inneren Verbundenheit in den Gemütern entsprechen.

b) Im Staate

Es gibt drei Arten der Staatsverfassung, und ebenso groß ist die Zahl der Abarten, d.h. der Entstellungen, die sie erfahren. Formen der Staatsverfassung sind Monarchie und Aristokratie; eine dritte ist die auf dem Zensus beruhende, die passend als die timokratische bezeichnet werden darf: die meisten sind gewohnt, sie einfach als den Freistaat zu benennen. Unter diesen Formen ist die Monarchie die am meisten geschätzte, die Timokratie die geringwertigste. Eine Ausartung des Königtums ist die Tyrannis; monarchisch sind beide, aber sie unterscheiden sich aufs stärkste. Der Tyrann ist auf seinen eigenen Vorteil bedacht, der König auf das Wohl seiner Untertanen. König ist nur, wer für sich selbst genug hat und an Besitz von Gütern alle überragt; so ausgestattet bedarf er niemand und sucht keinen Vorteil für sich, sondern für die von ihm Beherrschten; wäre er nicht so ausgestatte. so wäre er ein lediglich durchs Los ernannter Titular-König. Ganz entgegengesetzten Charakter trägt die Tyrannis. Sie verfolgt den eigenen Vorteil. Daß sie von allen die schlechteste Verfassung ist, tritt bei ihr noch deutlicher darin hervor, daß das Schlechteste das ist, was zum Besten den geraden Gegensatz ausmacht. Der Übergang zur Tyrannis voll zieht sich vom Königtum aus. Die Tyrannis ist eine Entartung der Alleinherrschaft, und ein nichtswürdiger König wird zum Tyrannen. Von der Aristokratie geschieht der Übergang zur Oligarchie durch die Verderbtheit derer, die an der Gewalt sind, wenn sie das, was des Staates ist, ohne Rücksicht auf Würdigkeit verteilen und die Vorteile alle oder doch die meisten für sich vorwegnehmen, die Ämter immer wieder an dieselben verleihen und den größten Wert auf die eigene Bereicherung legen. Dann liegt die Gewalt in der Hand einer kleinen Anzahl von Schlechten statt in der der Besten und Verdientesten. Von der Timokratie geht es zur Demokratie; diese beiden grenzen aneinander. Die Herrschaft der großen Anzahl zu begründen ist das Ziel auch der Timokratie, und als gleich gelten hier alle, die die Bedingung des Zensus erfüllen. Aber die Demokratie ist von allen Ausartungen die noch am wenigsten bedenkliche; denn sie bedeutet nur eine geringe Abweichung von der Form des Freistaats.

In dieser Richtung also vollziehen sich meistens die Wandlungen der Verfassung: denn in der geschilderten Weise findet der Übergang am leichtesten und mit den geringsten Änderungen statt. Ein Gleichnis dafür und eine Art von Beispiel kann man dem Hauswesen entnehmen. Das Gemeinschaftsverhältnis von Vater und Söhnen trägt die Form des Königtums: denn der Vater sorgt für die Kinder. Daher nennt Homer auch Zeus den Vater; denn das ist die Bestimmung des Königtums, eine väterliche Regierung zu sein. Bei den Persern ist es eine väterliche Tyrannei; denn die Kinder werden hier wie Sklaven behandelt, und eine Tyrannis ist auch das Verhältnis des Herrn zum Sklaven; denn was dabei erzielt wird ist der Vorteil des Herrn. Dies Verhältnis nun hat gewiß seine Berechtigung, die persische Verfassung aber ist eine Abirrung. Denn je nach der Verschiedenheit der Menschen sollten sich auch die Herrschaftsverhältnisse unterscheiden. Das Verhältnis zwischen Mann und Frau stellt ein Bild der aristokratischen Verfassung dar. Denn der Mann hat gebührendermaßen die Herrschaft und übt sie auf dem ihm zustehenden Gebiete; dagegen überläßt er der Frau, was dieser angemessen ist. Will der Mann alles selbst entscheiden, so verfälscht er das Verhältnis im Sinne der Oligarchie; denn da ist sein Verhalten nicht mehr durch seine Würdigkeit und seine Vorzüge gerechtfertigt. Es kommt aber auch vor, daß die Frau, wenn sie eine Erbtochter ist, die Herrschaft führt; dann verteilt sich die Herrschaft wieder nicht den persönlichen Vorzügen entsprechend, sondern nach Reichtum und Einfluß wie in einer Oligarchie. Der Timokratie gleicht das Verhältnis zwischen Brüdern; denn diese sind einander gleichgestellt, abgesehen von dem Unterschiede den das Lebensalter bedingt. Ist deshalb der Unterschied der Jahre sehr groß, so ist das Band das sie verbindet nicht mehr das brüderliche. Demokratie herrscht am ehesten in Haushaltungen, wo es überhaupt keinen Herrn gibt, / denn da sind alle gleich, / und in solchen wo der Herrschende schwach ist und jeder die Macht hat zu tun was ihm beliebt.

Entsprechend jeder dieser Staatsformen gestaltet sich nun auch das Band zwischen den Personen, und zwar ebensoweit wie das Gebiet des Rechts reicht. Zunächst zwischen König und Untertan wird es bestimmt durch das Übergewicht der für das Wohl der letzteren vollbrachten

Leistungen. Denn der König wird der Wohltäter seiner Untertanen, wenn er in edler Gesinnung für sie Sorge trägt wie ein Hirt für seine Herde, damit ihr Wohlstand blühe. Darum hat auch Homer den Agamemnon den Völkerhirten genannt. Die väterliche Gewalt trägt den gleichen Charakter, unterscheidet sich aber davon durch die Größe der erwiesenen Wohltaten. Denn der Vater ist der Spender wie des Daseins, das doch als die größte aller Gaben gilt, so auch der Nahrung und der Erziehung; und den Großeltern wird der gleiche Anspruch auf Dank zugeschrieben. Die Herrschaft des Vaters über die Kinder, der Großeltern über die Nachkommenschaft, des Königs über die Untertanen ist so in der Natur begründet. Hier beruht das Band zwischen den Personen auf der Überlegenheit des einen Teils; daher die Ehre, die man seinen Eltern erweist. In diesem Falle sind denn die Personen auch dem Rechte nach nicht gleichgestellt, sondern das Recht ist nach der Würdigkeit abgestuft; das gilt auch von der Art wie sie für einander empfinden. Das Band zwischen Mann und Weib ist dasselbe wie in einer Aristokratie. Es gründet sich auf die persönlichen Vorzüge jedes Teils; der größeren Tüchtigkeit fällt das größere Gut und jedem das zu was ihm gebührt; ebenso will es auch das Recht. Das Band zwischen Brüdern gleicht dem zwischen Kameraden; sie sind einander gleich an Stellung und Alter, und in der Regel haben sie auch gleiche Stimmung und gleichen Charakter. Mit dieser Art von Verbundenheit hat denn auch die Verfassungsform der Timokratie Ähnlichkeit; denn da ist die Forderung, daß die Mitbürger einander gleichgestellt seien und gleiche Achtung genießen; die Herrschaft also ist geteilt und zwar im Sinne der Gleichheit. Danach bestimmt sich auch das Band zwischen den Personen.

Was nun die der Verschlechterung anheimgefallenen Staatsformen anbetrifft, so ist hier wie das Recht auch das Band zwischen den Personen verkümmert, und am schlimmsten steht es damit in der schlechtesten Verfassung. In der Tyrannis findet sich persönliche Anhänglichkeit überhaupt nicht oder doch nur in geringem Maße. Denn wo Herrscher und Beherrschte nichts gemein haben, da gibt es auch kein Gefühl persönlicher Zusammengehörigkeit, und auch kein Rechtsverhältnis, sondern nur ein Verhältnis wie das zwischen dem Arbeiter und seinem Werkzeug, zwischen der Seele und ihrem Leibe, zwischen dem Herrn und seinem Sklaven. Alle diese Dinge sind Gegenstände der Fürsorge für den der sie braucht; aber zu dem Unbeseelten gibt es so wenig ein Verhältnis der Zuneigung wie ein Verhältnis des Rechtes, und so auch nicht zu einem Pferde oder einem Rinde, und ebensowenig zu einem Sklaven, sofern er ein Sklave ist; denn auch da gibt es keine Gemeinschaft. Der Sklave ist ein beseeltes Werkzeug, wie das Werkzeug ein unbeseelter Sklave ist. Zum Sklaven als Sklaven gibt es also kein Band der Zuneigung, aber wohl zu ihm als Menschen. Denn jeder Mensch, darf man sagen, steht im Rechtsverhältnis zu jedem, der in einer Gemeinschaft des Gesetzes und des Vertrages zu stehen die Fähigkeit hat; somit ist auch die Möglichkeit eines Bandes persönlicher Zuneigung gegeben, sofern der Sklave ein Mensch ist. Auch in der Tyrannis also ist das Band der Personen und das Rechtsverhältnis beider nur in geringer Stärke vorhanden. Am meisten noch ist es in der demokratischen Verfassung der Fall; denn hier gibt es wegen der herrschenden Gleichheit eine Menge von solchem, was den Bürgern gemein ist.

c) In der Familie

Alles Gefühl der Zusammengehörigkeit unter den Menschen beruht also wie wir gesehen haben auf der Gemeinschaft der Lebensverhältnisse. Dabei darf man die auf Verwandtschaft und Kameradschaft beruhende Gemeinschaft als besondere Arten abscheiden. Die Gemeinsamkeit des Staates, des Bezirks der Reise und was dergleichen mehr ist, trägt mehr das Gepräge äußerer Vereinigung; denn sie stellen sich dar als gleichsam auf Übereinkunft beruhend. In diese Klasse kann man auch das Verhältnis der Gastfreundschaft einreihen. Die Verbindung die die Verwandtschaft stiftet, bietet einen Reichtum von Formen, aber sie wurzeln alle in der Gemeinsamkeit des Erzeugers. Die Eltern lieben ihre Kinder als ein Stück von sich selbst, und die Kinder die Eltern als die, denen sie ihr Dasein verdanken. Die Eltern aber haben das bestimmtere Wissen um das was von ihnen stammt, während ihre Sprößlinge kaum ein Wissen um ihre Herkunft von ihnen haben, und das Gefühl der Zusammengehörigkeit mit dem Erzeugten ist bei dem Erzeuger lebhafter als bei dem Erzeugten das der Zugehörigkeit zum Erzeuger. Denn was von einem herkommt, das bleibt dem eigen, von dem es sein Dasein hat; selbst Zähne und Haare und dergleichen bleiben ein Stück ihres Eigentümers; für den Sprößling dagegen hat das wovon er stammt keine oder doch nur geringe Bedeutung. Endlich wirkt darauf auch die Länge der Zeit. Die Eltern haben das Kind lieb gleich wenn es zur Welt gekommen ist, die Kinder die Eltern erst wenn die Zeit fortschreitet und sie zu Verstand und Einsicht kommen. Dadurch erklärt es sich auch, weshalb die Mutterliebe die stärkere ist. Die Eltern lieben die Kinder wie sich selbst; / denn was von ihnen abstammt ist wie ein zweites Exemplar von ihnen, das sich von ihnen abgelöst hat, / die Kinder ihre Eltern als durch diese in die Welt gesetzt Die Geschwister aber haben einander lieb um der Gemeinsamkeit der Eltern willen, von denen sie stammen. Die Identität des Verhältnisses zu jenen bewirkt die Identität des Wesens zwischen ihnen selbst. Daher sagt man, sie seien eines Blutes, eines Stammes und wie man es sonst bezeichnet. So sind sie getrennte Personen und doch von Wesen dasselbe.

Allerdings ist für die geschwisterliche Zuneigung auch das von Bedeutung, daß sie zusammen aufwachsen und gleichaltrig sind. »Gleiches Alter, gleiche Neigung«, heißt es, und Gewohnheit des Zusammenlebens macht den Kameraden. Daher ist auch das geschwisterliche Verhältnis dem kameradschaftlichen verwandt. Vettern und sonstige Verwandte gehören zum engsten Kreise der nächst Verbundenen aus eben diesem Grunde, wegen der Abstammung von denselben Personen; und das Band ist enger oder lockerer, je nachdem der gemeinsame Stammvater näher oder weiter zurückliegt.

Die Liebe der Kinder zu den Eltern ist wie die der Menschen zu den Göttern eine Hingebung an das Erhabene und Überlegene, an das, wovon man die größten Wohltaten empfangen hat, an diejenigen, denen man Dasein und Nahrung verdankt, und die nachher auch noch für die Erziehung gesorgt haben. Dieses Verhältnis der Zusammengehörigkeit enthält auch des Erfreuenden und des Vorteilhaften mehr als das zu Fremden, in dem Maße, als die Lebensgemeinschaft eine engere ist.

In dem Verhältnis zwischen Geschwistern findet sich auch das wieder, was das kameradschaftliche Verhältnis bietet; es findet sich, wo sie brav und überhaupt einander ähnlich sind, in um so höherem Grade, je mehr sie zusammengehören und von Geburt an sich gegenseitig lieb haben, und je mehr solche, die dieselben Eltern haben, die miteinander aufgewachsen sind und die gleiche Erziehung genossen haben, auch von Gemüt einander gleichen. Dazu kommt dann auch die Erprobung in der Länge der Zeit, die hier die stärkste und zuverlässigste ist. Auch in den übrigen Verwandtschaftsverhältnissen richtet sich die Wärme der Zuneigung nach der Nähe des Verwandtschaftsgrades.

Zwischen Mann und Frau waltet die Liebe von Natur. Denn der Mensch ist durch seine Natur noch mehr auf das eheliche Leben, als auf das Leben im Staate angewiesen, ebenso wie die Familie ursprünglicher und unentbehrlicher ist als der Staat, und wie die Fortpflanzung allem Lebendigen gemeinsamer zukommt. Bei den anderen Wesen reicht die Gemeinsamkeit nur so weit; bei den Menschen aber hat die eheliche Gemeinschaft nicht bloß die Fortpflanzung, sondern alle Zwecke des menschlichen Lebens zum Inhalt. Denn die Aufgaben sind von vornherein geteilt, und dem Manne liegt anderes ob, als der Frau. So helfen sie sich gegenseitig aus und stellen jeder seine eigentümlichen Gaben in den Dienst der Gemeinschaft. Darum gewährt dieses Verhältnis der Gattenliebe so reichen Gewinn und so großes Glück; dazu mögen denn auch die persönlichen Vorzüge beitragen, falls beide Gatten tüchtige Persönlichkeiten sind. Denn jeder Teil hat seine eigenen Vorzüge, und eben dies kann für sie eine Quelle des Glücks werden.

Ein Band zwischen den Gatten bilden weiter die Kinder, deshalb werden kinderlose Ehen leichter geschieden. Die Kinder sind für beide Gatten ein gemeinsamer köstlicher Besitz, und das Gemeinsame hält vereinigt. Die Frage aber, wie Mann und Frau und überhaupt solche, die sich lieb haben, miteinander leben sollen, bedeutet offenbar nichts anderes als die Frage, was in solchen Verhältnissen das Gerechte ist. Denn das Gerechte ist nicht dasselbe in dem Verhältnis zwischen Freunden, wie in dem zum Fremden, zum Kameraden oder zum Mitschüler.

d) In der wirtschaftlichen Gemeinschaft

Im Eingang haben wir gesagt, daß es drei Arten von freundschaftlichen Verbindungen zwischen den Menschen gibt und jede wieder zwei Formen zuläßt, indem die Verbundenen entweder einander gleich stehen oder der eine Teil über den anderen das Übergewicht hat. Freundschaftliche Verbindung nun kommt vor zwischen solchen, die einander an Tüchtigkeit gleich sind, und zwischen einem Manne von höherer und einem von geringerer Tüchtigkeit; es können, wo die Verbindung um des Vergnügens oder des Vorteils willen geschlossen wird, beide sich gegenseitig gleich viel Vergnügen und gleich viel Aushilfe gewähren, oder der eine mehr als der andere. Wo nun Gleichheit vorhanden ist, da muß auch die Zuneigung und müssen ihre Konsequenzen gleich sein: wo Ungleichheit waltet, da muß man Gleichheit dadurch herstellen, daß man dem Teil, der das Übergewicht hat, ein entsprechendes Mehr zugesteht.

Daß gegenseitige Anschuldigungen und Vorwürfe in der auf den Vorteil gerichteten Verbindung ausschließlich oder vorwiegend vorkommen, ist leicht verständlich. Leute, zwischen denen ihre edle Gesinnung das Band der Freundschaft knüpft, sind von dem Eifer beseelt, einander nur Gutes zu erweisen, / denn das gehört zum edlen Charakter wie zur Freundschaft, / und eben weil ihr Wetteifer darauf gerichtet ist, gibt es weder Anschuldigung noch Streit zwischen ihnen. Denn dem, der Liebe und Wohltat erweist, zürnt niemand; dagegen wenn einer vornehm gesinnt ist, rächt er sich dadurch, daß er mit Gutem erwidert. Derjenige, der das Überlegene leistet, wird, wenn er erlangt, was er begehrt, gegen den Freund keinen Vorwurf erheben; denn beide Teile streben nach dem Guten. Und auch wo man gutfreund ist um des Vergnügens willen, kommen Anschuldigungen nicht leicht vor; denn beide erreichen zugleich, was sie beabsichtigten, wenn ihnen der Umgang Freude macht. Würde sich einer doch nur lächerlich machen, wenn er sich darüber beklagte, daß der andere ihm keinen Spaß macht; denn es steht ihm ja frei, von dem Umgang zurückzutreten. Eine Verbindung unter dem Gesichtspunkte des Vorteils dagegen gibt allerdings leicht zu Anschuldigungen Anlaß. Denn da man dabei den anderen um des Vorteils willen an sich heranzieht, so verlangt man immer noch mehr und meint immer, man verlange weniger, als einem zukommt, man ist deshalb verdrießlich darüber, daß man trotz der Gerechtigkeit seines Anspruchs doch nicht so viel erreiche, wie man fordert, und so vermag der andere mit allen noch so wertvollen Diensten, die er leistet, doch den Anforderungen nicht zu genügen, die der empfangende Teil erhebt.

Wie nun das Recht ein doppeltes ist, ungeschriebenes und gesetzlich fixiertes Recht, so darf man sagen wendet sich auch solche Verbindung zu Zwecken des Vorteils teils an den guten Willen, teils an das Gesetz, und die Anschuldigungen stellen sich am meisten dann ein, wenn Abschluß und Auflösung der Gemeinschaft nicht von beiden in gleichem Sinne gemeint ist. Die Verbindung, die das gesetzliche Rechtsverhältnis erstrebt, ist die auf genau bestimmte Bedingungen hin eingegangene; sie ist die ganz marktgängige, wo Leistung und Gegenleistung Zug um Zug erfolgt, oder sie ist von vornehmerer Form, wo die Gegenleistung hinausgeschoben wird; aber immer ist auch hier Leistung und Gegenleistung durch Übereinkunft festgelegt. Die Verpflichtung ist damit deutlich und dem Streit entnommen, und nur das Hinausschieben der Leistung rechnet mit dem guten Willen. Darum ist in manchen Staaten dafür der Rechtsweg ausgeschlossen; man meint eben, diejenigen, die Verbindungen auf Treu und Glauben eingegangen sind, müßten sich dabei beruhigen.

Eine geschäftliche Verbindung, die auf den guten Willen zählt, wird nicht auf genau bestimmte Bedingungen eingegangen, sondern etwa wie man einem, zu dem man in freundschaftlichen Beziehungen steht, ein Geschenk macht oder sonst irgend etwas leistet und dabei erwartet, daß man ebensoviel oder mehr wiedererhalten wird, indem man nicht sowohl etwas wegzugeben, als nur es auszuleihen beabsichtigt. Erfolgt nun die Einlösung der Verpflichtung nicht in dem Sinne, wie sie eingegangen worden ist, so beschwert man sich, und das ist die Folge davon, daß alle oder doch die meisten, so sehr sie das uneigennützig Edle schön finden, in ihren Entschließungen sich doch mehr für das Nützliche entscheiden. Sittlich edel ist es, Gutes zu erweisen ohne die Absicht, es zurückerstattet zu erhalten, dagegen ist es nützlich, Wohltat entgegenzunehmen.

Demnach soll man, wenn man das Vermögen hat, den gleichen Wert, den man empfangen hat, auch zurückerstatten, und das aus freien Studien. Denn es ist nicht wohlgetan, jemanden als Freund zu behandeln wider seinen Willen; man muß in der Sache verfahren, als wäre man von vornherein im Irrtum gewesen und hätte gute Dienste von einem entgegengenommen, von dem man es nicht gesollt hätte, Dienste nicht von einem guten Freunde und nicht von einem, der in solcher Freundesgesinnung handelte. Man muß also seine Verpflichtung so einlösen, als hätte man die Leistung auf fest bestimmte Bedingungen hin empfangen, in diesem Falle wäre man doch mit dem andern dahin übereingekommen, daß er leistete, wenn er dazu imstande wäre. Allerdings, daß er nun leiste, wozu er nicht imstande ist, das würde der Geber selbst nicht verlangen. Also ist es geboten, zurückzuerstatten, wenn man es vermag. Von vornherein aber muß man sich's wohl überlegen, von wem man Dienste entgegennimmt und unter welcher Bedingung, um dann auch wirklich diese Bedingung innezuhalten oder abzulehnen.

Verschieden denken kann man über die Frage, ob die Gegenleistung nach dem Nutzen, der dem Empfänger zugefallen ist, zu bemessen und dementsprechend ins Werk zu setzen ist, oder vielmehr nach der Größe des Opfers, das der Geber gebracht hat. Der Empfänger hat die natürliche Neigung, den Wert des Empfangenen herabzusetzen; er sagt wohl, er habe vom Geber solches erhalten, was für diesen nicht in Betracht kam und was er auch ganz gut von anderen hätte bekommen können. Der Geber umgekehrt behauptet, er habe das größte geleistet, was in seiner Macht stand und was sonst kein Mensch hätte leisten können, und das in gefährlichen oder sonstigen dringlichen Lagen. Wäre nun nicht da, wo die Verbindung geschäftlicher Art ist, das Richtige dies, daß der vom Empfänger erlangte Vorteil den Maßstab bildet? Dieser war doch der, der des andern bedurfte, und der andere half ihm aus in der Aussicht, das gleiche zurückzuerlangen. Der gewährte Beistand ist also so groß gewesen, wie der andere den Vorteil davon gehabt hat, und er muß so viel zurückerstatten, wie er Nutzen gehabt hat, oder noch mehr; letzteres ist das Edlere. In Verbindungen dagegen, die der Adel der Gesinnung stiftet, kommt es nicht vor, daß der eine sich über den anderen beklagt; hier liefert das Opfer, das in der Absicht des Gebers lag, den geeigneten Maßstab. Denn wo auf den Adel der Gesinnung und des Charakters gezählt wird, da ist das Entscheidende die Absicht, aus der die Handlung erfolgt.

Zum Streite kann es auch in solchen Verbindungen kommen, wo der eine Teil das Übergewicht hat. Es kann jeder Teil zu viel für sich beanspruchen, und tritt das ein, so geht die Verbindung auseinander. Der Überlegene meint, es komme ihm zu, ein Mehr zu erlangen, denn dem Tüchtigen gebühre ein größerer Anteil. Ganz ähnlich der, der mehr leistet. Denn wer nichts leistet, heißt es, dürfe auch nicht das gleiche erlangen; sonst laufe es auf einen Ehrendienst und nicht auf eine geschäftliche Verbindung hinaus, wenn der bei der Verbindung sich ergebende Gewinn sich nicht nach dem Werte der Leistung richtet. Man meint nämlich, wie in gemeinsamen geschäftlichen Unternehmungen diejenigen, die mehr einschießen, auch mehr empfangen, so müsse es auch in freundschaftlichen Verhältnissen geschehen. Umgekehrt denkt der, der des anderen bedarf, und der Minderwertige, es sei einfach Pflicht eines befreundeten Mannes von guter Gesinnung, denen zu helfen, die der Hilfe bedürfen; denn was habe man sonst von der Freundschaft mit einem tüchtigen und mächtigen Manne, wenn man davon doch keinen Genuß zu schmecken bekomme?

Da kann man nun den Anspruch beider Teile für begründet halten und meinen, beiden Teilen müsse auf Grund des Freundschaftsverhältnisses ein Mehr zufließen, aber nicht ein Mehr derselben Art: vielmehr gebühre dem Höherstehenden die höhere Ehre, und dem in bedürftiger Lage der größere Vorteil. Denn für edle Gesinnung und hilfreiches Tun bildet das Gegengeschenk die Ehre, und für eine bedrängte Lage ist der Gewinn die Hilfe.

So sieht man es denn auch im Staate zugehen. Wer dem Gemeinwesen nichts Nützliches leistet, der genießt auch keine Ehre. Denn was das Gemeinwesen gewähren kann, wird dem gewährt, der sich um das Gemeinwesen verdient macht; das aber ist die Ehre. Ausgeschlossen dagegen ist das, daß man aus den Mitteln des Gemeinwesens Gewinn und Ehre zugleich schöpfe. Denn in allen Stücken zurückzustehen, das erträgt kein Mensch. Wer also an Geldbezügen verkürzt wird, dem teilt man Ehre zu, und wer Geld brauchen kann, erhält Geld. Denn, wie gesagt, das Austeilen nach dem Verhältnis der Würdigkeit stellt die Gleichheit her und erhält das freundschaftliche Band zwischen den Menschen.

So also muß man auch in Verhältnissen zwischen Ungleichen das Verfahren regeln. Wer aus dem Vermögen oder durch das überlegene Verdienst des anderen Aushilfe empfangen hat, der soll mit Ehre als Gegengabe erwidern, indem er gibt, was in seiner Macht steht. Denn wo ein Freundschaftsverhältnis besteht, da verlangt man soviel, als wozu das Vermögen vorhanden ist, nicht soviel, als dem Verdienste entspricht. Das letztere wäre auch gar nicht in allen Verhältnissen möglich, so bei der Ehre, die man den Göttern oder die man den Eltern erweist. Hier könnte doch niemand Ehre nach Verdienst erweisen: dagegen meint man, daß der seine Schuldigkeit tut, der seine Dienste nach seinem Vermögen leistet. Deshalb meint man auch, es stehe zwar dem Sohne nicht zu, sich vom Vater, aber wohl dem Vater, sich vom Sohne loszusagen. Wer schuldet, muß bezahlen; der Sohn aber kann mit allem, was er leistet, nichts tun, was dem ihm vom Vater Geleisteten an Wert entspräche; er bleibt also immer Schuldner. Dagegen steht es dem Gläubiger zu, die Schuld zu erlassen, und so auch dem Vater. Zugleich aber wird es nicht leicht vorkommen, daß einer sich von dem eigenen Sohne abwendet, es sei denn, daß dieser über die Maßen verkommen ist; denn es liegt in der menschlichen Natur, auch abgesehen von der natürlichen Zuneigung, eine hilfreiche Hand nicht von sich zu stoßen. Dem ungeratenen Söhne dagegen erscheint die dem Vater zu leistende Hilfe als etwas, was er besser unterläßt oder wofür er sich wenigstens nicht besonders erwärmt. Denn Wohltaten zu empfangen wünschen sich die meisten, sie zu erweisen meiden sie als eine Last. Soviel über diese Dinge.

e) Austausch ohne Entgelt

In allen Verbindungen, in denen es sich um den Austausch von Leistungen handelt, die der Art nach verschieden sind, ist es, wie wir dargelegt haben, die Proportion, die die Gleichheit herstellt und die Verbindung in Bestand erhält. So bekommt in der wirtschaftlichen Gemeinschaft der Schuhmacher für das Schuhzeug, das er liefert, einen entsprechenden Gegenwert, ebenso der Weber und alle anderen Produzenten auch. Dafür nun ist als das allgemeine Wertmaß das Geld eingeführt worden; auf dieses wird alles zurückgeführt, und an ihm wird alles gemessen.

Bei Liebschaften liegt es anders. Da kommt es vor, daß der Liebhaber sich beklagt, er erlange für seine überschwänglichen Liebesbeweise keine Erwiderung; dergleichen geschieht, wenn er nichts Liebenswertes an sich hat, was ja wohl bisweilen zutreffen mag. Zu anderen Malen beklagt sich wieder der geliebte Gegenstand, daß ihm von dem, was ihm dereinst verheißen worden, jetzt nichts erfüllt werde. Das ist das Ergebnis in dem Falle, wo der eine dem geliebten Gegenstande seine Liebe zuwendet um sinnlicher Befriedigung willen, und dieser dem Liebhaber um des Vorteils willen, und nun beide um ihr Ziel kommen. Hat ein Liebesverhältnis solche Begründung, so tritt die Auflösung ein, wenn die Parteien das nicht erlangen, was sie zu der Verbindung veranlaßt hat. Ihr Interesse war ja gar nicht auf die Person gerichtet, sondern auf das, was ihr anhaftete, und da dies letztere nicht dauert, so dauert eben deshalb auch das Liebesverhältnis nicht. Dagegen eine Liebe, die der Person als solcher mit ihrer inneren Beschaffenheit gilt, diese erweist sich, wie wir dargelegt haben, als dauerhaft.

Die Parteien gehen aber auch dann auseinander, wenn das was sie erlangen ein anderes ist als das was sie begehren. Hier ist es geradeso, als ob sie nichts erlangten; denn eben das Ziel wonach sie streben bleibt ihnen versagt. So erging es einst einem Virtuosen, dem versprochen worden war, je besser er spiele, desto höher würde seine Belohnung sein. Als er nun am folgenden Tage um Erfüllung des Versprechens ersuchte, erhielt er zur Antwort: für das Vergnügen das er bereitet, habe er ja sein Vergnügen bereits erlangt [durch die ihm eröffnete angenehme Aussicht]. Wenn nun die Absicht beider Teile eben darauf gerichtet war, dann wäre es so ganz in der Ordnung gewesen. War aber das was der eine Teil wollte die Bezahlung, was der andere Teil wollte der musikalische Genuß, und bekommt dann der eine was er begehrt, der andere nicht, dann wäre der Ausgang, der das geschäftliche Verhältnis beendigte, nicht der gebührende gewesen.

Was einer eben bedarf, das sucht er sich zu verschaffen, und zu diesem Zweck gibt er hin was er hat. Wessen Sache ist es nun, den Preis abzuschätzen, dessen der hingegeben, oder dessen der in Empfang genommen hat? Wer hingegeben hat, von dem nimmt man an, daß er die Preisbestimmung dem andern überlasse; so sagt man habe es in der Tat Protagoras gemacht. Wenn dieser jemand in irgendeinem Fach unterrichtet hatte, so hieß er den Schüler abschätzen, wieviel ihm das Gelernte wert erscheine, und soviel ließ er sich dann bezahlen. Manchem anderen sagt in solchen Verhältnissen mehr das Wort zu: »Wie der Mann, so der Lohn.«

Wer Geld angenommen hat und dann, weil er mehr versprochen hat als wozu seine Kräfte reichen, nicht leistet was er zu leisten verheißen hat, über den beklagt man sich mit Recht; denn er erfüllt nicht, worüber man doch übereingekommen war. Die Sophisten sind im Grunde gezwungen so zu verfahren, weil für das was sie wirklich können kein Mensch einen Heller geben würde. Solche Leute also, die das nicht leisten, wofür sie die Bezahlung schon empfangen haben, sind mit Recht Gegenstand der Beschwerde. In Fällen dagegen wo eine Vereinbarung über den zu leistenden Dienst nicht getroffen worden ist, da haben wir schon gesagt daß diejenigen, die aus freundlicher Gesinnung für den anderen solche Leistung vollbringen, einem Vorwurf nicht ausgesetzt sind; denn was sie tun stammt aus der auf sittlicher Gesinnung beruhenden Hingebung. Da muß man denn auch die Gegenleistung nach dem bemessen, was in der Absicht des andern lag, denn Hingebung und sittliche Gesinnung stellt sich in dem dar, was einer beabsichtigt. Das darf man nun auch als das für das Verhältnis von Lehrer und Schüler auf idealem Gebiete Gültige bezeichnen; denn hier läßt sich der Wert der Leistung überhaupt nicht in Geld abschätzen, und auch durch Ehrenerweisung könnte der empfangene Wert nicht aufgewogen werden. Da also muß man sich, wie es im Verhältnis zu den Göttern und zu den Eltern der Fall ist, an dem genügen lassen, was einer zu leisten imstande ist.

Ist dagegen die Leistung nicht so gemeint, hat der Leistende vielmehr von vornherein eine Gegenleistung im Auge, so muß die Gegenleistung in erster Linie eigentlich so beschaffen sein, daß sie beiden Teilen dem Wert der Leistung zu entsprechen scheint, und wenn darüber eine Einheit des Sinnes zwischen ihnen nicht besteht, so würde es nicht bloß als das Notwendige, sondern auch als das Gerechte erscheinen, daß derjenige entscheidet, der die Leistung empfangen hat. Denn wenn der Leistende so viel wieder empfängt als jenem an Nutzen zuteil geworden ist oder als jener für die genossene Befriedigung aufgewandt haben würde, so empfängt er den Ersatz, der ihm von diesem gebührt.

So geht es ja offenbar auch bei Kauf und Verkauf zu. An manchen Orten gibt es gesetzliche Bestimmungen des Inhalts, daß bei freiwillig eingegangenen geschäftlichen Verbindungen der Rechtsweg ausgeschlossen bleiben soll, weil man der Meinung ist, daß die Abwickelung des Geschäfts dem gegenüber, mit dem man auf Treu und Glauben das Geschäft eingegangen ist, in demselben Sinne stattzufinden hat, in dem man es eingegangen ist. Man hält es für gerechter, daß derjenige den Wert bestimme, dem die Leistung zugute gekommen ist, als daß derjenige es tue, der sie für ihn vollbracht hat. Denn meistenteils ist der Wert eines Gegenstandes nicht der gleiche in den Augen desjenigen der ihn besitzt wie in den Augen desjenigen, der ihn zu erwerben wünscht. Jedermann ist geneigt, dem was ihm gehört und was er hingibt, einen hohen Wert zuzuschreiben; der Austausch aber vollzieht sich gleichwohl nach demjenigen Werte, den der Empfänger dem Gegenstande beilegt. Allerdings aber muß man den Wert nicht danach bestimmen, wie er dem Empfänger erscheint wenn er den Gegenstand schon hat, sondern danach wie er ihn anschlug, bevor er ihn bekommen hatte.

4. Einzelfragen das Freundschaftsverhältnis betreffend

a) Das Maß der Verpflichtung

Eine Schwierigkeit bietet ferner die Antwort auf Fragen wie die: Ist man verpflichtet seinem Vater in allem zu Willen zu sein und ihm überall Gehorsam zu leisten? wenn man krank ist, soll man sich nicht vielmehr dem Arzt anvertrauen, und wo es gilt einen Offizier zu wählendem Kriegserfahrenen seine Stimme geben? Oder die andere Frage: hat man seine Dienste eher dem Freunde oder hat man sie dem verdienten Manne zu leisten ? welche Pflicht steht höher, dem Wohltäter zu vergelten oder dem Kollegen ein Opfer zu bringen, falls man nicht beides zugleich zu leisten vermag? In allen dergleichen Fragen ganz bestimmte Entscheidungen zu fällen, ist das nicht recht schwer? Denn die einzelnen Fälle bieten eine Unmenge von Eigentümlichkeiten der verschiedensten Art, was Wichtigkeit oder Geringfügigkeit des Gegenstandes, was die sittliche Bedeutung und was die äußere Notlage anbetrifft. Soviel indessen steht außer Zweifel, daß man nicht einem alles zugestehen darf, daß in der Regel die Pflicht empfangene Wohltaten zu vergelten der Willfährigkeit gegen befreundete Genossen vorgeht, wie man ja auch an erster Stelle Geld das man geborgt hat dem Darleiher zurückzuerstatten verpflichtet ist, bevor man dem Genossen einen Vorschuß leistet. Indessen immer ist eigentlich auch nicht einmal ein solcher Satz gültig. Man nehme folgenden Fall. Es ist einer aus Räuberhänden durch ein Lösegeld befreit worden. Was ist nun seine nächste Pflicht, seinen Befreier wer er auch immer sei, wieder zu befreien, oder ihm, wo Gefangenschaft nicht vorliegt, auf seine Forderung das Lösegeld zurückzuerstatten, oder den eigenen Vater aus der Gefangenschaft zu befreien? Da möchte man eher meinen, die Pflicht gegen den Vater gehe der Pflicht, die aus dem eigenen Erlebnis stammt, voran.

Wie gesagt also, im allgemeinen muß man bezahlen was man schuldig ist; ist dagegen das was irgend jemandem sonst zu leisten ist der sittlichen Bedeutung nach oder des Zwanges der Lage wegen von überragendem Werte, so muß man sich nach dieser Seite hin entscheiden, ja, es kann vorkommen, daß es nicht einmal recht ist, empfangene Wohltaten zu vergelten. z.B. es kennt jemand einen anderen als einen Mann von ehrenhaftem Charakter und erweist ihm einen Dienst; dieser aber soll jenem nun das gleiche erweisen. Wirklich? auch dann wenn er von ihm die Überzeugung gewonnen hat, daß er ein Mensch von ganz unwürdiger Gesinnung ist? Und so soll man auch nicht einmal immer dem wieder borgen, von dem man geborgt hat; denn es kann sein, daß der eine einem ehrenhaften Manne ein Darlehen gegeben hat in der Überzeugung, daß er es wiederbekommen wird, der andere aber keine Aussicht hat von dem charakterlosen Menschen jemals etwas zurückzuerhalten. Verhält es sich nun so in Wirklichkeit, so ist der Anspruch nicht auf beiden Seiten der gleiche; verhält es sich aber in Wirklichkeit nicht so, und hat man nur die Meinung es verhalte sich so, so dürfte es immer noch nicht heißen, es sei wider das gesunde Gefühl gesündigt worden. Wie wir wiederholt dargelegt haben; Ausführungen, bei denen es sich um menschliche Gefühle und Handlungsweisen handelt, lassen nur das gleiche bescheidene Maß von Bestimmtheit zu, das auch diesen Gegenständen selber zukommt.

Das also ist unzweifelhaft, daß man nicht allen dasselbe, und auch seinem Vater nicht alles zu leisten hat, wie man ja auch dem höchsten Gotte selber nicht alles opfert, und da die Pflicht den Eltern gegenüber eine andere ist als den Geschwistern, den Kollegen und den Wohltätern gegenüber, so ist die Aufgabe die, jeder Klasse das gerade ihr Gebührende und Angemessene zu erweisen. Und offenbar richtet man sich ja auch tatsächlich nach diesem Grundsatz. Zur Hochzeit lädt man seine Verwandten; denn diese sind von der gemeinsamen Abstammung und haben das gemeinsame Interesse an dem, was damit zusammenhängt. Aus demselben Grunde hält man dafür, daß auch bei Leichenbegängnissen die Verwandten zunächst zu erscheinen verpflichtet sind. Den Eltern Unterhalt zu gewähren, wird man für die nächste Pflicht halten, weil man dereinst denselben von ihnen empfangen hat, und weil ihn denen zu gewähren, denen wir das Dasein verdanken, höhere sittliche Bedeutung hat als in diesem Sinne für uns selber zu sorgen. Auch Ehre sind wir den Eltern gleichwie den Göttern schuldig, doch nicht unbedingt, nicht dieselbe dem Vater wie der Mutter, nicht die, die dem Manne von höchster geistiger Auszeichnung oder die dem Heerführer gebührt, sondern gerade die, die dem Vater und ebenso die der Mutter zukommt. So ist man auch jedem Manne in höherem Alter die Ehre schuldig, die seinen Jahren entspricht, indem man vor ihm aufsteht, ihm den Ehrenplatz einräumt und was dergleichen mehr ist. Kollegen wiederum und Geschwistern gegenüber gebührt Offenheit *und* Gemeinsamkeit in allen Stücken; Verwandten, Bezirksgenossen, Mitbürgern und allen anderen gegenüber gilt es immer den Versuch, jedem das Gebührende zu erweisen und das was jedem zukommt nach der Nähe der Beziehung, nach dem persönlichen Verdienst und nach dem Werte, den sie für uns haben, zu bemessen. Solches Bemessen ist leichter bei Stammesgenossen, mißlicher bei Fernstehenden. Aber darum darf man davon doch nicht abstehen, sondern muß eine Entscheidung treffen, so gut es geht.

b) Die Auflösung freundschaftlicher Beziehungen

Eine weitere Schwierigkeit bietet die Frage, ob man ein Freundschaftsverhältnis zu Leuten ohne Beständigkeit lösen soll oder nicht. Hat es irgend etwas Befremdliches, daß man eine Verbindung mit Leuten, die man um des Nutzens oder der Annehmlichkeit willen seiner Freundschaft würdigt, auflöst, wenn sie das nicht mehr gewähren, wessen man sich zu ihnen versehen hat? Hier galt die Zuneigung doch diesen Dingen, und blieben sie aus, so ist es ganz verständlich, daß auch die Zuneigung erlischt. Einen Vorwurf könnte man daraus nur dann ableiten, wenn einer, während seine Anhänglichkeit tatsächlich in der Aussicht auf Nutzen oder Annehmlichkeit wurzelt, doch so täte, als liebte er die Persönlichkeit um ihrer inneren Beschaffenheit willen. Denn, wie wir gleich zu Anfang gesagt haben, die meisten Zwistigkeiten erheben sich zwischen Freunden in dem Falle, wo das Band zwischen ihnen nicht die Begründung in Wirklichkeit hat, wie sie es sich vorstellen. Täuscht sich einer hierin und lebt er in dem Wahne, er werde um seiner Persönlichkeit willen geliebt, ohne daß der andere zu solcher Täuschung etwas beiträgt, so wird er die Schuld sich selber zuzuschreiben haben. Ist er dagegen durch die Verstellung des anderen in die Täuschung versetzt worden, so hat er ein Recht, sich über den Urheber seines Irrtums zu beklagen, und das weit mehr als über einen Falschmünzer, je mehr das durch solchen Frevel verletzte Gut an Wert höher steht als im letzteren Fall.

Nimmt man aber den anderen für einen ehrenhaften Charakter, während er ein schlechter Mensch wird und sich auch als solcher erweist, soll man ihm dann auch noch die Freundschaft bewahren? Oder ist das nicht vielmehr unmöglich, wenn doch nicht alles Gegenstand der Zuneigung ist, sondern nur das Gute? Ein schlechter Charakter verdient keine Zuneigung, und man soll sie ihm auch nicht gewähren. Man soll kein Freund des Bösen sein, noch sich dem niedrig Gesinnten gleichstellen. Oben haben wir gesagt, daß zwischen gleich und gleich Freundschaft herrscht. Soll man also die Verbindung auf der Stelle lösen? oder nicht in jedem Fall, sondern nur mit denjenigen, deren schlechter Charakter keine Aussicht auf Besserung gewährt? Ist es nicht eine weit höhere Pflicht, denjenigen, die einer Besserung noch fähig sind, zu ihrer Charakterbildung seinen Beistand zu leihen, als sie bloß in ihren äußeren Verhältnissen zu fördern? Und das um so mehr, je mehr dies letztere eine edlere Handlungsweise bedeutet und wahrer Freundschaftsgesinnung in höherem Sinne entspricht? Indessen, wer das Band löst, von dem kann man doch nicht sagen, daß er etwas Ungehöriges tue. Galt doch seine Freundschaft nicht einem Menschen von dem Charakter, den er jetzt zeigt, und läßt er doch von seiner Gesinnung nur deshalb ab, weil er den Entfremdeten nicht wieder auf die rechte Bahn zu bringen vermag.

Bleibt nun aber der eine, wie er ist, und bessert sich der andere in seinem Charakter so sehr, daß er jenen in sittlicher Haltung weit überragt, muß er ihn dann als Freund behandeln, oder verbietet sich ihm das als unmöglich? Wird der Abstand sehr groß, so tritt die Schwierigkeit am deutlichsten hervor; so bei Knabenfreundschaften. Bleibt der eine in seiner geistigen Entwicklung ein Knabe, während der andere zu einem Manne von besonderer Auszeichnung heranreift, wie könnten sie dann noch Freunde sein? Haben sie doch weder an denselben Dingen ein Gefallen, noch den Anlaß zu Freude oder Schmerz gemeinsam. Auch in ihrem gegenseitigen persönlichen Verhältnis werden sie nicht das gleiche empfinden, und ohne das, sagten wir, ist es unmöglich, befreundet zu sein, weil ein Zusammenleben unmöglich ist. Davon haben wir oben gesprochen. Muß man sich also zu dem andern in kein anderes Verhältnis stellen, als zu einem, zu dem man niemals freundschaftliche Beziehungen unterhalten hat? Oder soll man an der Erinnerung des dereinstigen vertrauten Umgangs festhalten, und so, wie wir meinen, Freunden mehr als Fremden entgegenkommen zu müssen, so auch dereinstigen Freunden um der früheren Freundschaft willen ein Zugeständnis machen, falls nicht durch einen besonders hohen Grad boshafter Gesinnung die völlige Trennung geboten ist?

c) Selbstliebe und Nächstenliebe

Man darf die Betätigungsweisen, in denen sich liebevolle Gesinnung darstellt, und dasjenige was ihren Begriff bezeichnet, als abgeleitet ansehen aus dem Verhältnis, in dem wir zu uns selber stehen. Unter einem uns liebevoll zugetanen Menschen versteht man doch einen solchen, der uns um unsertwillen alles, was gut ist oder was ihm so erscheint, zudenkt und ins Werk setzt, oder einen solchen, der für den, dem er in Liebe zugetan ist, rein um dessen selbst willen den Wunsch hegt, daß er dasei und lebe. So empfinden Mütter für ihre Kinder, so auch Freunde für einander, und das selbst dann, wenn sie durch einen Zwist völlig auseinander geraten sind. Einen Freund nennt man ferner den, der unser Leben teilt, der dieselben Dinge wie wir wert hält, der mit uns Leid und Freude gemein hat. Auch das ist in der Mutterliebe am meisten der Fall. Durch einen dieser Züge also charakterisiert man die Liebe, jedes dieser Merkmale gilt nun aber für einen Menschen von sittlicher Haltung im Verhältnis zu sich selbst, und für die übrigen gilt es gleichfalls, sofern sie solche Menschen zusein beanspruchen. Wie wir dargelegt haben, darf aber die sittliche Gesinnung und der sittlich tüchtige Mann als Maßstab dienen für jede besondere Lebensäußerung. Ein solcher Mann also lebt in Frieden mit sich selbst, und alle Betätigungsformen seiner Innerlichkeit zeigen ein und dasselbe Bestreben. Er nimmt für sich selbst alles Gute und das, was ihm als das Gute erscheint, zum Ziel und setzt es auch ins Werk; *denn daran erkennt man den guten Menschen, daß er alle seine Kraft an das Gute wendet. Er tut es um seinetwillen, im Dienste der in ihm lebenden Vernunft, die man als das eigentliche Selbst eines jeden betrachten muß.* Er wünscht zu leben und wohlbehalten zu sein, und er wünscht es am meisten für das, was in ihm das denkende Teil ist. *Denn für den Mann von sittlichem Charakter ist das Dasein ein Gut,* und das Gute wünscht jeder für sich selbst; niemand dagegen wünscht, ein anderer zu werden, so daß dann das, zu dem er geworden wäre, alles Gute hätte. Denn auch Gott hat schon so alles Gute, aber deshalb hat er es, weil er ist, was er ist. *Jeder aber, darf man sagen, ist [wie Gott] das, was in ihm denkende Vernunft ist, oder doch dies mehr als alles andere.* So will denn auch ein solcher Mann sein Leben im Umgange mit sich selbst führen, denn darin findet er volle Befriedigung. Die Erinnerung an seine Vergangenheit ist ihm erfreulich; was er von der Zukunft erwartet, ist nur Gutes, und solches Hoffen ist Grund zur Freude. Er ist mit Gegenständen seiner Betrachtung in der Innerlichkeit seines denkenden Geistes reichlich ausgestattet. Was an Freud und Leid sein Inneres bewegt, das empfindet er als denkendes Selbst aufs stärkste mit; denn allen Seiten seines Wesens ist eines und dasselbe schmerzlich oder erfreulich, und nicht der einen dieses, der anderen jenes. Reue, darf man sagen, kennt er nicht. Indem nun bei einem Menschen von sittlicher Haltung alle diese Züge für das Verhältnis zu der eigenen Person gelten und er sich zu dem den er liebt verhält wie zu sich selbst, / ist doch der Freund sein anderes Selbst, / so darf man sagen: die Liebe zu anderen trägt eben diese Züge, und in Liebe verbunden sind die, bei denen sich diese Züge wiederfinden.

Die Frage nun, ob es ein Freundschaftsverhältnis zu der eigenen Person gibt, mag fürs erste auf sich beruhen. Doch darf man nach den obigen Ausführungen annehmen, daß ein solches Freundschaftsverhältnis insofern vorhanden ist, als man an einem Menschen zwei oder mehrere Seiten seines Innern unterscheidet, und daß die Freundschaft mit anderen in ihrem höchsten Sinne dem Verhältnis ähnlich ist, in welchem man so zu sich selbst steht. Nun zeigt sich allerdings, daß die bezeichneten Züge auch bei der großen Masse vorkommen, die doch von niedriger Art ist. Haben diese Menschen nun dadurch einen Anteil daran, daß sie selbstgerecht sich treffliche Menschen zu sein schmeicheln? Bei Menschen von völlig gemeiner und verworfener Art findet sich nichts davon, auch nicht der bloße Schein; aber auch bei Menschen von gewöhnlicher Art findet es sich kaum. Sie liegen mit sich selbst im Streit; ihre Begierde ist auf das eine, ihr Wille auf das andere gerichtet, gerade wie es bei denen der Fall ist, die sich nicht zu beherrschen wissen, die statt dessen was ihnen selbst als das Gute erscheint, das begehren, was ihr Gelüsten reizt, während es ihnen doch schädlich ist; andere wieder unterlassen aus Feigheit und Willenlosigkeit eben das ins Werk zu setzen, wovon sie doch überzeugt sind daß es für sie das Heilsamste wäre. Manche, die eine Menge von schändlichen Taten vollbracht und sich durch ihre Verworfenheit verhaßt gemacht haben, werden des Lebens überdrüssig und legen Hand an sich selbst.

Verworfene Menschen sehen sich nach anderen um, um mit ihnen zu leben, während sie sich selbst entfliehen möchten. Sind sie sich selbst überlassen, so überfällt sie eine Menge von quälenden Erinnerungen und von Zukunftsvorstellungen der gleichen Art; in Gesellschaft anderer suchen sie das Vergessen. Da sie selber nichts an sich haben was Zuneigung zu erwecken vermöchte, so haben sie kein Gefühl der Zuneigung für sich selbst. Solche Menschen haben auch kein Mitgefühl für das Leid und die Lust, die sie selbst empfinden. Ihr Gemüt ist in Aufruhr wider sich selbst; die eine Seite ihres innern empfindet es schmerzlich, wegen ihrer Verworfenheit gewisser Dinge entbehren zu müssen; die andere Seite hat ihre Lust daran; das eine zieht sie hierhin, das andere dorthin und zerrt sie gleichsam auseinander. Ist es aber nicht möglich Unlust und Lust zugleich zu empfinden, so ärgert man sich dafür nach kurzer Frist darüber daß man vergnügt gewesen ist, und gönnt sich selber die Lust nicht, die man genossen hat. Von Verdruß über das Durchlebte stecken solche niedrigen Naturen ganz voll. Ein Mensch von niederer Gesinnung hat also offenbar deshalb kein Gefühl der Zuneigung zu sich selbst, weil er nichts an sich hat, was Zuneigung zu erwecken vermöchte. Ist dies nun ein überaus unseliger Zustand, so ist es doppelt geboten mit Anspannung aller Kräfte das Böse zu fliehen und zu versuchen die Eigenschaften zu erwerben, die dem Menschen geziemen. Dann wird es ihm gelingen, sein eigner Freund und der Freund anderer Menschen zu werden.

5. Freundschaftsähnliche Verhältnisse

a) Wohlwollen

Das *Wohlwollen* hat mit der Freundschaft Ähnlichkeit, ohne doch Freundschaft zu sein. Wohlwollen kann man auch für Unbekannte hegen und ohne daß sie es wissen: das ist bei der Freundschaft nicht möglich. Wir haben oben davon gehandelt. Wohlwollen ist auch keine tätige Zuneigung; denn es enthält keine Willensregung und kein Streben, was doch mit tätiger Zuneigung untrennbar verbunden ist. Solche Zuneigung ferner erfordert eine Gewohnheit des Zusammenlebens, das Wohlwollen dagegen kann auch plötzlich hervortreten; so das für einen Wettkämpfer, dem man seine Gunst zuwendet und den Sieg wünscht, ohne doch dazu irgendwie mitzuwirken. Denn wie gesagt, solches Wohlwollen ist eine plötzliche Regung und eine ganz flüchtige Neigung. Dagegen läßt es sich wohl als Ausgangspunkt für die Freundschaft bezeichnen, wie es die Freude am Anblick des anderen für die Liebe ist. Niemand liebt, ohne vorher an der äußeren Erscheinung Freude empfunden zu haben; aber die bloße Freude am Anblick macht doch noch nicht den Verliebten; dazu gehört noch, daß man sich nach dem Entfernten sehnt und die Gegenwart des Geliebten herbeiwünscht. So ist es nun auch unmöglich Freund zu sein, ohne Wohlwollen gehegt zu haben; aber Wohlwollen macht noch keine Freunde. Denen, für die man Wohlwollen hegt wünscht man alles Gute; aber man tut nichts dazu und übernimmt für sie keine Anstrengungen. Darum darf man es in übertragenem Sinne eine Freundschaft ohne tätige Bezeugung nennen, die aber, wenn sie eine Zeitlang dauert und zur Gewohnheit des Zusammenlebens führt, in wirkliche Freundschaft übergeht, eine Freundschaft nicht um des Vorteils oder der Annehmlichkeit willen; denn solche Gründe sind dem Wohlwollen fremd.

Wer eine Wohltat empfangen hat, der erwidert für das was er erfahren hat mit seiner wohlwollenden Gesinnung und tut damit nur was gerecht ist. Wer aber wünscht, daß es jemandem wohlergehe, weil er von jenem Förderung für sich erhofft, von dem gilt nicht, daß er für den anderen, sondern eher daß er für sich selbst Wohlwollen hegt, ebenso wie auch der, der sich dem andern um des Nutzens willen gefügig erweist, nicht die Gesinnung eines Freundes zeigt. Überhaupt, Wohlwollen erwächst auf Grund verdienstlicher und sittlicher Eigenschaften, wo jemand den Eindruck macht, mit edler Gesinnung, mit festem Mute oder sonstigen Vorzügen ausgestattet zu sein, wie in dem oben erwähnten Beispiel des Wettkämpfers.

b) Eintracht

Als eine Art der Befreundung stellt sich ferner auch die *Eintracht* zwischen Mitbürgern dar. Sie bedeutet deshalb nicht bloße Gleichheit der Ansichten, diese kann auch zwischen solchen stattfinden, die einander persönlich unbekannt sind. Man spricht von Eintracht auch nicht bei solchen, die über irgendeinen beliebigen Gegenstand, z.B. über astronomische Fragen, gleicher Meinung sind; gleiche Ansichten in diesem Punkte zu haben hat mit freundschaftlicher Zuneigung gar nichts zu schaffen. Sondern von Eintracht spricht man im Staate, wenn die Bürger über das was dem Staate frommt übereinstimmen, wenn sie dieselben Ziele verfolgen und sich im Sinne der öffentlich gefaßten Beschlüsse betätigen. Einträchtig ist man also in Fragen der Praxis und zwar in solchen, die eine gewisse Bedeutung haben und für zwei oder für alle wichtig sind. So wenn im Staate alle die Ansicht haben daß die Beamten durch Wahl einzusetzen sind, oder daß ein Bündnis mit Lakedämon geschlossen werden oder Pittakus zu der Zeit die Regierung führen soll, wo auch er selbst es wollte. Hält dagegen jeder an seinem Willen zu herrschen fest, wie die feindlichen Brüder in Euripides' »Phönizierinnen«, dann leben sie in Zwietracht.

Einträchtig sein heißt nicht, daß zwei bloß denselben Gegenstand welcher es auch sei ins Auge fassen, sondern es gehört dazu auch, daß sie denselben Gegenstand auch derselben Person zuwenden wollen: so wenn das Volk und die oberen Klassen einig sind, daß die Besten die Herrschaft haben sollen; denn dann erlangen alle was sie anstreben. Die Eintracht stellt sich also als freundschaftliche Gesinnung unter Mitbürgern dar, und so faßt sie auch der Sprachgebrauch; sie dreht sich um die öffentlichen Interessen und um das was dem praktischen Leben dient.

Eintracht in diesem Sinne herrscht zwischen Menschen von edler Art. Solche leben mit sich selbst und untereinander in Eintracht, da sie im Grunde gleiche Gesinnung hegen. Menschen von dieser Art beharren bei ihren Entschließungen und fluten nicht hin und her wie die Strömungen in einer Meerenge; ihr Wille ist auf das Gerechte und Heilsame gerichtet, und das bezeichnet auch ihr Streben für das Gemeinwesen. Dagegen können Menschen von niederer Gesinnung unmöglich Eintracht halten oder können es doch nur für kurze Zeit, gerade wie es mit der Freundschaft zwischen ihnen der Fall ist. Wo es einen Vorteil gibt, da bedenken sie immer nur sich selbst, und wo es gilt eine Mühe oder eine Leistung zu übernehmen, da versagen sie. Da jeder so mit seinem Willen auf den eigenen Nutzen gerichtet ist, so krittelt er an dem anderen herum und bildet nur ein Hindernis. Denn ein Gemeinwesen muß zugrunde gehen, wenn es nicht wohl gepflegt wird. Die Folge ist allgemeine Zwietracht; einer schiebt dem anderen die Nötigung zu; selbst aber will keiner leisten was die Gerechtigkeit fordert.

c) Wohltäter und Empfänger

Wohltäter hegen im allgemeinen eine wärmere Gesinnung für die von ihnen Bedachten als diese für ihre Gönner hegen, und dafür sucht man nach einer Erklärung wie für eine unverständliche Erscheinung. Die meisten halten dafür, daß die einen Schuldnern gleichen, die andern ein Forderungsrecht haben. Wie nun im Fall eines Darlehns der Schuldner lieber sähe, er hätte keinen Gläubiger, der Darleiher dagegen das Wohl des Schuldners auf dem Herzen trägt, so habe auch der Wohltäter den Wunsch, daß es dem von ihm Geförderten Wohlergehen möchte, weil er denkt dann den Dank einzuheimsen; dagegen erscheine jenem die Rückerstattung bei weitem nicht so dringlich. Epicharmos würde wahrscheinlich urteilen: so redeten sie, weil sie die Sache von der verkehrten Seite aus ansähen; es läßt sich aber, wie die Menschen nun einmal sind, ganz wohl verstehen. Denn die Masse der Menschen hat erstens ein kurzes Gedächtnis und zieht zweitens das Nehmen des Guten dem Geben vor.

Man möchte deshalb eher meinen, die Sache sei tiefer im Wesen begründet und habe mit dem Verhältnis bei einem Darlehen keinerlei Verwandtschaft. Denn hier ist es ja nicht eine liebevolle Empfindung für den Schuldner, was den Wunsch für sein Wohlergehen begründet, sondern das Verlangen nach Rückerstattung. Dagegen diejenigen die anderen Gutes erwiesen haben, hegen für die von ihnen Geförderten eine freundliche und liebevolle Gesinnung auch dann, wenn ihnen diese keinen Vorteil gewähren noch für die Zukunft einen solchen in Aussicht stellen. Dies lehrt auch die Erfahrung bei den Künstlern. Jeder liebt sein eigenes Werk mehr als dieses ihn lieben würde, wenn es eine Seele bekäme. Am meisten aber tritt es einem wohl bei den Dichtern entgegen. Diese sind in ihre eigenen Schöpfungen über die Maßen verliebt und hängen an ihnen mit der Zärtlichkeit, mit der man an seinen Kindern hängt. Dieser Stimmung nun läßt sich die des Wohltäters vergleichen. Ihr Schützling ist gleichsam ihr Werk, und so lieben sie es mehr, als das Werk seinen Schöpfer liebt.

Der Grund dafür ist der, daß das Dasein für alle ein Gegenstand des Begehrens und der Liebe ist; unser Dasein aber besteht in unserer Wirksamkeit, und mithin im Leben und in der Betätigung. In Wirklichkeit also hat der Schöpfer gewissermaßen sein eigenes Dasein an seinem Werke. So liebt man sein Werk, weil man das Dasein liebt, und das nun ist tief im Wesen begründet. Denn das Werk zeigt als Wirklichkeit, was einer der Möglichkeit nach ist.

Zugleich aber ist für den Wohltäter auch seine Handlungsweise etwas Beglückendes und Edles, so daß er seine Freude an dem hat, dem sie galt. Dagegen der von ihm Geförderte empfindet an dem Spender nicht sowohl das was seine Handlungsweise Edles hat, sondern höchstens das was darin ihm zustatten kommt; dies aber ist nur in geringerem Grade für ihn ein Grund des Wohlgefallens und der Zuneigung. Was Wohlgefallen erregt, ist an dem Gegenwärtigen die Wirklichkeit, an dem Zukünftigen die Hoffnung, am Vergangenen die Erinnerung. Das innigste Wohlgefallen aber ist das, was man an seiner eigenen Wirksamkeit empfindet, und das ruft denn auch in gleichem Maße Zuneigung hervor. Wer die Wohltat vollbracht hat, dem bleibt sie dauernd; denn das beglückend Edle überdauert die Zeit; der Vorteil dagegen für den dem sie erwiesen wurde, geht vorüber. Die Erinnerung an edle Taten ist erfreulich; die an erlangten Vorteil ist es überhaupt nicht oder doch nur in geringerem Maße.

Dagegen möchte es sich mit der Erwartung umgekehrt verhalten. Das Gefühl der Zuneigung gleicht dem Tätigsein, Gegenstand solchen Gefühles sein dem passiven Verhalten. Wer also in der Betätigung der Stärkere ist, auf dessen Seite ist auch das Gefühl der Zuneigung und der Erweis derselben. Überdies, jedermann hat größere Liebe zu dem was ihm sauer geworden ist; so liebt man das Geld mehr, wenn man es selbst erworben, als wenn man es geerbt hat. Wohltat empfangen aber ist im allgemeinen mühelos, sie erweisen mühevoll. Deshalb ist auch die Liebe der Mutter zu dem Kinde die größere; denn sie hat es mit Schmerzen geboren, und sie hat die stärkere Empfindung, daß das Kind das ihre ist. Eben dies aber, darf man sagen, ist auch für den Wohltäter das eigentümlich Bezeichnende.

d) Selbstliebe

Eine weitere Frage ist die: ist es Pflicht sich selbst am meisten zu lieben oder den Nächsten? Man hat gemeinhin für den der sich selbst am meisten liebt nur Tadel; man schilt ihn, als sei er in verwerflicher Selbstsucht befangen. Es ist die allgemeine Ansicht, daß ein Mensch von niedriger Gesinnung alles um seiner selbst willen tut, und je schlechter einer von Charakter ist, umso mehr. Man macht ihm also einen Vorwurf in dem Sinne, daß er nichts tue ohne dabei an sich zu denken. Ein edel gesinnter Mensch dagegen tue alles zu sittlichem Zwecke, und je edler einer von Wesen sei, desto mehr sei sein Motiv die sittliche Pflicht und die Zuneigung zu anderen, während er das eigene Interesse hintansetze.

Indessen, zur Wirklichkeit der Dinge wollen solche Auffassungen schlechterdings nicht stimmen, und das ist auch gar nicht unverständlich. Es heißt wohl, es sei Pflicht, den am meisten zu lieben, der uns am innigsten verbunden sei; am innigsten verbunden aber ist uns der, der, wenn er uns alles Gute wünscht, es rein um unserer Person selber willen wünscht, auch wenn niemand etwas davon erfahren sollte. Das aber paßt am meisten auf jeden Menschen im Verhältnis zu sich selbst, und von allem übrigen, was zum Begriff der Freundschaft gehört, gilt genau dasselbe. Wir haben dargelegt, daß das was für freundschaftliche Liebesgesinnung bezeichnend ist, erst von dem Verhältnis des Menschen zu sich selbst auf das Verhältnis zu den anderen übertragen ist. Das drücken übereinstimmend auch alle solche Sprichwörter aus wie: »Zwei Menschen und *eine* Seele«; »Unter Freunden ist alles gemeinsam«; »Gleich sein, Freund sein«; »Das Knie ist einem näher als die Wade«. Dies alles also gilt am meisten im Verhältnis eines jeden zu der eigenen Person. Ein jeder ist sich selbst der Nächste, und so muß er denn auch wohl sich selbst am meisten lieben.

Da erhebt sich naturgemäß die Frage: welcher von beiden Ansichten soll man sich nun anschließen? Haben doch beide guten Grund für sich. Man wird solcher Verschiedenheit der Auffassungen gegenüber wohl zu unterscheiden und genau die Grenze zu bestimmen haben, bis zu welcher, und die Beziehung, in welcher jede die Wahrheit für sich hat.

Die Sache läßt sich leicht ins reine bringen, wenn man sich nur klar macht, was denn eigentlich jede der beiden Ansichten unter Selbstliebe versteht. Die einen, die aus ihr einen Vorwurf machen, verstehen unter Selbstliebe das Streben, der eigenen Person so viel wie möglich an Geld, Ehren und sinnlichen Genüssen zuzuwenden. Das bezeichnet nun in der Tat das Streben der meisten Menschen: das ist es, worauf sie die größte Mühe verwenden, als wäre es das höchste Gut; und darum sind diese Dinge auch so heftig umstritten. Menschen, deren selbstsüchtiges Streben auf dergleichen gerichtet ist, geben ihren Begierden willfährig nach; sie lassen sich überhaupt von erregten Gefühlen leiten und willfahrender vernunftlosen Seite ihres Inneren. Damit ist nun allerdings die Art der großen Masse gekennzeichnet, und daher hat denn auch das Wort Selbstliebe seine Bedeutung zugewiesen bekommen von der Menge, die niedriger Gesinnung ist.

Diejenigen nun, die Selbstliebe in diesem Sinne hegen, verurteilt man mit Recht; es läßt sich aber nicht verkennen, daß die Masse von Selbstliebe bei denjenigen zu sprechen gewohnt ist, die in diesem Sinne für sich bedacht sind. Wenn einer immer nur darum bemüht ist, selbst in seinem Tun sich vor allem an das Gerechte oder an das Maßvolle oder was irgendsonst Ausfluß sittlicher Gesinnung ist zu halten und überhaupt immer alles Edle und Hohe sich anzueignen, so wird einem solchen Mann niemand Selbstliebe zuschreiben oder sie ihm zum Vorwurf machen. Und doch darf einem solchen Mann Selbstliebe erst recht nachgesagt werden. Er nimmt für sich das Herrlichste, die Güter die es im höchsten Sinne sind, in Anspruch; er willfahrt dem was an ihm selbst sein eigentlichstes Wesen ist, und diesem leistet er in allen Stücken Gehorsam.

Was nun vom Staate wie von jedem anderen zusammengesetzten Gebilde gilt, nämlich daß das was an ihm den wesentlichsten Kern ausmacht, ihn im vollsten Sinne darstellt, das gilt ebenso auch vom einzelnen Menschen. *Und so liebt denn der am eigentlichsten sich selbst, der dieses sein Wesen liebt und ihm zu Gefallen lebt.* Man schreibt jemandem Selbstbeherrschung und Mangel an Herrschaft über sich zu, je nachdem die Vernunft in ihm die Herrschaft hat oder nicht, weil man meint, daß *das eigentliche Selbst eines jeden eben die Vernunft ist*. Als eigene, frei vollbrachte Tat setzt man jedem nur das in Rechnung, was er am meisten mit vernünftiger Überlegung vollbracht hat. Daß also dies eines jeden eigentliches Selbst oder es doch mehr ist als alles andere, läßt sich nicht verkennen, und ebensowenig daß ein Mensch von sittlichen Grundsätzen darin die reichste Befriedigung findet.

Darum ist er gerade derjenige, bei dem die Selbstliebe am stärksten ausgebildet ist; nur ist sie es in einer anderen Bedeutung als die die man verurteilt. Sie unterscheidet sich von dieser gerade so weit, wie das Leben nach der Vernunft sich von dem Leben nach Gefühlserregungen, und das Streben nach sittlichen Zielen von dem Streben nach scheinbarem Vorteil unterscheidet. Menschen, die in hervorragendem Maße mit allem Eifer auf sittliche Betätigung bedacht sind, gewinnen sich bei allen Sympathie und Beifall. Würden alle Menschen wetteifernd um sittliche Ziele ringen und zu edler Tat die Kräfte regen, so würde im Gemeinwesen alles stehen wie es soll und jeder einzelne für seine Person die höchsten Güter besitzen, wenn nämlich sittliche Vorzüge ein solches Gut darstellen. Ein edelgesinnter Mensch ist demnach zur Selbstliebe geradezu verpflichtet; denn von seiner sittlichen Betätigung wird er selbst den Segen genießen, und die anderen werden sich ihrer fördernden Wirkung erfreuen. Bei einem Menschen von schlechtem Charakter dagegen ist sie allerdings übel angebracht; denn ein solcher wird, indem er seinen niederen Antrieben folgt, sich selbst und seinen Nächsten nur schädigen.

Bei dem schlechten Menschen klafft also zwischen dem was er tun sollte und dem was er wirklich tut ein Widerspruch; der gute Mensch dagegen tut das was er tun soll. Denn die Vernunft entscheidet sich jedesmal für das was ihr das Entsprechendste ist, und ein guter Mensch gehorcht der Vernunft. Gewiß also tut ein pflichtgetreuer Mensch auch für seine Freunde und für sein Vaterland vieles; ja, er setzt wenn es nötig ist für sie sein Leben ein. Er gibt Geld und Ehrenstellen, überhaupt alle vielumworbenen Güter dahin, um sich dafür das was edel und herrlich ist zu gewinnen; er will lieber kurze Zeit die höchste Seligkeit genießen als lange Zeitmäßigen Genuß erlangen und lieber *ein* Jahr hindurch ein Leben voll edlen Gehaltes als viele Jahre hindurch ein Leben führen wie es sich eben trifft; lieber *eine* edle und bedeutsame Tat vollbringen als eine Menge von unbedeutenden Beschäftigungen treiben. Dies alles trifft bei dem zu, der sein Leben hingibt; er wählt sich damit ein bedeutendes und ein edles Los. Solche Menschen bringen denn auch wohl Geldopfer, damit ihre Freunde dadurch größeren Vorteil erlangen. Dann fällt dem Freunde der Vorteil, ihnen der Ruhm der edlen Tat zu; es ist also das höhere Gut, was sie für sich gewinnen. In bezug auf Ehrenstellen und Ämter ist das Verhalten dasselbe. Er wird alles dergleichen gern dem Freunde überlassen; denn dann fällt ihm zu was edel und preiswürdig ist. So wird er denn mit Recht als ein Mann von sittlicher Gesinnung geachtet, da er die edle Tat höher stellt als alles andere. Es kann selbst geschehen, daß er große Dinge, die zu vollbringen sind, dem Freunde überläßt und es für ihn ein edlerer Entschluß ist, dem Freunde dazu den Anlaß zu gewähren, als sie selbst zu vollbringen. So nimmt denn offenbar in allem was des Beifalls würdig ist der Mann von sittlicher Gesinnung den größeren Anteil von dem was edel und wertvoll ist für sich in Anspruch. In diesem Sinne also, wie wir sie geschildert haben, ist Selbstliebe Pflicht; allerdings eine solche wie die große Menge sie übt, die sollte nicht sein.

6. Das Bedürfnis nach Freunden

a) Im Glück

Gestritten wird ferner auch darüber, ob ein Mensch in glücklichen Verhältnissen Freunde braucht oder nicht. Es heißt, die Menschen in glücklicher Lage genügten sich selbst und bedürften der Freunde nicht: sie hätten ja was gut ist, erfreuten sich dessen in ausreichendem Maße und hätten also kein Bedürfnis nach etwas Weiterem; der Freund als ein anderes Selbst verschaffe einem ja nur, was man sich selbst zu verschaffen nicht imstande sei. Daher das Wort:

> Wenn dir die Gottheit Glück verliehn, was braucht's des Freunds?

Und doch erscheint es ungereimt, daß man, wenn man dem Glücklichen alle Güter zuerteilt, ihm Freunde nicht zuweist, die doch von allen äußeren Gütern für das höchste gelten. Nun ist es ja für den Freund bezeichnender, daß er Gutes erweise, als daß er es entgegennehme: anderen Gutes zu erweisen gehört zum guten Menschen und zur guten Gesinnung, und Freunden Gutes anzutun ist schöner als Fremden. Aus allen diesen Gründen wird ein wohlgesinnter Mensch solcher bedürfen, an denen er Guttat üben kann. Darum ist es eine Frage, ob man im Glück oder ob man im Unglück das dringendere Bedürfnis nach Freunden hat. Bedarf doch wer im Unglück ist solcher, die sich seiner annahmen und wer im Glück ist solcher, an denen er Gutes tun kann. Andererseits ist es doch auch wohl ungereimt, aus dem Glücklichen einen Vereinsamten zu machen; denn kein Mensch würde sich etwas aus dem Besitz aller nur möglichen Güter machen, wenn er sie für sich allein genießen sollte. Der Mensch ist ein für die Gemeinschaft mit andern bestimmtes Wesen und zum Zusammenleben mit andern geschaffen; das ist bei dem Glücklichen erst recht der Fall. Er hat die Güter die ihrer Natur nach Güter sind, und offenbar ist ein Zusammenleben mit Freunden und mit guten Menschen wertvoller als mit Fremden oder mit dem ersten besten. Mithin, wer im Glücke ist der bedarf der Freunde.

Was will denn nun die erst genannte Ansicht und worin besteht ihre Berechtigung? Etwa darin, daß der große Haufe meint, unser Freund sei wer uns Nutzen bringt? Dieser Art von Freunden allerdings wird wer im Glücke ist nicht bedürfen, da er die Güter des Lebens besitzt. Er bedarf aber der Freunde auch nicht zum Behufe der Annehmlichkeit oder bedarf ihrer doch nur für kurze Augenblicke; denn ein Leben das erfreulich ist bedarf keiner von außen hereingetragenen Annehmlichkeiten.

Wenn er aber Freunde von dieser Art nicht braucht, so scheint es bedarf er überhaupt keiner Freunde. Und doch ist dies schwerlich richtig. Gleich im Eingang haben wir dargelegt, daß glückselig sein ein Wirksamsein bedeutet; solches Wirksamsein aber ist ein Vorgang und nicht ein Zustand gleich einem ruhenden Besitze. Bedeutet aber glückselig sein lebendig sein und ein Leben der Wirksamkeit führen, und ist die Wirksamkeit des guten Menschen, wie wir am Eingang dargelegt haben, auf sittliche Ziele gerichtet und an und für sich erfreulich; ist ferner für jeden das erfreulich, was seinem Wesen als das ihm eigentümlich Zukommende entspricht, und sind wir eher imstande die uns Nahestehenden als uns selbst, und eher ihre Handlungen als unsere eigenen zu verstehen: so sind mithin für den Edelgesinnten die Handlungen edler Menschen die ihm befreundet sind, eine Quelle der Freude; denn beides, das Sittliche wie das persönlich Eigene, hat das zum Inhalt, was von Natur eine Quelle der Freude ist. Ein Mensch in glücklichen Umständen wird also das Bedürfnis nach Freunden von dieser Beschaffenheit empfinden, wenn er sittliche Handlungsweisen wie sie ihm selber eigen sind bei anderen zu beobachten wünscht; solche aber treten ihm bei einem guten Menschen, der sein Freund ist, entgegen.

Es ist ferner herrschende Überzeugung, daß das Leben eines glücklichen Menschen reich an Freuden sein müsse; für einen einsamen Menschen ist aber das Leben eine drückende Last. Es ist schon das nicht leicht, für sich allein in ununterbrochener Wirksamkeit zu stehen; viel leichter wird es, wenn man mit anderen vereint und im Hinblick auf andere wirken darf. So wird die Wirksamkeit stetiger und zugleich an und für sich zur Quelle der Freude, und so muß es beim glücklichen Menschen sein. Denn ein edler Mensch empfindet eben, sofern er ein solcher ist, Freude an Handlungen von sittlicher Art und Betrübnis über Handlungen aus unsittlicher Gesinnung, geradeso wie ein musikalisch gebildeter Mensch an schönen Tonweisen seine Freude hat und durch schlechte geärgert wird. In dem Zusammenleben mit guten Menschen befestigt sich auch wohl die Übung im Guten, wie schon Theognis bemerkt.

Betrachten wir aber den Gegenstand unter Gesichtspunkten, die mehr von der äußeren Natur hergenommen sind, so darf man erst recht sagen, daß ein Freund von sittlich bewährtem Charakter für den gleichartig gesinnten Mann von Natur etwas Wünschenswertes ist. Denn wie wir dargelegt haben: das was von Natur ein Gut ist, das ist auch für den Mann von sittlicher Gesinnung an und für sich ein Gut und eine Quelle der Freude. Den Inhalt des Lebens bestimmt man aber für die Tiere als durch das Vermögen der Empfindung, für die Menschen als durch das Vermögen des Empfindens oder des Denkens gegeben. Das Vermögen aber ist um der Wirksamkeit willen, und die Wirksamkeit ist das worauf es eigentlich ankommt. So darf man denn sagen, daß das Leben im eigentlichen Sinne vom Empfinden und Denken seine Bedeutung empfängt; das Leben aber gehört zu demjenigen, was an und für sich gut und erfreulich ist; denn es ist ein begrifflich Bestimmtes, und was begrifflich bestimmt ist, gehört dem Gebiete des Guten an. Was nun seiner Natur nach ein Gut ist, das ist ein Gut auch für den Mann von sittlicher Gesinnung. Daher die Tatsache, daß das Leben für alle etwas Erfreuliches ist. Freilich darf man dabei nicht an ein böses und verworfenes Leben, noch an ein Leben voller Schmerz denken; denn ein solches ist ebenso wie das was ihm anhaftet begrifflich nicht zu bestimmen. In dem folgenden Abschnitt wo wir über den Schmerz handeln werden, wird das noch deutlicher hervortreten.

Fassen wir nun alles das zusammen. Das Leben ist schon an sich etwas Gutes und Erfreuliches; man sieht es auch daran, daß alle es begehren und die guten und glücklichen Menschen am meisten; denn für diese ist das Leben am meisten begehrenswert, und ihr Lebensgeschick ist das seligste. Ferner, wer sieht ist sich seines Sehens, wer hört seines Hörens, wer geht seines Gehens bewußt, und bei den anderen Funktionen gibt es ebenso ein Bewußtsein davon daß man sie übt, so daß wir also empfinden daß wir empfinden und denken daß wir denken. Die Tatsache aber daß wir empfinden oder denken enthält auch dies daß wir existieren; denn Existenz hieß eben Empfinden oder Denken. Das Bewußtsein daß man lebt ist aber etwas an und für sich Erfreuliches; denn Leben ist seiner Natur nach ein Gut, und das Bewußtsein daß man das Gute zu eigen hat, ist ein Grund der Freude. Mithin ist das Leben begehrenswert, und am meisten für die Guten, weil für diese die Existenz etwas Gutes und Erfreuliches ist; denn sie sind glücklich in dem Bewußtsein des an und für sich Guten, das sie besitzen. Nun verhält sich ferner der sittlich Gesinnte zum Freunde wie zu sich selbst; denn der Freund ist sein zweites Selbst. So ergibt sich denn aus alledem, daß für jeden wie seine eigene Existenz, ebenso oder nahezu so auch die Existenz seines Freundes etwas Erwünschtes ist. Die Existenz aber war zu wünschen wegen des Bewußtseins des Guten im eigenen Wesen, und ein solches Bewußtsein ist an und für sich erfreulich. Man muß also auch ein Bewußtsein von der Existenz des Freundes haben, und dieses kann man erlangen durch das Zusammenleben und den Austausch von Worten und Gedanken. Denn das ist es, was für das Zusammenleben von Menschen das bezeichnende ist, nicht das Weiden auf derselben Weide wie beim lieben Vieh. Ist also dem Glücklichen schon die Existenz als solche wünschenswert als etwas von Natur Gutes und Erfreuliches, und gilt das nahezu ebenso von der Existenz des Freundes, so wird auch der Freund zu dem Wünschenswerten zu rechnen sein. Was ihm aber ein Gegenstand seines Wunsches ist, das muß derjenige haben, der glücklich sein soll, wenn er nicht in dieser Beziehung unter einem Mangel leiden soll. Somit gehört es zum Begriffe des glücklichen Menschen, daß er ein Bedürfnis nach Freunden von edlem Charakter empfindet.

b) Die rechte Zahl der Freunde

Soll man sich nun so viele Freunde wie möglich erwerben? oder wird, wie von der Gastfreundschaft mit gesundem Urteil gesagt zu sein scheint: »Nicht viele Gäste, aber auch nicht ohne
Gäste,« so auch bei der Freundschaft das Wort angebracht sein: nicht ohne Freund, aber auch
nicht allzuviele Freunde? Wer dabei nur an den Vorteil denkt, dem wird der Ausspruch überaus
einleuchtend erscheinen. Denn vielen Gegendienste leisten macht große Beschwer, und es zu
vollbringen ist das Leben nicht lang genug. Mehr Freunde zu haben als für das eigene Leben
ausreichen, ist Überfluß und für eine befriedigende Lebensführung nur hinderlich; also hat
man auch kein Bedürfnis danach. Gilt es dagegen die Annehmlichkeit, so reicht man wieder
mit wenig aus, wie mit dem Gewürz bei der Speise. Wo es endlich um Leute von sittlichem
Charakter zu tun ist, soll man da eine möglichst große Zahl suchen? oder gibt es ein rechtes Maß auch für die Menge von Freundschaftsverhältnissen, wie für die Einwohnerzahl einer
Stadt? Zehn Menschen machen noch keine Stadt; zehn mal zehntausend aber, das würde keine
Stadt mehr sein.

Das Quantitative nun ist eigentlich nicht ein einheitlich zu Bestimmendes, sondern immer
ein Mittleres zwischen äußersten Grenzen. So gibt es eine bestimmte Grenze auch für die Zahl
der Freunde, und das Maximum würde sich danach bestimmen, mit wievielen man in Lebensgemeinschaft zu stehen vermag; denn dies war es doch, was uns als das für Freundschaftsverhältnisse Bezeichnendste galt. Es ist nun eine ausgemachte Tatsache, daß es unmöglich ist, seine
Lebensführung mit vielen zu teilen und sich vielen zu widmen. Die Freunde müßten ferner auch
untereinander befreundet sein, wenn sie sämtlich miteinander Tag für Tag zusammen sein sollen; daß ein solches Verhältnis zwischen einer größeren Anzahl bestehe, hat aber seine Schwierigkeit, und auch das hat seine Bedenken, daß eine Mehrheit von Menschen Freud und Leid
persönlich miteinander teilen sollen. Es wird wahrscheinlich nur allzuoft beides zusammentreffen, daß man die Freude des einen und das Leid des anderen mitzuempfinden bekommt. Also
wird das Richtige doch wohl dies sein, daß man nicht danach strebt, eine möglichst große Anzahl von Freunden zu haben, sondern nur geradeso viele als für eine volle Lebensgemeinschaft
zulässig sind.

Es scheint auch gar nicht möglich mit vielen ganz eng befreundet zu sein, aus demselben
Grunde aus dem es auch nicht möglich ist, ein Liebesverhältnis mit mehreren zu unterhalten.
Denn ein solches bedeutet einen besonders hohen Grad von inniger Zuneigung, und diese gibt
es nur im Verhältnis zu einem einzigen. Ebenso kann man denn auch in ganz intimem Freundschaftsverhältnis nur mit wenigen stehen. Daß es sich so verhält, lehrt auch die Erfahrung. Es
werden nicht viele unsere Freunde im Sinne eines das Leben ausfüllenden Freundschaftsbundes,
und was die berühmten, vielgepriesenen Freundschaftsverhältnisse betrifft, so sind es immer solche zwischen zwei Personen, von denen die Geschichte berichtet. Leute mit vielen Freunden,
die sich mit jedem gleich vertraut stellen, sind eigentlich niemandes Freund, sofern es nicht
bloß ein Verhältnis wie zwischen Nachbarn und Mitbürgern sein soll. Jene Leute nennt man
denn auch Allerweltsfreunde. Nur im Sinne solcher nachbarschaftlichen Verhältnisse als gute
Bekannte ist es möglich, mit vielen befreundet zu sein, ohne doch zu den Allerweltsfreunden
zu gehören, und so daß man dabei in Wahrheit seinen ehrenwerten Charakter wahrt. Dagegen
eine Freundschaft, die den sittlichen Vorzügen und der Person selber gilt, kann man nicht mit
vielen unterhalten. Man darf schon zufrieden sein, wenn man auch nur wenige findet, die die
dazu erforderlichen Eigenschaften besitzen.

c) Freunde im Glück und im Unglück

Wann ist nun das Bedürfnis nach Freunden dringender, im Glück oder im Unglück? In beiden Lagen sieht man sich nach ihnen um. Im Unglück bedarf man des Beistandes; im Glück bedarf man solcher, mit denen man zusammenleben und denen man Gutes erweisen kann; denn das wünscht man sich, anderen wohlzutun. Dringlicher ist das Bedürfnis von Freunden im Unglück, weil man da Menschen braucht, die einem hilfreich sind; edler dagegen ist es im Glück, und darum sucht man hier Freunde von sittlichem Wert; denn an diesen Gutes zu tun und mit diesen sein Leben zuzubringen schafft größere Befriedigung. Schon die bloße Gegenwart der Freunde macht Freude im Glück wie im Unglück. Betrübte finden Erleichterung durch die Teilnahme der Freunde. Man könnte im Zweifel sein, ob Freunde gleichsam die Last tragen helfen, oder ob dies zwar nicht der Fall ist, aber gleichwohl die Freude an ihrer Anwesenheit und das Bewußtsein von ihrer Teilnahme den Kummer verringert. Ob indessen dies oder etwas anderes der Grund der Erleichterung ist, mag auf sich beruhen; der Erfolg ist jedenfalls der bezeichnete.

Die Gefühle, die die Gegenwart der Freunde hervorruft, sind von gemischter Art. Schon der Anblick der Freunde ist erfreulich, besonders wenn man im Unglück ist, und trägt viel dazu bei den Kummer zu verscheuchen. Denn der Freund, falls er taktvoll ist, hat etwas Tröstendes durch seinen bloßen Anblick wie durch sein Zureden; er kennt die Empfindungsweise des anderen und weiß was ihn angenehm und was ihn schmerzlich berührt. Andererseits hat es auch wieder etwas Betrübendes, zu sehen wie ein anderer über unser Mißgeschick sich mit uns grämt; denn jeder möchte es lieber vermeiden, seinen Freunden Gram zu verursachen. Darum wenden Menschen von männlichem Charakter alle Vorsicht auf, um ihre Freunde nicht an ihrem Schmerz zu beteiligen, und selbst wenn einer nicht in hervorragendem Maße dem Schmerze gegenüber widerstandsfähig ist, trägt er schwer an dem Leide, das den anderen daraus erwächst. Leute die zu weichlicher Klage geneigt sind, läßt er nicht zu sich, weil auch er nicht zum Wehklagen und Jammern geneigt ist. Weibern dagegen und Männern von weibischem Charakter ist es ein wohltuendes Gefühl, wenn andere mit ihnen jammern, und sie haben solche gerne um sich als liebevolle und teilnehmende Seelen. Offenbar aber ist es geraten, sich in allen Stücken nach dem zu richten, der der Charaktervollere ist. Im Glück hingegen bedeutet die Gegenwart der Freunde eine erfreuliche Lebensgemeinschaft und das Bewußtsein, daß sie an dem Guten was man besitzt ihre Freude haben.

Das Richtige wird also wohl dies sein, daß man seine Freunde freudig einladen soll unser Glück zu teilen; / denn es ist etwas Herrliches Freude um sich zu verbreiten; / daß man aber nur zögernd ihnen zumuten soll unser Unglück zu teilen; / denn an seinen Schmerzen soll man andere so wenig wie möglich beteiligen. Daher das Wort: »Genug, daß ich selber leide.« Seine Freunde anzugehen ist noch am ehesten dann geraten, wenn sie uns eine große Hilfe gewähren können bei geringer eigener Beschwerde. Umgekehrt ist es angemessen, Leuten im Unglück sich unaufgefordert und bereitwillig anzubieten; denn das ist Freundesart, dem anderen Gutes zu erweisen, und besonders einem der es bedarf und der es doch nicht fordert. So sich zu erweisen ist auf beiden Seiten das Edlere und Erfreulichere. Zu Leuten im Glück dagegen soll man bereitwillig dann gehen, wenn man sich ihnen nützlich machen kann; / denn dazu bedarf man der Freunde: / aber zögernd, um es sich mit ihnen wohl sein zu lassen; denn es ist nicht hübsch, sich dazu zu drängen Vorteile zu erhaschen. Doch sollte man sich auch vor dem Rufe der Unfreundlichkeit bei einer Ablehnung hüten; denn es kommen Fälle vor, wo man sich wirklich solchem Rufe aussetzt. Und so erscheint denn die Gegenwart der Freunde in jeder Lage als etwas Wünschenswertes.

d) Die Freundschaft als Lebensgemeinschaft

Ist nun nicht für Freunde die Gewohnheit des Zusammenseins ebenso das Erfreulichste, wie Liebende im Anblick des Geliebten das größte Glück finden und diese Empfindung jeder anderen vorziehen, weil die Liebe am meisten in dieser Empfindung ihren Anlaß und ihren Entstehungsgrund hat? Freundschaft bedeutet Gemeinschaft; man verhält sich zum Freunde wie zu dem eigenen Selbst. Ist nun die Empfindung ein Gegenstand des Wunsches, die uns die eigene Existenz erweckt, so ist es auch diejenige, die uns die Existenz des Freundes erweckt; zur Wirklichkeit aber wird sie in der Gemeinschaft der Lebensführung, und so ist es nur natürlich, daß man sich diese wünscht. Was für jeden den Inhalt seiner Existenz bedeutet, das was einem das Leben erst lieb macht, gerade das wünscht man mit dem Freunde zusammen zu genießen. Darum lieben es die einen mit dem Freunde zu zechen, die anderen mit ihm Würfel zu spielen, wieder andere treiben mit ihm Körperübungen und Jagd oder wissenschaftliche Studien, indem jeder das worin er im Leben am meisten Befriedigung findet zur gemeinsamen Unterhaltung mit dem Freunde macht. Denn weil man sein Leben mit den Freunden teilen will, so treibt man in Gemeinschaft mit ihnen eben dies, worin man das Glück seines Lebens findet. Daher wird die Freundschaft zwischen Menschen von niederer Gesinnung zu einer Gemeinschaft im Bösen. Der eine überträgt auf den anderen vermöge ihres unbefestigten Charakters die eigene Schlechtigkeit, und indem sie sich einander angleichen, werden sie nur immer verworfener. Die Freundschaft zwischen guten Menschen dagegen wird zu einer Gemeinschaft im Guten, die durch den steten Umgang nur verstärkt wird. Man kann sagen: sie werden tüchtiger, indem sie miteinander tätig sind und einer den anderen auf dem rechten Wege erhält. Jeder nimmt vom anderen das Gepräge dessen an, was ihm am anderen lieb und wert ist: daher das Wort: »Gutes lernt man von Guten.«

So weit über die Gemeinschaften zwischen den Menschen. Wir gehen nunmehr über zur Erörterung der Gefühle.

IV. Teil. Motive, Ziele und Stufen des sittlichen Lebens

1. Der sittliche Wert der Gefühle

In diese Ausführungen schließt sich naturgemäß eine Untersuchung über das Wesen des Gefühles.

Das Gefühl der Lust, darf man sagen, ist mit der Natur des Menschen aufs innigste verwachsen; deshalb regiert man ja auch die Jugend beim Werke der Erziehung durch das Mittel von Lust und Schmerz. Für die früheste Charakterbildung gilt es als das Moment von höchster Bedeutung, daß man lerne seine Freude zu haben an dem was der Freude wert ist, und Widerwillen zu empfinden gegen das, was Widerwillen verdient. Das behält dann seine Wirksamkeit das ganze Leben hindurch; es übt eine ausschlaggebende Macht auf die sittliche Lebensführung und auf die Glückseligkeit; denn der Mensch begehrt was angenehm, und meidet was schmerzlich ist. An so wichtigen Gegenständen möchte man meinen darf man am wenigsten stillschweigend vorbeigehen, schon aus dem Grunde nicht, weil sie zu so großen Meinungsverschiedenheiten Anlaß geben.

a) Verschiedenheit des Urteils über den Wert der Lustgefühle

Manche nämlich sehen das Gefühl der Lust als das Gute selber an, andere betrachten es in geradem Gegensatze dazu als ganz und gar verwerflich; jene in der Überzeugung, daß ihre Auffassung der Sache entspreche, diese in der Meinung, daß es für die Lebensführung der Menschen zuträglicher sei, wenn man das Lustgefühl unter die verwerflichen Dinge einreihe, auch dann wenn es eigentlich nicht dazu gehöre. Denn die Masse laufe der Freude nach und sei sklavisch den Lüsten ergeben: deshalb müsse man die Triebe in die entgegengesetzte Richtung ablenken. So würden die Leute am ehesten dazu gelangen, die mittlere Straße einzuschlagen.

Indessen, diese Ansicht trifft schwerlich das Richtige. Wo es sich um starke Empfindungen und um die Betätigung im Leben handelt, da erringt sich weit weniger Glauben das was die Leute lehren, als das was sie tätig üben, und wenn zwischen der Lehre und dem was man tatsächlich wahrnimmt, ein Zwiespalt hervortritt, so erregt das bei den Leuten Geringschätzung, und sie ziehen dann auch das was etwa an der Lehre wahr ist, in die gleiche Verwerfung mit hinein. Eifert jemand gegen die Lust und sieht man ihn den noch begehren was Lust bereitet, so meinen die Leute, seine Neigung sei in jedem Falle der Lust zugewandt, als wäre jede Lust von gleicher Art; denn streng zu unterscheiden liegt nicht in der Art der großen Masse. Man wird daher annehmen dürfen, daß diejenigen Lehren, die der Wahrheit entsprechen, nicht nur im Sinne der Theorie, sondern auch für die Praxis des Lebens die wertvolleren sind. Man schenkt ihnen Glauben, weil ihnen die Taten entsprechen, und sie bilden deshalb für die Hörer den Antrieb, sich nach ihnen zu richten. Indes genug davon. Treten wir nunmehr an das heran, was über die Lust von altersher gesagt worden ist.

Eudoxus erklärte die Lust geradezu für das Gute, und begründete es damit, daß man alle Wesen, die vernünftigen, wie die vernunftlosen, ihr nachjagen sehe. Überall sei das Wertvolle das, was Gegenstand des Begehrens sei, und was mit dem größten Eifer begehrt werde, das sei auch das am höchsten Stehende. Die Tatsache, daß alle Wesen auf dasselbe Ziel gerichtet seien, deute also darauf hin, daß eben dies für alle das Beste sei; denn jedes Wesen wisse wie bei der Nahrung ganz wohl herauszufinden was ihm dienlich sei; was aber für alle dienlich sei und was alle Wesen begehren, das sei eben das Gute.

Wenn nun diese seine Ausführungen Glauben fanden, so geschah es doch mehr wegen der Trefflichkeit seines Charakters als wegen ihres inneren Wertes. Denn er galt für einen Mann von ungewöhnlich ehrenfestem Charakter, und darum meinte man, was er sage, das sage er nicht als Liebhaber der Lust, sondern es verhalte sich wirklich so. Er nun meinte, sein Satz werde ebenso bekräftigt durch das was der Lust als ihr Gegenteil gegenüberstehe. Der Schmerz gelte schon an und für sich jedem für etwas was zu meiden sei, und darum sei sein Gegenteil in gleichem Maße das wonach man strebe. Am meisten begehrenswert aber sei dasjenige, was die Menschen nicht wegen eines anderen oder als Mittel für ein anderes, sondern um seiner selbst willen begehren; diesen Charakter aber trage nach allgemeinem Zugeständnis die Lust. Denn niemand frage, wozu die Lustgut sei, offenbar weil die Lust an und für sich begehrenswert sei. Komme sie zu irgendeinem Guten noch als Zusatz, so werde dessen Würdigkeit als Gegenstand des Strebens durch sie noch erhöht; das gelte z.B. für Gerechtigkeit im Handeln und für Selbstbeherrschung. Was aber am Guten eine Steigerung bewirke, das sei selbst ein Gutes.

Dieser Ausführung darf man nun wohl so viel zugestehen, daß sie die Lust wirklich als eines in der Zahl der Güter, aber nicht, daß sie dieselbe als ein größeres im Vergleich mit anderen erweist. Denn das gilt von jeglichem, daß es durch seine Verbindung mit einem anderen Gute begehrenswerter wird als es außer solcher Verbindung ist. Durch eine derartige Betrachtung beweist denn auch Plato, daß die Lust nicht das Gute selber ist. Denn ein lustvolles Leben werde in Verbindung mit der Einsicht begehrenswerter als ohne sie; wenn aber solche Mischung ein Besseres sei, so sei die Lust nicht das Gute selber: denn das Gute werde durch keinen Zusatz noch begehrenswerter. Dann würde aber offenbar auch nichts anderes, was durch die Verbindung mit einem an sich Guten noch begehrenswerter würde, das Gute selber sein. Was ist es nun, was als das Gute selbst durch keinen Zusatz vermehrt wird und woran wir auch Anteil haben? Danach gerade halten wir ja Umschau.

Wenn andererseits manche den Einwand erheben, das was alle begehren sei gar kein Gutes, so will das schlechterdings nichts besagen. Denn was alle für ein Gut halten, das behaupten wir ist wirklich ein Gut. Wer diesen Glauben aufhebt, wird schwerlich etwas aufzuzeigen imstande sein, was mehr Glauben verdiente. Wenn bloß die vernunftlosen Geschöpfe danach strebten, so hätte jener Satz vielleicht einen Sinn; tun es aber auch die vernunftbegabten, was kann er dann bedeuten? Ist doch selbst in den geringwertigen Dingen noch ein natürlich Gutes, das besser ist als ihr sonstiges Wesen, und dieses strebt nach dem ihnen eigentümlich zukommenden Guten. Aber auch jener aus dem Gegenteil hergenommene Beweis darf nicht ohne weiteres als zutreffend gelten. Denn wenn der Schmerz ein Übel ist, wendet man ein, so ist das noch kein Beweis, daß die Lust ein Gut ist. Es stehe ja auch ein Übel im Gegensatze zu einem anderen Übel, und beide zusammen wieder im Gegensatze zu dem was weder ein Gut noch ein Übel ist. Darin nun haben sie gewiß ganz recht; indessen was den Satz anbetrifft, so ist ihr Gedanke sicher nicht richtig. Denn wenn beide, Lust und Schmerz, zu den Übeln gehören, so müßten auch beide gemieden werden; sind sie weder ein Gut noch ein Übel, so wäre keines von beiden oder beide gleichmäßig zu meiden. Nun aber meidet man augenscheinlich den Schmerz als ein Übel und begehrt die Lust als ein Gut, und so stehen sie sich denn auch gegenüber, das eine als ein Gut und das andere als ein Übel.

Auch daß die Lust nicht zu den dauernden Qualitäten gehören soll, ist kein Beweis dafür, daß sie deshalb auch nicht zu den Gütern gehöre. Die sittlichen Tätigkeiten bedeuten gleichfalls keine Qualitäten und die Glückseligkeit auch nicht. Man sagt aber weiter, das Gute sei ein begrifflich Bestimmtes, die Lust dagegen sei unbestimmt, weil sie ein Mehr oder Minder zuläßt. Wenn man nun dieses Urteil auf die subjektive Lustempfindung der Menschen bezieht, so verhält es sich ganz ebenso mit der Gerechtigkeit und den anderen Tugenden, in bezug auf welche man den Menschen ausdrücklich ein Mehr oder Minder der Beschaffenheit wie des tugendhaften Handelns zuschreibt. Es kann einer mehr oder minder gerecht und tapfer sein und auch mehr oder minder Gerechtigkeit und Selbstbeherrschung bewähren. Wenn man aber die Unbestimmtheit in den Lustgefühlen selbst findet, so gibt man kaum den wahren Grund für jenen Satz an, nämlich daß die einen ungemischt, die anderen gemischt sind. Was hindert denn daß ebenso, wie die Gesundheit, die doch ein begrifflich Bestimmtes ist, das Mehr oder Weniger zuläßt, es sich auch mit der Lustempfindung verhalte? Denn die Menschen haben nicht alle die gleiche Konstitution; ja in einem und demselben Menschen ist sie nicht immer die gleiche, sondern sie erhält sich, auch wenn sie bis zu einem gewissen Punkte nachläßt, und läßt einen Unterschied des Mehr und Minder zu. Etwas derartiges kann doch auch bei der Lustempfindung der Fall sein.

Weiter versucht man es damit, daß man, indem man das Gute als etwas Vollendetes, dagegen die Bewegungen und die Prozesse des Werdens als etwas Unvollendetes darstellt, die Lustempfindung als eine bloße Bewegung und einen Prozeß kennzeichnet. Auch hier kann man nicht zugeben, daß sie damit das Rechte treffen und daß die Lust wirklich solch eine Bewegung sei. Denn wo Bewegung ist, da kommt ihr als eigentümliches Attribut Schnelligkeit und Langsamkeit zu, und wo dies nicht an sich zutrifft, z.B. bei der Bewegung des Universums, dann doch im Verhältnis zu anderem. Der Lustempfindung kommt aber keines von beiden Attributen zu. Von Schnelligkeit kann man wohl reden, wo jemand in den Zustand der Lust wie in den des Zornes *gerät*, aber nicht wo jemand Lust *empfindet*; hier gibt es Schnelligkeit auch nicht im Verhältnis zu anderem, wie da wo jemand geht oder wächst und in allen ähnlichen Prozessen. Man kann schnell und langsam in den Zustand der Lust übergehen, aber man kann nicht im wirklichen Zustande der Lust, das heißt im Genüsse selber schnell sein. Und in welchem Sinne soll es ein Prozeß sein? Man kann doch nicht annehmen, daß Beliebiges aus Beliebigem werde, sondern daß jegliches sich in dasjenige wieder auflöse, woraus es entspringt. Der Schmerz soll dann der Untergang eben dessen sein, dessen Entstehung die Lust ist. Ferner sagt man, Schmerz sei Mangel an dem was die Natur fordert, Lust dagegen sei die Befriedigung solcher

Forderung. Diese Vorgänge indessen sind leiblicher Art. Ist nun die Lust die Befriedigung des natürlichen Bedürfnisses, so müßte auch das Substrat, dem solche Befriedigung zuteil wird, also der Leib, dasjenige sein, das die Lust empfindet, und das will doch nicht einleuchten. Also ist die Lust auch nicht die Befriedigung selber; sondern das Verhältnis ist dies, daß man, wenn die Befriedigung eintritt, Lust, und wenn man ihrer verlustig geht, Unlust empfindet.

Es scheint, daß die genannte Ansicht ihren Anlaß hat an den Unlust- und Lustempfindungen, die die Nahrung mit sich bringt. Wenn man nämlich das Bedürfnis empfinde und dadurch in schmerzliche Empfindungen versetzt werde, dann bereite die Befriedigung Lust. Indessen, das trifft nicht auf alle Arten der Lustempfindung zu. Der Freude am Lernen geht kein Schmerz voran, und unter den sinnlichen Wahrnehmungen ebensowenig denen des Geruchs sowie vielen Gehörs- und Gesichtswahrnehmungen, oder den Erinnerungen und Hoffnungen. Was sollen es also für Dinge sein, deren Werden diese Genüsse bezeichnen? Da ist doch kein Mangel vorausgegangen, dessen Befriedigung nachher eintreten könnte. Gegen diejenigen aber, die mit den Lüsten von schimpflicher Art operieren, ließe sich einwenden, daß dergleichen ja gar nicht wirklich lustvoll ist; denn wenn etwas Leuten von schlechter Gesinnung Lust bereitet, darf man doch deshalb nicht annehmen, daß es auch anderen als diesen lustvoll ist, ebensowenig wie das was den Kranken gesund oder süß oder bitter ist oder auch was den an den Augen Ladenden weiß erscheint, dasselbe für die anderen bedeutet.

Man kann weiter einwenden, daß die Lust wohl begehrenswert ist, nur nicht die aus diesen bestimmten Quellen entspringende, geradeso wie auch der Reichtum es ist, aber nicht der durch Verräterei erworbene, und die Gesundheit, aber nicht die durch jede Art von Speisen erlangte. Oder auch man kann sagen, in der Lust gibt es einen Unterschied der Arten. Die Lust am Ehrenhaften ist eine andere als die am Verwerflichen; die Lust am Gerechten kann man nicht empfinden, wenn man nicht gerecht ist, die Lust an edler Bildung nicht, wenn man nicht gebildet ist, und so durchgängig. Ein Freund ist etwas anderes als ein Schmeichler; auch daran kann man klar machen, daß die Lust nicht ein Gut ist oder daß es doch in ihr verschiedene Arten gibt. Der eine sucht anerkanntermaßen den Umgang zu gutem Zwecke, der andere zum Zwecke der Lust; diesen verachtet man, jenen schätzt man hoch, in dem Gedanken, daß die Zwecke verschieden sind, zu denen sie sich einem zugesellen. Niemand wird sich wünschen sein ganzes Leben hindurch Art und Sinn eines Kindes zu behalten und seine Freude zu haben an dem, was den Kindern die allergrößte Freude macht; niemand würde sich einen Genuß zu verschaffen wünschen dadurch daß er etwas höchst Verwerfliches täte, auch wenn ihm niemals daraus eine Unlust erwachsen könnte. Vielen Dingen würden wir den größten Eifer auch dann zuwenden, wenn sie uns keinerlei Genuß eintrügen, wie dem Sehen, dem Eingedenksein, dem Wissen, dem Besitze hoher Vorzüge. Wenn sich aus diesen Dingen Lustempfindungen notwendig ergeben, so ändert das an der Sache gar nichts. Wir würden uns ihnen auch dann widmen, wenn sie uns keine Lust gewährten.

So hätten wir folgende Punkte klargestellt: erstens die Lust ist nicht *das* Gute, und *nicht jede* Lust ist begehrenswert; zweitens, es gibt Arten der Lust, und begehrenswert ist sie je nach ihrer Art an und für sich oder je nach den Quellen, aus denen sie entspringt. Damit möchten denn die geläufigen Ansichten über die Frage von Lust und Unlust hinlänglich erörtert sein.

Was aber das Wesen der Lust und welches ihre Beschaffenheit ist, das wird deutlicher hervortreten, wenn wir die Frage von Anfang an neu aufnehmen. Der Akt des Sehens stellt sich dar als zu jeder Zeit fertig; denn er bedarf nicht weiter noch etwas, was künftig hinzutretend sein Wesen vollende. Dem gleicht nun auch die Lust. Sie ist etwas Ganzes, und zu keiner Zeit kann jemandem ein Lustgefühl zuteil werden, dessen Wesen erst dadurch fertig würde, daß es sich über einen längeren Zeitraum erstreckte. Deshalb ist die Lust auch keine Bewegung. Denn jede Bewegung vollzieht sich in der Zeit und zu einem Ziele hin, wie etwa ein Hausbau, und vollendet ist sie dann, wenn sie das herstellt, worauf sie gerichtet ist, mithin entweder zu jeder Zeit oder in diesem Augenblick. In den Teilen aber des Zeitverlaufs sind alle noch unvollendet; die Teile sind der Art nach etwas anders als die ganze Bewegung und verschieden unter einander. Das Zusammensetzen der Steine ist etwas anderes als die Kannelierung der Säulen, und beides wieder etwas anderes als die Herstellung des Tempels. Diese Herstellung des Tempels ist etwas Abschließendes; denn für den vorliegenden Zweck wird dann weiter nichts mehr erfordert. Dagegen ist die Herstellung des Baugrundes und die der Triglyphen nichts Fertiges; jegliches davon ist nur ein Teilstück. Sie sind also der Art nach verschieden; es ist nicht möglich in irgendwelcher Zeit eine Bewegung zu erhalten, die ihrer Art nach vollendet wäre; oder wenn vollendet, dann ist sie's zu jeder Zeit. Das gleiche gilt vom Gehen und von anderen ähnlichen Bewegungen. Heißt nämlich Ortsbewegung soviel wie Bewegung von einem Orte aus und zu einem Orte hin, so gibt es auch in ihr Artunterschiede: Flug, Gang, Sprung und so weiter, und nicht allein das, sondern auch vom Gehen selber gibt es Arten. Das Woher und das Wohin ist nicht dasselbe, wenn es sich um ein Stadium, wie wenn es sich um einen Teil des Stadiums handelt, nicht dasselbe in dem einen Teile wie in dem anderen, und der Durchgang durch diese Strecke ist nicht dasselbe wie der Durchgang durch jene Strecke. Man geht doch nicht bloß eine Strecke überhaupt entlang, sondern eine Strecke an einem bestimmten Orte, und die andere Strecke ist an einem anderen Orte. Über die Bewegung nun habe ich mit voller wissenschaftlicher Strenge an anderen Stellen gehandelt. Von der Bewegung gilt, daß sie nicht zu jeder Zeit ein Fertiges ist, sondern meistens ist sie unvollendet, und dann unterscheidet sie sich der Art nach, sofern das Woher und Wohin einen Artunterschied ergibt. Die Lust dagegen ist ihrer Art nach in jedem Zeitmoment ein Fertiges. Wenn jene Bewegungen untereinander verschieden sind, so ist dagegen die Lust offenbar dem zuzurechnen, was ein Ganzes und ein Fertiges ist.

Man kann das auch daraus entnehmen, daß eine Bewegung nicht möglich ist, die nicht in der Zeit verliefe, wohl aber eine Lustempfindung; denn diese ist im Augenblick als etwas Ganzes vorhanden. Dadurch wird auch dies klar, daß es unrichtig ist, die Lust eine Bewegung oder einen Prozeß zu nennen; denn diese Bezeichnung gilt keineswegs von allem, sondern nur von dem was ein Geteiltes und nicht ein Ganzes ist. So ist das Sehen kein Prozeß, noch ist es der Punkt oder die Einheit, nichts von alledem ist Bewegung oder ein Vorgang. Also auch nicht die Lust, denn sie ist ein Ganzes.

b) Die Bedeutung der Lustgefühle für das tätige Leben

Die Betätigung jedes Vermögens der Empfindung wird jedesmal bedingt durch den Gegenstand der Empfindung; in vollkommener Weise vollzieht sie sich da, wo das Vermögen von rechter Verfassung mit einem Gegenstande von edelster Art zusammentrifft. Sind diese Bedingungen erfüllt, so stellt sich die Betätigung als im höchsten Sinne vollendet dar; ob man sagt, das Wirksame dabei sei die Empfindung selber, oder das Subjekt welches sie besitzt, soll uns nicht weiter kümmern. So steht denn bei jeder Empfindung die Betätigung des Vermögens dann am höchsten, wenn es selber in der rechten Beschaffenheit ist und wenn das Objekt, worauf es gerichtet ist, das vortrefflichste unter dem ist was überhaupt sein Objekt sein kann. Dann ergibt sich eine Form der Betätigung, die wie die vollkommenste so auch die erfreulichste ist. Ein Lustgefühl gibt es im Bereiche jeder Empfindung und ebenso bei jeder Tätigkeit des Verstandes und der Vernunft; die Betätigung gewährt aber die höchste Lust dann, wenn sie am vollkommensten ist, und sie ist am vollkommensten, wenn die Betätigung des in normaler Verfassung befindlichen Vermögens auf das wertvollste der in ihr Bereich fallenden Objekte gerichtet ist. Und umgekehrt: was die Betätigung zur vollendeten macht, das ist gerade das mit ihr verbundene Lustgefühl.

Indessen, es ist doch nicht dieselbe Art, wie die Lust diese Vollkommenheit herstellt, oder wie der Gegenstand und das Empfindungsvermögen von wertvoller Beschaffenheit es leistet. Es ist damit geradeso, wie auch die Genesung und der Arzt beide Ursache der Gesundheit sind; auch sie sind Ursache nicht in derselben Weise. Daß der Zustand der Lust bei jeder Art von Empfindung vorkommt, ist offenbar; auch von Gesichts- und Gehörswahrnehmungen gilt die Aussage, daß sie Lust bereiten. Aber offenbar ist auch das, daß dies am meisten dann der Fall ist, wenn das Empfindungsvermögen hervorragend kräftig und auf ein Objekt von gleicher Vortrefflichkeit gerichtet ist. Ist nun das empfundene Objekt und das empfindende Subjekt von der bezeichneten Art, so wird sich jedesmal ein Zustand der Lust ergeben, wo beide, das Objekt, das sie bewirken soll, wie das Subjekt, das sie entgegennehmen soll, zusammentreffen. Das Lustgefühl macht die Betätigung zu einer vollkommenen, aber nicht als einwohnende stehende Beschaffenheit, sondern als ein hinzukommendes was sie vollendet, etwa so wie die Schönheit sich zu der Jugend gesellt. Solange nun das Objekt des Denkens oder Wahrnehmens ebensowohl die angemessene Beschaffenheit besitzt wie das beurteilende und betrachtende Subjekt, so lange wird die Betätigung von einem Lustgefühl begleitet sein. Denn sind beide, das den Eindruck Empfangende und das ihn Bewirkende, gleichartig und verhalten sie sich zueinander auf dieselbe Weise, so liegt es in der Natur der Sache, daß auch das Ergebnis dasselbe ist.

Wie kommt es nun, daß kein Mensch beständig im Zustande der Lust sich befindet? Etwa weil er ermüdet? Allerdings bleibt es allem was am Menschen ist versagt ununterbrochen tätig zu sein, und darum ist auch das Lustgefühl nicht ununterbrochen, weil es die Tätigkeit begleitet. Manches wieder bereitet Genuß nur solange es neu ist, und nachher nicht mehr in gleichem Grade, aus demselben Grunde. Denn im Anfang ist der Gedanke lebhaft angeregt und beschäftigt sich gespannt mit dem Gegenstande, wie man beim Sehen den Blick auf den Gegenstand richtet; auf die Dauer aber bleibt die Tätigkeit nicht eine ebenso gespannte, sondern sie läßt nach, und dadurch wird denn auch das Lustgefühl ein schwächeres.

Daß alle Menschen das Gefühl der Lustbegehren, wird man wohl darauf zurückführen dürfen, daß alle Menschen auch das Leben lieb haben. Das Leben aber ist eine Tätigkeitsform, und jedes Wesen ist tätig für das und mit den Mitteln, worin es zugleich die größte Befriedigung für sich findet. So erwärmt sich der Musiker mit dem Gehör für Tonfolgen, der Wißbegierige mit dem Verstande für wissenschaftliche Theorien, und ebenso jeder andere in seiner Weise. Das Lustgefühl aber ist eine Krönung der Tätigkeiten, und somit auch des Lebens, das alle lieb haben. So wird es verständlich, daß alle nach Lust streben; denn sie ist für jeden die Krönung seines Lebens, das selbst Gegenstand des Begehrens ist.

Die Frage, ob man das Leben liebt um der Lust willen oder die Lust um des Lebens willen, wollen wir für jetzt unerörtert lassen. Offenbar ist beides aufs engste mit einander verbunden und läßt eine Trennung nicht zu. Denn ohne Betätigung wird uns keine Lust, und jede Betätigung empfängt von der Lust die sie bereitet ihre Krönung. Daher denn die Ansicht, daß die Gefühle der Art nach verschieden sind. Wie nämlich die Tätigkeiten der Art nach verschieden sind, so, meinten wir, auch das was sie vollendet. Das tritt uns entgegen an den Gebilden der Natur und denen der Kunst, an Tieren und Pflanzen, an Gemälden und Statuen, an Haus und Hausgerät. Und so würden denn auch die verschiedenen Arten der Tätigkeit durch solches was der Art nach verschieden sei, zur Vollendung gebracht.

Die Tätigkeiten des Verstandes sind von denen des Wahrnehmungsvermögens und beide wieder in sich selbst der Art nach verschieden; ebenso ist dasjenige verschieden, was sie zur Vollendung bringt, die Lustgefühle. Man sieht das ganz deutlich auch daran, daß jedes unter den Lustgefühlen derjenigen Tätigkeitsform, die es zur Vollendung bringt, auch eigentümlich zugehört. Was die Tätigkeit stärker und frischer macht, das ist das sie eigentümlich begleitende Lustgefühl. Wer mit Lust und Liebe tätig ist, der hat über jegliches Einzelne das richtigere Urteil und arbeitet sorgfältiger. So werden die besten Mathematiker die, die an der Mathematik ihre Freude haben, und ihr Gedankengang ist auch in allem einzelnen der strengere. So widmen sich die Freunde der Musik und der Architektur wie die jedes anderen Gebietes jeder seiner eigentümlichen Aufgabe mit Lust und Liebe. Die Lustgefühle erhöhen die Tätigkeit, und dasjenige was die Tätigkeit erhöht, ist das ihr eigentümlich Zugehörende. Wie aber das von Art verschieden ist, dem solches als eigentümlich zugehört, so ist auch dies selber wieder von Art verschieden.

Dies nun wird noch deutlicher dadurch, daß Lustgefühle, die aus fremdartiger Quelle stammen, der Tätigkeit vielmehr hinderlich sind. Wer das Flötenspiel liebt, ist nicht imstande einem Gespräche sein Ohr zu leihen, wenn er jemanden dies Instrument spielen hört, weil er an der Kunst des Spielers ein größeres Interesse nimmt als an dem gleichzeitigen Gespräch. Es ist also die Freude am Klange des Instrumentes, die die Beteiligung an dem Gespräche nicht aufkommen läßt. Das gleiche findet auch in anderen Fällen statt, wo zwei Tätigkeiten zugleich herausgefordert werden. Da wird durch diejenige, die mehr Lust bereitet, die andere zurückgedrängt, und das um so mehr, je größer der Unterschied in bezug auf das Lustgefühl ist, das beide bereiten; so kann es geschehen, daß die eine Tätigkeit auch wohl ganz ausgeschlossen wird. Daher kommt es, daß wenn uns irgend etwas besondere Lust bereitet, wir schlechterdings nichts anderes vornehmen, und daß wir, wenn uns etwas nur geringe Befriedigung verschafft, dafür anderes treiben. So sieht man die Zuschauer im Theater sich dann am meisten an Näschereien laben, wenn die Schauspieler nichts taugen.

Da jede Tätigkeit durch die ihr eigentümlich zugesellte Lustempfindung zu einer sorgfältiger, dauernder und erfolgreicher betriebenen wird, eine ihr fremdartige Lustempfindung dagegen sie beeinträchtigt, so hat man daran ein Kennzeichen, wie weit beide auseinander liegen. Solche fremdartige Lustempfindung hat annähernd dieselbe Wirkung wie die mit der Tätigkeit eigentümlich verbundene Unlust. Denn durch diese mit ihr eigentümlich verbundene Unlust wird die Tätigkeit aufgehoben, wie das Schreiben oder das Nachdenken einem dadurch zuwider und lästig wird. Der eine unterläßt das Schreiben und der andere das Nachdenken, weil die Anstrengung ihm Unlust bereitet. Es übt also auf die Tätigkeiten die ihnen eigentümlich beigesellte Lustempfindung die gerade entgegengesetzte Wirkung wie die Unlustempfindung. Eigentümlich aber sind jeder Tätigkeit diejenigen Empfindungen, die aus ihr als solcher entspringen. Von den Lustempfindungen aus fremder Quelle dagegen haben wir gesehen, daß ihre Wirkung ganz ähnlich ist derjenigen der Unlustempfindung; sie heben die Tätigkeit auf, wenn auch nicht ganz in der gleichen Weise.

Wie Tätigkeiten sich dadurch unterscheiden, daß die einen verdienstlich, die anderen verwerflich sind; daß also die einen zu betreiben, die anderen zu meiden Pflicht ist, während eine dritte Art indifferent ist: so gilt das gleiche auch von den Arten der Lust. Mit jeder Art von Tätigkeit ist auch ihre besondere Art von Lust verbunden. Die Lust, welche die edle Handlungsweise als die ihr eigentümliche begleitet, ist löblich, diejenige, die der verwerflichen als ihr eigentümlich zufällt, ist selber verwerflich. Denn auch das Begehren, das auf das Edle gerichtet ist, ist rühmlich, das auf das Verwerfliche gerichtete tadelnswert; noch enger aber mit den Tätigkeiten verbunden als das Streben das sie veranlaßt ist die Lust, die sie gewähren. Jenes ist nach Zeit und Situation von der Tätigkeit getrennt; diese liegt den Tätigkeiten ganz nahe und ist so wenig davon geschieden, daß man darüber streiten könnte, ob nicht die Tätigkeit mit der Lust eigentlich eines und dasselbe ist. Allerdings, die Lust sieht nicht aus, als ob sie Gedanke oder Wahrnehmung wäre; das wäre ungereimt. Aber weil sie davon nicht abzutrennen ist, gilt sie manchen als damit identisch. In derselben Weise also wie die Tätigkeiten verschieden sind, sind auch die Lustempfindungen verschieden. Das Sehen unterscheidet sich vom Tasten durch die Reinheit, und ebenso unterscheidet sich Gehör und Geruch vom Geschmack: in gleicher Weise sind auch die Lustempfindungen verschieden. Von diesen ist wieder die Lust verschieden, die ihre Quelle im Denken hat, und ebenso sind es in jeder der beiden Gattungen die Arten der Lustempfindung untereinander.

Jedem lebenden Wesen, darf man sagen, kommt seine ihm eigentümliche Art von Lustempfindung ebenso wie auch seine eigentümliche Bestimmung zu; denn die Lust richtet sich nach der Tätigkeit. Das tritt jedem Beobachter entgegen. Die Lustempfindung eines Pferdes ist eine andere als die eines Hundes oder eines Menschen. So sagt Heraklit, ein Esel würde Spreu höher schätzen als Gold; denn für den Esel hat das was seine Nahrung bildet höheren Wert als das Gold. Wie die Wesen der Art nach verschieden sind, so unterscheiden sich auch ihre Lustempfindungen der Art nach; dagegen ist es wohl verständlich, daß sie bei Wesen derselben Art nicht verschieden sind. Beim Menschen allerdings herrscht darin große Mannigfaltigkeit. Dasselbe was die einen erfreut, verdrießt die anderen, und was den einen widerwärtig und verhaßt ist, ist den anderen lieb und wert. Schon beim Süßen tritt das hervor. Dem Fiebernden scheint nicht dasselbe süß wie dem Gesunden, dem Schwachen nicht dasselbe heiß wie dem Kräftigen, und ebenso verhält es sich auch sonst. In allen derartigen Fällen nimmt man als richtig dasjenige an, was von dem in normaler Verfassung Befindlichen empfunden wird. Ist diese Annahme gültig, wie man zugestehen darf, so ist das Maß für jegliches die rechte Beschaffenheit und die durchgebildete Persönlichkeit als solche; Lustempfindung wäre was ein solcher empfindet, und erfreulich das, woran er sich freut. Empfindet dagegen einer als lustvoll was jenem widersteht, so ist es nicht zu verwundern. Denn bei den Menschen kommen viele Arten von Verderbnis und Verirrung vor; dann ist dergleichen nur diesen und den ihnen gleichgesinnten Menschen lustvoll. Was einmütig als verwerflich bezeichnet wird, darf man offenbar nicht zu den Quellen der Lust rechnen, es sei denn für verderbte Naturen. Unter den Lustempfindungen aber, die als sittlich gerechtfertigt gelten, welche ist es denn nun und von welcher Beschaffenheit ist sie, die man als dem Menschen eigentümlich zukommend bezeichnen darf? Muß man das nicht aus den menschlichen Tätigkeiten entnehmen? Denn diese sind es doch, an die sich die Lustempfindung anschließt. Ob es nun nur eine ist, oder ob es eine Vielheit von diesen Tätigkeiten gibt, die den vollkommenen und beglückten Menschen bezeichnen: diejenigen Lustempfindungen müssen als die dem Menschen im höchsten Sinne eigenen angesehen werden, die für jene Tätigkeiten die Krönung und Vollendung bedeuten. Die übrigen stehen erst an zweiter oder an noch späterer Stelle, ebenso wie die Tätigkeiten selber.

2. Das Leben nach reiner Vernunft

Nach diesen Ausführungen über die sittlichen Tätigkeiten, über die Gemeinschaftsformen und über die Arten der Lust bleibt uns noch die Aufgabe, in aller Kürze von der *Eudämonie* zu handeln, da wir diese doch als den letzten Endzweck für alles Menschliche betrachten. Unsere Erörterung des Gegenstandes wird sich kürzer fassen können, wenn wir an das früher von uns Ausgeführte erinnern.

Wir haben ausgemacht, daß die Eudämonie keine ruhende Beschaffenheit ist; sonst könnte sie auch dem beigelegt werden, der sein Leben verschläft oder der ein Pflanzenleben führt, und ebenso dem der die schwersten Unglücksfälle erleidet. Wenn nun dem kein Mensch zustimmen wird; wenn im Gegenteil die Eudämonie, wie oben dargelegt worden ist, eher in eine Art der Betätigung zu setzen ist; und wenn nun von den Arten der Betätigung die einen notgedrungen und um durch sie anderes zu erreichen betrieben werden, die anderen aber an und für sich den Gegenstand des Wollens bilden: so muß man die Eudämonie offenbar zu der Klasse derjenigen Betätigungen zählen, die an und für sich, und nicht zu denen, die um anderes zu erreichen gewollt werden. Denn die Eudämonie bedarf nichts, sie genügt sich selbst.

An und für sich aber gewollt werden diejenigen Betätigungen, bei denen nichts weiter begehrt wird als die Tätigkeit selbst. Dahin nun zählen die Menschen erstens die der sittlichen Anforderung entsprechenden Handlungsweisen; denn das Edle und Würdige zu tun gehört zu dem, was an und für sich gewollt werden soll. Aber sie zählen dahin zweitens auch von den Arten des Spieles diejenigen, die Vergnügen bereiten; denn auch diese werden nicht betrieben, um durch sie anderes zu erreichen. Bringen sie doch eher eine Schädigung als einen Gewinn mit sich, weil man ihnen zuliebe wohl auch die Sorge für Leib und Vermögen verabsäumt. Gleichwohl greifen die vom Glück Begünstigten meistenteils zu diesen Arten des Zeitvertreibs, und die in solchen Künsten der Erholung besonders Gewandten machen deshalb bei den Mächtigen der Erde ihr Glück, weil sie sich gerade in dem angenehm zu machen wissen, woran diese ihr Vergnügen finden; solche Leute sind es eben, die sie brauchen können.

Nun meint man wohl, diese Dinge müßten doch Bestandteile der Glückseligkeit bilden, weil die Mächtigen und Großen darin ihr Vergnügen finden. Indes diese Art von Menschen kann man kaum als Beweismittel gelten lassen. Tugend und Vernunft, die Quellen edler Betätigung, haben nichts mit Macht und Herrschaft zu schaffen, und wenn jene Menschen in ihrer Unfähigkeit zum Genüsse reiner und eines gebildeten Geistes würdiger Freuden zu sinnlichen Genüssen greifen, so darf man sich deshalb nicht der Meinung hingeben, diese verdienten wirklich den Vorzug. Meinen doch auch die Kinder, daß dasjenige was unter ihnen den Vorrang verleiht, das Herrlichste sei. Und so liegt die Vermutung nahe, daß wie den Kindern anderes für preiswürdig gilt als den Erwachsenen, das gleiche der Fall sein wird mit Niedriggesinnten und Edelgesinnten. Wie wir nun vielfach dargelegt haben: dasjenige ist rühmlich und erfreulich, was den Würdigen als rühmlich und erfreulich gilt. Für jeden aber bildet diejenige Betätigung den bevorzugtesten Willensinhalt, die seiner eigentümlichen Beschaffenheit entspricht, und also für den Edelgesinnten die der sittlichen Gesinnung angemessene Betätigung.

Also ist die Eudämonie nicht im Spiele zu suchen. Es wäre auch wider alle Vernunft, daß das Spiel der letzte Zweck sein sollte, und daß man die Mühen und Schmerzen eines ganzen Lebens um des bloßen Spieles willen tragen sollte. Denn alles, darf man sagen, ergreifen wir, um ein anderes dadurch zu erreichen, nur die Eudämonie nicht; sie ist selbst der Zweck. Daß man sich aber mühen und quälen sollte nur um des Spielens willen, das wäre doch offenbar eine gar zu törichte und kindische Vorstellung. Das Spiel dagegen, sofern es dazu dient die ernste Anstrengung zu fördern, so wie es Anacharsis auffaßte, das darf für das Richtige gelten. Denn Spielen bedeutet ein Ausruhen, und des Ausruhens bedarf man, weil man nicht imstande ist sich unausgesetzt zu mühen. Also nicht der letzte Zweck ist die Erholung; vielmehr sie wird vorgenommen damit man nachher in seiner Tätigkeit um so besser fortfahren könne.

Und so ergibt sich denn, daß das glückselige Leben doch wohl das der sittlichen Gesinnung gemäße Leben ist; dieses aber ist ein Leben ernster Tätigkeit und nicht des Spieles. Wir nennen denn auch ernste Tätigkeit preiswürdiger als die Belustigung, auch wenn sie unterhaltend ist, und wir bezeichnen jedesmal diejenige Betätigung als die edlere, welche die des höher stehenden Vermögens und des höher stehenden Menschen ist. Die Tätigkeit dieses Höherstehenden ist mithin auch die wertvollere und glückseligere. Sinnliche Befriedigung mag ein Beliebiger und ein Sklave nicht weniger genießen als der Herrlichste. Anteil an seiner Glückseligkeit aber gewährt niemand einem Sklaven, wenn er ihm nicht auch einen Anteil an der entsprechenden Lebensführung gewährt. Denn nicht in Unterhaltungen von jener Art besteht die Eudämonie, sondern in den der sittlichen Gesinnung entsprechenden Tätigkeiten. Das haben wir schon oben dargelegt.

Besteht aber die Eudämonie in der der rechten Beschaffenheit entsprechenden Betätigung, so liegt nahe, daß es sich dabei um diejenige innerliche Beschaffenheit handeln wird, die die herrlichste ist, also doch wohl um die rechte Beschaffenheit dessen, was an uns das Edelste ist. Mag dieses nun denkende Vernunft, mag es etwas anderes sein, was seiner Natur nach zur Herrschaft und Leitung und zum bewußten Ergreifen des Idealen und Göttlichen berufen scheint; mag es an sich ein Göttliches, oder das in uns am meisten Gottähnliche sein: *die Betätigung eben dieses Herrlichsten gemäß seines ihm eigentümlichen Adelswürde die vollendete Eudämonie bedeuten.*

Daß nun diese Betätigung *die reine Betrachtung* ist, haben wir dargelegt. und wir dürfen wohl sagen, daß es wie mit dem vorher Ausgeführten, so auch mit der Wahrheit der Tatsachen übereinstimmt. Denn unter allen Betätigungsarten ist diese die herrlichste, wie unter unseren Vermögen die denkende Vernunft, unter den Objekten aber die der reinen Vernunfterkenntnis entsprechenden die herrlichsten sind. Diese Betätigungsart ist außerdem die am meisten stetige. Denn in reiner Betrachtung vermögen wir eher als in irgendeiner Tätigkeit nach außen stetig zu verharren. Wir sind ferner überzeugt, daß die Eudämonie mit innerer Befriedigung verbunden sein müsse. Solche Befriedigung gewährt nach allgemeinem Zugeständnis unter den der rechten inneren Beschaffenheit entsprechenden Betätigungen am meisten diejenige, die der Wahrheitserkenntnis gilt. Wenigstens darf man soviel sagen, daß das Wahrheitsstreben eine Befriedigung von wunderbarer Reinheit und Zuverlässigkeit gewährt, und es ist ein einleuchtender Satz, daß der Zustand des Wissens noch größere Freude bereitet als der des Suchens. Auch was man Selbstgenüge nennt, findet sich am meisten bei der reinen Betrachtung. Denn die Bedürfnisse des Lebens sind dem Weisen und Gerechten ebenso nötig wie den übrigen. Sind sie aber mit dergleichen hinlänglich versehen, so bedarf der Gerechte noch anderer, in bezug auf welche und in Verbindung mit welchen er seine Gerechtigkeit betätigen kann, und das gleiche gilt von dem Besonnenen und dem Willensstarken und jedem anderen. Der Wahrheitsfreund dagegen kann auch für sich allein der Betrachtung leben, und um so mehr, je mehr er Wahrheitsfreund ist. Vielleicht ist es noch besser, wenn er gleichgesinnte Genossen hat, aber gleichwohl, sich selbst genug zu sein, das kommt ihm am meisten zu.

Und auch das dürfte gelten, daß die reine Betrachtung das einzige ist, was um seiner selbst willen geliebt wird; denn man hat von ihr weiter keinen Gewinn als das Betrachten selbst, während man von den äußeren Tätigkeiten irgendeinen Ertrag, einen größeren oder einen geringeren, noch neben der Tätigkeit ins Auge faßt. Ferner gilt als ausgemacht, daß die Eudämonie sich in der Muße finde. Denn den Geschäften geben wir uns hin zu dem Zwecke, um Muße zu gewinnen, wie wir Krieg führen, um uns des Friedens zu erfreuen. Die Betätigung praktischer Tugenden nun dreht sich um Staatsgeschäfte oder kriegerische Aktionen; Tätigkeiten auf diesen Gebieten aber dürften sich mit der Muße kaum vertragen, kriegerische Aktionen nun gar vollends. Denn niemand begehrt kriegerische Tätigkeit um der kriegerischen Tätigkeit willen, nicht einmal die Vorbereitung für den Krieg hat dieses Ziel. Würde man doch den für überaus blutdürstig halten, der seine Freunde sich deshalb zu Feinden machen wollte, damit es nur zum Losschlagen und Blutvergießen komme. Aber auch die Tätigkeit des Staatsmannes ist der Muße feindlich; auch sie sucht etwas außer der staatsmännischen Tätigkeit selber Liegendes, Machtstellung und Ruhm oder auch Glückseligkeit für ihn selbst und für seine Mitbürger, eine Glückseligkeit, die etwas anderes ist als staatsmännische Tätigkeit, und offenbar auch eine andere als die, von der wir eben hier handeln.

Erwägt man nun, daß unter den Tätigkeiten, in denen hohe Vorzüge wirksam werden, diejenigen, die sich um Staat und Krieg drehen, die an Glanz und Bedeutung hervorragendsten sind, eben diese aber der Muße feindlich sind, einem äußeren Zwecke zustreben und nicht um ihrer selbst willen zu begehren sind; erwägt man ferner, daß wohl mit Recht die Betätigung der denkenden Vernunft, weil sie der reinen Betrachtung zugewandt ist, an innerem Werte den Vorrang beansprucht, daß sie keinen Zweck erstrebt, der außer ihr selbst läge, und daß sie eine ihr eigentümliche Befriedigung mit sich bringt, die selbst wieder die Betätigung zu steigern vermag; daß das Selbstgenüge aber, das Element der Muße und Ungestörtheit in ihr, soweit es einem Menschen zugänglich ist, und alles was sonst noch Attribut eines seligen Lebens bildet, daß das alles augenscheinlich in dieser Art der Betätigung vorhanden ist: so darf eben diese als die vollendete Eudämonie eines Menschen gelten, falls sie nur die normale Dauer eines Menschenlebens hindurch währt. Denn in dem was zur Eudämonie gehört, gibt es nichts was nicht vollendet wäre.

Ein Leben dieser Art nun ist herrlicher als daß es der bloß menschlichen Natur zukäme. Denn nicht sofern einer Mensch ist, wird er solch ein Leben führen, sondern sofern in ihm etwas Göttliches wohnt. So weit aber dieses Leben über das mit der sinnlichen Natur verbundene Leben hervorragt, so weit übertrifft auch diese Form der Betätigung diejenige, die aller sonstigen Vorzüglichkeit gemäß ist. Wenn aber die denkende Vernunft im Vergleich mit dem Menschen etwas Göttliches ist, so ist auch das dieser Vernunftgemäße Leben ein göttliches im Vergleich mit dem menschlichen Leben.

Es soll also nicht, wie die Moralprediger mahnen, wer ein Mensch ist auf Menschliches gerichtet sein, noch wer sterblich ist sich am Sterblichen genügen lassen; sondern man soll, soweit es möglich ist, das Unsterbliche ins Herz fassen und all sein Tun darauf einrichten, daß man lebe entsprechend dem was in uns das Herrlichste ist. Denn wenn dies auch dem äußeren Maßstab nach in uns ein Unscheinbares ist, so ist es doch seiner Macht und seinem Werte nach das bei weitem über alles Hervorragende. *Ja, man darf sagen, daß jeglicher eben dieses Göttliche selber ist; ist dies doch an ihm sein eigentliches Wesen und sein besseres Teil.* Es wäre also wider die Vernunft, wenn er nicht sein eigenes Leben, sondern das eines fremden Wesens führen wollte. So wird denn, was wir früher ausgeführt haben, auch mit dem jetzt Dargelegten übereinstimmen: *was für einen jeden seinem eigentümlichen Wesen nach das Entsprechende ist, das ist für jeden auch das Wertvollste und Erfreulichste. Für den Menschen also ist es dasjenige Leben, das der denkenden Vernunft entspricht, wenn doch diese am meisten der Mensch selber ist.* Dieses Leben ist also auch das glückseligste.

3. Die moralische Betätigung

Die zweite Stelle nimmt sodann das Leben im Sinne sonstiger moralischer Beschaffenheiten ein. Die Betätigungsweisen in dieser Richtung sind die eigentümlich menschlichen. Wir benehmen uns gegeneinander gerecht, mutig oder sonst der moralischen Anforderung entsprechend in Geschäften und Angelegenheiten jeder Art, indem wir auch in unseren Affekten die Linie innehalten, die jedesmal das Gebührende bezeichnet; und was sich so ergibt, ist offenbar lauter solches, was der eigentümlich menschlichen Natur entspricht. Darunter ist mancherlei, was mit der leiblichen Natur des Menschen zusammenhängt; vielfach scheint auch die angemessene Haltung des Charakters in engster Verbindung mit den Affekten zu stehen. Zu der rechten Haltung des Charakters steht ferner auch die verständige Einsicht in naher Beziehung und ebenso umgekehrt der Charakter zur Einsicht, wenn doch die in der Einsicht wirksamen Grundsätze den rechten Beschaffenheiten des Charakters, und das was im moralischen Sinne das Rechte ist, dem entspricht, was in der Einsicht lebt. Da sie nun beide wiederum auch mit den Affekten im Zusammenhange stehen, so werden sie doch wohl dem aus Leib und Seele bestehenden zusammengesetzten Wesen zuzuweisen sein, und die Attribute dieses zusammengesetzten Wesens ebenso wie die ihnen entsprechende Lebensführung mit ihrer Art von Eudämonie machen das eigentümlich Menschliche aus, während das was der reinen Vernunft angehört, vom Leiblichen getrennt ist. Soviel mag hier darüber bemerkt sein; genauer ins einzelne zu gehen, würde über die Aufgabe, die uns hier beschäftigt, hinausreichen.

Von der Eudämonie im Sinne der reinen Vernunft darf man wohl sagen, daß sie der Ausstattung mit äußeren Gütern nur in geringerem Grade oder doch in geringerem als die dem moralischen Verhalten entsprechende bedarf. Des Lebens Notdurft mag beide in gleichem Maße beschäftigen, wenn auch derjenige der sein Leben in den Geschäften zubringt, sich in höherem Maße um den Leib und was mit ihm zusammenhängt zu bekümmern hat; das würde aber einen so großen Unterschied nicht machen. Dagegen ist der Unterschied sehr groß, was ihre Betätigungsweisen anbetrifft. Ein hochgesinnter Mann bedarf der äußeren Güter, um seine hohe Gesinnung zu betätigen: ein gerechter Mann bedarf ihrer, um Empfangenes zu vergelten. Denn das bloße Wollen ist unerkennbar, und auch Leute ohne gerechte Gesinnung tun so als wäre es ihre Absicht gerecht zu handeln. Ein mutiger Mann bedarf der Stärke, wenn er eine Tat im Sinne dieser wertvollen Eigenschaft vollbringen soll, und ein besonnener Mann bedarf der Möglichkeit der Unbesonnenheit. Wie sollte man sonst erkennen können ob jemand mit dieser oder mit anderen edlen Eigenschaften ausgestattet ist?

Man streitet darüber, ob die Hauptsache bei der moralischen Beschaffenheit eines Menschen die innere Gesinnung oder die äußeren guten Werke sind. Erforderlich dafür ist beides, und soll die Moralität vollkommen sein, so muß sie offenbar in beiden Formen zur Erscheinung kommen. Für die äußeren Handlungen wird an äußeren Mitteln vieles erfordert, und je bedeutender und herrlicher jene sind, desto mehr. Dagegen bedarf der der reinen Betrachtung Lebende nichts dergleichen für seine Tätigkeit; ja man möchte sagen: die äußeren Güter bilden für die reine Betrachtung eher eine Störung. Indessen, *sofern er ein Mensch ist und mit vielen zusammenlebt, entscheidet auch er sich für ein tätiges Leben im Sinne moralischer Handlungsweisen, und so wird denn auch er jene Dinge gebrauchen, um als Mensch unter Menschen zu leben.*

Daß demgegenüber die vollkommene Eudämonie eine Betätigung des kontemplativem Vermögens ist, wird auch aus folgendem deutlich werden. Die Götter stellt man sich doch vor als im höchsten Grade selig und vollkommen. Welche Art von Betätigung soll man nun wohl ihnen zuschreiben? Etwa Handlungen der Gerechtigkeit? Es wäre aber doch lächerlich die Götter sich vorzustellen, wie sie Tauschgeschäfte machen, ein Depositum zurückerstatten oder andere ähnliche Geschäfte betreiben. Oder Handlungen der Tapferkeit, so daß sie in Schrecknissen standhielten und Gefahren beständen, weil das edle Handlungen sind? Oder Handlungen der Freigebigkeit? Wem sollen sie denn geben? Und ist es nicht töricht ihnen den Besitz von barem Gelde oder dergleichen zuzuschreiben? Was soll man aber bei ihnen unter Betätigungen idealer Gesinnung verstehen? Wäre es nicht eine grobsinnliche Anschauung, sie deshalb zu preisen, weil sie niedrigen Begierden nicht zugänglich sind? Und wenn wir so alles einzelne durchgehen, immer würde das Ergebnis das sein, daß ein handelndes Leben für die Götter zu niedrig und ihrer nicht würdig wäre. Und doch stellen sich alle vor, daß die Götter leben und also auch daß sie tätig sind, nicht etwa daß sie schlafen wie Endymion. Wenn man aber dem Lebenden das Tätigsein nach außen und noch mehr das äußere Hervorbringen abnimmt, was bleibt dann übrig als die reine Betrachtung? *Die Wirksamkeit Gottes, die an Seligkeit alles übertrifft, wird also in der reinen Betrachtung bestehen, und von den menschlichen Wirksamkeiten wird diejenige mit der größten Glückseligkeit verbunden sein, die jener am nächsten verwandt ist.*

Man sieht das ferner auch daraus, daß die übrigen lebenden Wesen an der Eudämonie keinen Anteil haben, weil ihnen eine derartige Wirksamkeit vollkommen versagt bleibt. Der Götter Leben ist ganz und gar selig; das Leben des Menschen ist es nur so weit, als ihm ein Ebenbild einer derartigen Wirksamkeit zugänglich ist. Von den übrigen Lebewesen kommt keinem Eudämonie zu, weil es in keiner Weise an der reinen Betrachtung teil hat. So weit sich die reine Betrachtung erstreckt, so weit erstreckt sich auch die Eudämonie. Den Wesen, denen die reine Betrachtung in höherem Maße zukommt, kommt auch die Eudämonie in höherem Maße zu, nicht als bloßes Anhängsel, sondern gemäß dem Wesen der reinen Betrachtung; denn diese hat ihre Herrlichkeit an sich selbst. Und so erweist sich denn die Eudämonie als ein Zustand der Kontemplation.

Nun wird ja allerdings der Mensch als Mensch auch des äußeren Wohlergehens bedürfen. Denn die Naturausstattung ist für sich nicht ausreichend, um die Tätigkeit der reinen Betrachtung zuzulassen; es muß auch der Leib in rechter Beschaffenheit sein, er muß Nahrung und sonstige Pflege genießen. Dennoch darf man sich nicht der Meinung hingeben, daß jemand, um sich des Zustandes der Eudämonie zu erfreuen, wenn es doch nicht möglich ist ganz ohne die äußeren Güter glücklich zusein, deshalb vieler und umfangreicher Dinge bedürfe. Denn daß einer ein volles Genüge und die Möglichkeit der Betätigung habe, liegt nicht an dem großen Überschwang; man kann ganz wohl den Adel der Seele bewähren auch ohne daß man Länder und Meere beherrscht, und auch mit mäßigen Mitteln kann einer im Sinne der sittlichen Anforderung tätig sein. Das lehrt deutlich genug die tägliche Erfahrung. Sie zeigt, daß oft ein einfacher Privatmann nicht in geringerem, sondern eher in höherem Maße pflichtmäßig das Seine tut als die Großen dieser Erde. Es genügt völlig, wenn man gerade nur so viel hat; denn selig ist das Leben dessen, der seine sittliche Gesinnung wirksam betätigen darf. So hat auch Solon den Begriff des glücklichen Menschen wohl zutreffend bezeichnet, wenn er sagt, glücklich sei, wer mit äußeren Gütern mäßig ausgestattet, die edelsten Taten, / was er darunter verstand, / vollbracht und ein Leben der Selbstbeherrschung geführt habe. Denn es ist ganz wohl möglich, bei mäßigem Besitz seine Pflicht und Schuldigkeit zu tun. Auch bei Anaxagoras hat man den Eindruck daß er nicht den Reichen und nicht den Mächtigen als den Glücklichen betrachtet, wenn er sagt, es würde ihn nicht verwundern, wenn solch einer beim großen Haufen eine lächerliche Figur wäre. Denn die Masse urteilt nach dem Äußeren, das sie allein wahrzunehmen vermag. So dürfen wir denn annehmen, daß die Ansichten der erleuchtetsten Geister mit unseren Ausführungen übereinkommen, und eine solche Übereinstimmung bedeutet immerhin eine Bestätigung. Allerdings, die Wahrheit in Fragen des praktischen Lebens wird erst erwiesen auf Grund der erfahrungsmäßigen Tatsachen; denn diese bilden die entscheidende Probe. Was wir vorher dargelegt haben, das muß man darum prüfen. Indem man es an der Wirklichkeit des Lebens mißt. Stimmt es mit der Wirklichkeit, so muß man es gelten lassen; steht es dazu im Widerspruch, so darf man es für leeres Gerede halten.

Wer der Vernunft gemäß tätig ist und die Vernunft in sich pflegt, den darf man als den Menschen in der herrlichsten Lage und als den Liebling der Götter betrachten. Denn wenn die Götter irgendwie sich um die menschlichen Dinge bekümmern, wie es doch die allgemeine Ansicht ist, so ist es auch eine vernünftige Annahme, daß sie an dem ihre Freude haben, was das Herrlichste und das ihnen Verwandteste ist, / dies aber wird doch wohl die Vernunft sein, / und daß sie denjenigen, die dies am meisten lieben und schätzen, mit Gutem vergelten, als solchen die nach dem trachten was den Göttern wohlgefällig ist, und einen rechten und löblichen

Wandel führen. Daß alles dies sich im höchsten Grade bei dem Menschen von erleuchteter Vernunft findet, ist nicht zu verkennen; also ist dieser der Liebling der Götter, und damit wird derselbe naturgemäß auch der höchsten Eudämonie genießen. Und so ersehen wir denn auch daraus, daß der Mensch mit erleuchteter Vernunft der glückseligste ist.

4. Staat, Gesetz, Zwang im Dienste des sittlichen Lebens

Wenn wir nun so über diese Dinge und über die sittlichen Beschaffenheiten, wenn wir auch über die sittlichen Gemeinschaften und über die Lustgefühle in großen Umrissen zwar, aber ausreichend gehandelt haben, dürfen wir uns dabei beruhigen, daß wir nunmehr mit unserem Vorhaben ans Ende gelangt sind? Oder ist nicht vielmehr, wie man zu sagen pflegt, in den Fragen des praktischen Lebens das Ziel nicht bloß dies, daß man das einzelne zu betrachten und zu erkennen, sondern vielmehr daß man das Erkannte auch handelnd zu bewähren vermöge? Wo es sich um die sittliche Gesinnung handelt, da ist es mit dem bloßen Wissen nicht getan: man muß auch versuchen es innezuhaben und auszuüben, oder wenn es andere Wege für uns gibt um tüchtig zu werden, so muß man diese benutzen. Wären Abhandlungen ausreichend, um die Menschen zur rechten Gesinnung umzubilden, so würden sie nach dem Ausspruch des Theognis reichen und großen Lohn einbringen, und das mit vollem Recht: es wäre die dringendste Pflicht, sich mit solchen zu versehen. Aber leider, man beobachtet wohl, wie sie junge Leute von edler Anlage anzutreiben und anzufeuern und ein edles, in Wahrheit zur Freude an allem Schönen geneigtes Gemüt unwandelbar im Guten zu befestigen die Kraft besitzen, daß sie aber die Masse zu edler Gesinnung zu erheben nicht imstande sind. Denn die Masse der Menschen ist so geartet, daß sie sich nicht von zarter Scheu bestimmen läßt, sondern von der Furcht, und schlechter Handlungen sich enthält nicht weil sie schimpflich sind, sondern weil sie Strafe eintragen. Indem sie ihren Affekten nachleben, jagen sie den ihrem Geschmack zusagenden Lüsten nach und den Mitteln dieser teilhaftig zu werden, und meiden die dem gegenüberstehenden Quellen der Unlust; von dem aber was edel und in Wahrheit köstlich ist haben sie keine Ahnung, weil sie es nie gekostet haben. Welche Belehrung wäre vermögend, derartige Leute umzubilden? Es ist nicht möglich oder doch nicht leicht, was von Alters her im Charakter tief eingewurzelt ist, durch Belehrung zu beseitigen. Wir dürfen schon von Glück reden, wenn wir da wo alle Vorbedingungen gegeben sind, die für die Erzeugung der rechten Gesinnung nach allgemeiner Ansicht entscheidend sind, von der sittlichen Charakterbeschaffenheit wenigstens einen Teil gewinnen.

Sittliche Tüchtigkeit erlangt man nach der einen Ansicht durch Naturanlage, nach der anderen durch Gewöhnung, nach der dritten durch Unterweisung. Was nun die Naturanlage anbetrifft, so ist es offenbar, daß sie nicht in unserer Macht liegt, sondern daß sie durch eine Art von göttlicher Gnade den in Wahrheit Gesegneten zuteil wird. Belehrung aber und Unterweisung hat keineswegs auf alle den genügenden Einfluß; es muß vielmehr die Seele des zu Unterrichtenden schon vorher durch Gewöhnung so weit vorbereitet worden sein, daß das Gefühlsleben in Zuneigung und Abneigung edel gestimmt ist, gleichsam wie ein Acker, der bestimmt ist den aufgenommenen Samen zur Entwicklung zubringen. Denn ein Mensch, der seinen Affekten folgt, wird auf das Wort der Ermahnung nicht achten; er wird es nicht einmal verstehen. Wie soll einer imstande sein, einen solchen Menschen durch Worte anderen Sinnes zu machen? Überhaupt darf man annehmen, daß der Affekt nicht der Belehrung weicht, sondern nur dem Zwange. Es muß also schon zuvor eine Gemütsart vorhanden sein, die irgendwie der sittlichen Gesinnung verwandt ist: Liebe zum Edlen und Widerwille gegen das Gemeine.

Nun ist es schwer, von Jugend an die rechte Anleitung zur sittlichen Gesinnung zu genießen, wenn man nicht unter der Herrschaft von *Gesetzen* aufwächst, die eben diese Bedeutung haben. Denn die Masse empfindet keine Neigung zu einem Leben der Selbstbeherrschung und Charakterfestigkeit, und ganz besonders gilt das von der Jugend. Darum wird es erforderlich, daß die Aufzucht und daß das Studium durch Gesetze fest geordnet werde. Denn was völlig in die Gewohnheit übergegangen ist, das wird nicht mehr als beschwerlich empfunden. Aber es ist nicht ausreichend, daß die Menschen, solange sie noch jung sind, die rechte Zucht und Sorgfalt genießen; sondern da es erforderlich ist, daß sie auch noch wenn sie zu Männern geworden sind eben diese Studien und Gewöhnungen pflegen, so werden gesetzliche Anordnungen auch zu diesem Behufe und damit überhaupt für das ganze Leben nötig sein. Denn die Masse unterwirft sich eher dem Zwange als der Belehrung, eher der Strafe als dem Gebot der Ehre.

Darum sind manche der Meinung, der Gesetzgeber müsse einerseits zu sittlicher Gesinnung ermahnen und antreiben durch Berufung auf den Wert des Guten selber; die durch Gewöhnung zum Rechten Vorgebildeten würden darauf hören; für die Ungehorsamen und für die von Natur niedriger Gearteten dagegen müsse er Züchtigungen und Strafen darauf setzen und die Unheilbaren gänzlich aus dem Staate beseitigen. Der rechtlich Gesinnte, der für das Edle lebt, werde der Belehrung gehorchen; der niedrig Gesinnte, der nur die Lust als Motiv kennt, werde durch den Schmerz in Zucht gehalten, wie ein Tier im Joch. Und darum, meinen sie, müssen die angedrohten Übel von der Art sein, daß sie zu den Lüsten, an denen die Menschen sich befriedigen, den schärfsten Gegensatz bilden.

Ist es nun, wie wir dargelegt haben, erforderlich, daß wer zum Guten gebildet werden soll, in edlem Sinne erzogen und gewöhnt werde, daß er dann so in löblichen Beschäftigungen weiterlebe und weder willig noch wider Willen niedere Handlungen begehe, so wird dies am ehesten dann der Fall sein, wenn man unter einer vernünftigen, mit physischer Gewalt ausgerüsteten Ordnung lebt. Dem Gebote des Vaters steht solche Gewalt und solcher Zwang nicht zur Seite, überhaupt nicht dem Gebote eines einzelnen Menschen, er müßte denn etwa ein Herrscher sein oder sonst eine ähnliche Stellung einnehmen. Das Gesetz des Staates dagegen besitzt diese zwingende Gewalt, während es zugleich einen Ausdruck der Einsicht und der Vernunft darstellt. Menschen, die sich den Begierden anderer in den Weg stellen, machen sich verhaßt, auch wenn sie recht daran tun; das Gesetz dagegen wird nicht als etwas Widerwärtiges empfunden, wenn es das Vernünftige anbefiehlt.

Nur in dem lakedämonischen Staatswesen oder doch in ganz wenigen außerdem wie es scheint hat der Gesetzgeber auf die Erziehung und die Beschäftigungen der Staatsangehörigen solche Fürsorge verwandt; in den meisten Staaten hat man sich um dergleichen ganz und gar nicht bekümmert, und jeder lebt nach seinem Belieben, indem er nach Art der Kyklopen über seine Frau und Kinder herrscht. Das Beste wäre es ja nun, wenn die Sorge dafür zur Sache der Gemeinschaft und wenn sie verständig betrieben würde; es käme nur darauf an, daß sich dies ins Werk setzen ließe. Findet solche Fürsorge durch die Gemeinschaft aber nicht statt, so müßte man doch wohl annehmen, daß es eines jeden einzelnen Pflicht wäre, für seine eigenen Kinder und für seine Freunde die Mittel der Erziehung zur sittlichen Gesinnung aufzubringen oder dies sich doch zum Zweck zu setzen. Nach dem was wir bemerkt haben sollte man indessen annehmen, daß derjenige der das Amt des Gesetzgebers übernimmt, dazu im höheren Grade imstande ist. Denn die Fürsorge der Staatsgemeinschaft drückt sich offenbar in den Gesetzen aus, und die vernünftige Fürsorge tut es in wertvollen Gesetzen.

Ob diese Gesetze geschrieben oder nicht geschrieben sind, das macht, scheint es, keinen Unterschied, auch nicht ob es einer ist oder ob es viele sind, die durch sie erzogen werden sollen, ebensowenig wie es in der Musik, in der Gymnastik und den anderen Bildungsfächern einen Unterschied macht. Denn wie im Staate Gesetz und Sitte, so übt im Hauswesen die väterliche Ermahnung und der Brauch seine Macht, ja sie leisten es in noch höherem Maße auf Grund der Blutsverwandtschaft und der empfangenen Erweise von liebevoller Gesinnung. Hier ist die Liebe und der Gehorsam durch den natürlichen Zusammenhang das selbstverständlich Vorausgegebene. Hier sind denn auch die Erziehungsmittel je nach der Individualität verschieden, ganz anders als es in der Staatsgemeinschaft der Fall ist. Es ist damit wie in der Medizin. Im allgemeinen ist für den Fieberkranken Ruhe und Enthaltung von Speisen das Zuträgliche, aber im einzelnen Fall doch wieder nicht; und der Fechtmeister schreibt doch wohl auch nicht allen gleichmäßig dieselben Übungen vor. Es ist doch wirklich so, daß man das dem Individuum Angemessene genauer trifft, wenn man dem einzelnen besonders seine Sorgfalt zuwendet, und daß der einzelne auf diese Weise besser erlangt was ihm zuträglich ist. Andererseits wird der Arzt, der Turnlehrer und jeder andere seine Anordnungen für den einzelnen richtiger treffen, wenn er die allgemeine Regel darüber kennt, was allen oder was den Menschen von bestimmter Beschaffenheit taugt; denn die Wissenschaft heißt es handelt vom Allgemeinen, und so ist es. Gleichwohl hindert natürlich nichts, daß man auch für einen einzelnen einmal die richtigen Anordnungen treffe, auch wenn man nicht im Besitze der Wissenschaft ist, vorausgesetzt nur daß man aufmerksam beobachtet hat, was erfahrungsmäßig bei dem einzelnen vorkommt, wie man ja auch wohl sieht, daß mancher als sein eigener Arzt am vorzüglichsten ist, während er einem anderen zu helfen nicht imstande wäre. Nichtsdestoweniger möchte man doch wohl annehmen, daß demjenigen der in einem Fach geschickt oder kundig werden will, zu raten sei, daß er auf das Allgemeine hinsteuere und dieses soweit als möglich zu erkennen trachte. Denn wie gesagt, um das Allgemeine dreht sich die Wissenschaft.

So wird denn auch derjenige, der die Menschen, seien es viele, seien es wenige, durch seine Veranstaltungen besser zu machen die Absicht hat, versuchen müssen, sich die Eigenschaften des Gesetzgebers anzueignen, wenn es wahr ist, daß Menschen durch Gesetze zur Tüchtigkeit angeleitet werden können. Denn einen beliebigen oder diesen gegebenen Menschen in die rechte Verfassung zu versetzen, das vermag nicht der erste beste, sondern wenn irgend jemand, nur ein Kundiger, wie es in der Medizin und überall da der Fall ist, wo es sich um kluge Veranstaltung und einsichtiges Urteil handelt.

Wäre es nun danach unsere Aufgabe zu untersuchen, auf welchem Wege und durch welche Mittel einer die Eigenschaften eines Gesetzgebers erwirbt? Etwa nach dem Gleichnis auf anderen Gebieten durch die in Staatsgeschäften Tätigen? Denn die Tätigkeit des Gesetzgebers gehört ja, wie sich gezeigt hat, ins Gebiet der Staatskunst. Oder sollte bei der Staatskunst nicht augenscheinlich das gleiche gelten wie bei den übrigen Wissenschaften und Fähigkeiten? Hier überall sieht man, wie dieselben Männer eben die Kunst auf andere übertragen, die sie selbst ausüben; so die Ärzte und die Maler. Dagegen sind es die Sophisten, die sich anheischig machen die Staatskunst zu lehren, und doch ist keiner von ihnen wirklich in den Geschäften bewandert. Bewandert darin sind nur die in den Staatsgeschäften Geübten, und diese werden augenscheinlich in ihrer Tätigkeit mehr durch angeborene Fähigkeit und durch Erfahrung geleitet als durch wissenschaftliche Reflexion. Wenigstens sieht man nicht, daß sie über dergleichen Gegenstände schreiben oder reden; und doch wäre dies ohne Zweifel eine verdienstlichere Beschäftigung, als Reden aufzuzeichnen, die vor Gericht oder in der Volksversammlung gehalten werden. Aber man merkt auch nichts davon, daß sie ihre eigenen Söhne oder sonst jemand von ihren Freunden zu bedeutenden Staatsmännern herangebildet hätten. Und doch würden sie es aller Wahrscheinlichkeit nach tun, wenn sie dazu imstande wären. Denn dem Staate könnten sie gar nichts Besseres hinterlassen, und keine andere Fähigkeit würde ihnen als persönlicher Besitz lieber oder als Besitz ihrer lieben Freunde wünschenswerter erscheinen als die, Staatsmänner ausbilden zu können. Und wirklich möchte man glauben, daß es auf die Erfahrung nicht wenig für diesen Zweck ankomme; sonst würde man nicht durch die Übung in Staatsgeschäften zum Staatsmann werden. Darum darf man der Ansicht sein, daß diejenigen, die nach Verständnis der Aufgaben der Staatskunst streben, auf die Erfahrung angewiesen sind.

Den Sophisten, die sich dazu anheischig machen, fehlt deshalb offenbar nicht weniger als alles, um zu Lehrern der Staatskunst tauglich zu sein. Sie wissen überhaupt nicht was die Eigentümlichkeit derselben ist, noch um welche Fragen sie sich dreht. Sonst würden sie sie nicht mit der Rhetorik auf gleiche Linie stellen oder gar sie ihr unterordnen, noch würden sie sich der Meinung hingeben, es sei eine leichte Sache Gesetze zu geben; man brauche ja nur die Gesetze zusammenzustellen, die sich allgemeiner Billigung erfreuen, und die besten auszuwählen. Als ob nicht gerade zu solcher Auswahl das gründlichste Verständnis erforderlich und das richtige Urteil die Hauptsache wäre! Es ist hier gerade wie im Urteil über Kunstwerke. Richtig über jede Leistung urteilt der Erfahrene, der weiß, durch welche Mittel und auf welche Weise sie vollbracht wird und wie alles einzelne zueinander stimmt. Wer keine Erfahrung hat, der muß sich schon zufrieden geben, wenn ihm nur das eine nicht entgeht, ob die Leistung im ganzen wohl oder übel hergestellt ist, wie bei einem Werke der Malerei, Die Gesetze aber stellen doch auch nur Leistungen der Staatskunst dar. Wie soll also einer auf Grund einer Sammlung derselben ein rechter Gesetzgeber werden oder beurteilen können, welche die besten sind? Wird man doch augenscheinlich auch kein geschickter Arzt bloß auf Grund von Lehrbüchern. Und doch versuchen diese letzteren wenigstens nicht nur die Kurmittel anzugeben, sondern auch zu zeigen, wie die einzelnen Patienten geheilt werden können und wie man sie kurieren muß, indem sie die besonderen leiblichen Dispositionen unterscheiden. Es ist ganz glaublich, daß dem Erfahrenen dergleichen zustatten kommen mag; aber wer keine Einsicht in die Sache hat, dem kann es nichts nützen. Das gleiche ist der Fall mit den Zusammenstellungen von Gesetzen und Staatsverfassungen. Wer imstande ist der Sache auf den Grund zu sehen und zu beurteilen, was angemessen, was das Gegenteil ist, und wie das eine zum andern paßt, den kann es wesentlich fördern. Wer aber ohne eingehende Vertrautheit mit dem Gegenstande dergleichen studiert, der kommt zu keinem richtigen Urteil, es sei denn durch puren Zufall; nur vielleicht empfänglicher für die richtige Einsicht in die betreffenden Fragen mag er dadurch werden.

Unsere Vorgänger haben die Fragen, die mit der Gesetzgebung zusammenhangen, unerledigt gelassen; es wird also wohl das beste sein, wir nehmen die Sache selber in die Hand, und damit auch überhaupt die Probleme des Staatslebens, um nach dem Maß unserer Kräfte die Wissenschaft von den menschlichen Dingen zum Abschluß zu bringen. Wir wollen zu nächst versuchen näher an das heranzutreten, was etwa ältere Denker über den Gegenstand im einzelnen Treffendes vorgebracht haben, um sodann auf Grund einer Zusammenstellung von Staatsverfassungen auszumachen, welche Ursachen das Gedeihen, welche das Verderben von Staaten im allgemeinen und von den Arten der Verfassung im besonderen bewirken und aus welchen Gründen sich das Staatsleben hier glücklich, dort unglücklich gestaltet. Wenn wir darüber ins Klare gelangt sind, werden wir besser ersehen können, sowohl welche Verfassung die beste sei, als auch wie jede einzelne geordnet sein und welche Gesetze und Bräuche in ihr herrschen müßten. Und so schicken wir uns denn an zu dieser weiteren Untersuchung.